MUSINGS ON MANAGEMENT
CONTEMPLATION AND CONJECTURE

浩言管理
感悟与构想

马浩 著

北京大学出版社
PEKING UNIVERSITY PRESS

图书在版编目(CIP)数据

浩言管理：感悟与构想/马浩著. —北京：北京大学出版社,2017.4
ISBN 978-7-301-28215-1

Ⅰ.①浩… Ⅱ.①马… Ⅲ.①管理学—通俗读物 Ⅳ.①C93-49

中国版本图书馆 CIP 数据核字(2017)第 054134 号

书　　名	浩言管理：感悟与构想 HAOYAN GUANLI
著作责任者	马　浩　著
责任编辑	张　燕
标准书号	ISBN 978-7-301-28215-1
出版发行	北京大学出版社
地　　址	北京市海淀区成府路 205 号　100871
网　　址	http://www.pup.cn
电子信箱	em@pup.cn　　QQ:552063295
新浪微博	@北京大学出版社　@北京大学出版社经管图书
电　　话	邮购部 62752015　发行部 62750672　编辑部 62752926
印 刷 者	北京中科印刷有限公司
经 销 者	新华书店
	730 毫米×1020 毫米　16 开本　21.75 印张　272 千字 2017 年 4 月第 1 版　2017 年 4 月第 1 次印刷
印　　数	0001—6000 册
定　　价	68.00 元

未经许可，不得以任何方式复制或抄袭本书之部分或全部内容。
版权所有，侵权必究
举报电话：010-62752024　电子信箱：fd@pup.pku.edu.cn
图书如有印装质量问题，请与出版部联系，电话：010-62756370

献给爱妻袁远

写在前面

在下是研究企业管理的。入道三十多年了。作为管理学人,自然会从管理学的角度对企业里和生活中的某些事情有点看法和想法。于是诉诸文字。既为自赏,亦愿示人。日积月累,便有些许斩获。禁不住心中自喜。脸皮再厚一点,就隔三差五地拿出些文章,弄些小集子什么的。

把一些看似杂乱无章的短文拢在一堆儿,也捎带进去个把长文,结集出书,总得找些正当理由,要有说法。既是说法,就免不了粉饰之嫌,打出一些冠冕堂皇的旗号,假借某种令人好感的托辞。一来招致同情,二来给自己壮胆。当然,偶尔也会倾情整景作状,旨在刻意耸人听闻。

从2005年的《决策就是拍脑袋》,到《缎子麻袋装管理》《叶公品龙》《没话找话》,再到《管理的偏见》《管理的境界》《管理的幻觉》三部曲,一路走来,将自己对管理问题和生活现象的感悟与构想记录下来,梳理了自己的思路,也在与同行的交流中收获回响与印证以及挑战和启迪。乐在其中,甚觉慰藉。

早期的几本集子现已脱销。由于各种原因,部分文章已经不再具有再版价值。然而,毕竟敝帚自珍,觉得过去十几年间的相当一部分文章还是有一定的可读性,对于今天的企业家、管理者、管理学人以及新一代的相关读者仍然具有参考价值。有鉴于此,精选了这十几年来的文章,结集为这本《浩言管理:感悟与构想》。

浩言管理
感悟与构想

感悟，乃随笔与杂文着墨的领域，主要是对管理问题或者生活现象的观察、捕捉、感受、琢磨，企图弄清楚其背后的规律和道理。构想，乃管理评论用武之地，主要针对某些话题或任务去相对系统地构思、想象、勾勒、编排，试图提出一些能够帮助大家思考的逻辑框架或者准专业的概念体系。

收入本书的大部分文章曾经散见于中文管理评论类期刊报纸和财经媒体。此次结集，也收录了近期完成的尚未公开发表的若干文章。可以说，本书较为全面精准地体现了笔者对于管理的感悟与构想。希望本书不辱使命，更希望书中的文字和观点能够得到更多读者的理解、共鸣和赏识。

马　浩　谨识

北京海淀马连洼

2016年11月26日

目录 CONTENTS

| 论管理学说 / 1 |

蓦然回首：管理学在边缘处遭遇交叉 / 3
管理学与经济学的根本区别 / 7
我们需要什么样的管理学说 / 15
管理学的科学与迷信 / 20
朗润园遐思 / 26

| 评战略管理 / 31 |

战略与战略性 / 33
游走于独特性与合法性之间 / 38
什么是有吸引力的行业 / 42
开饭馆的堪萨斯牙医 / 46

话领军人物 / 53

为什么战略要跟老板聊 / 55
老板的心理底线在哪里 / 59
独裁者的法宝 / 64
什么样的人适合当领导 / 69
企业家与蛋炒饭 / 74

识组织氛围 / 79

作为润滑剂的组织裕度 / 81
组织公民行为的个体基础 / 86
内部人员利益至上 / 89
幸福企业与幸福员工 / 99
精英与平台 / 112

析社会责任 / 127

良心中性 / 129
良心与市场 / 132
论企业的社会责任 / 137
贼绝对是市场经济 / 141
赝品的价值 / 148

目 录

集书评序言 / 155

《管理大师忠告》序言 / 157
《赢》：还真是硬道理 / 160
《蓝海战略》：与其甩脱对手，不如拥抱顾客 / 167
《管理大未来》：大而无当之老生常谈 / 171
读黄宗羲《原君》有感 / 174

观职业人士 / 179

职业人士的职业风范 / 181
性感·架子·跨界 / 184
教授是一个职业 / 189
敬业是一种境界 / 194
卖烧饼 / 200

说精英人才 / 207

地主与长工 / 209
士兵与将军 / 214
猪也可能会飞 / 218
蹩脚的转身与华丽的败局 / 223
多明戈与帕瓦罗蒂 / 232

赏人物翩跹 / 237

大师不是一个职业：悼德鲁克 / 239
学界贵族：悼钱德勒 / 245
乔布斯为我点亮一盏灯 / 250
真人真事三则 / 255
何秃顶 / 261

闯思维误区 / 265

不明就里的所谓分析 / 267
谁说顾客是上帝 / 272
有关启蒙的杂感 / 275
一万小时理论 / 277
读书要趁早 / 281

看行迹姿态 / 287

承诺和参与 / 289
折腾的路数 / 295
规矩就是规矩 / 298
自己的狗自己遛 / 301
人生不能浪费在改正错误上 / 305

目 录

掬世间花絮 / 309

为什么非要老拿分数说事儿 / 311
做人要实在 / 315
只要你过得比我好 / 319
话说没完没了 / 323

后　记 / 328

论管理学说

蓦然回首：管理学在边缘处遭遇交叉
管理学与经济学的根本区别
我们需要什么样的管理学说
管理学的科学与迷信
朗润园退思

蓦然回首：管理学在边缘处遭遇交叉

其实，这篇文章的真实题目应该是"再为管理学正名"。因为笔者三十年前曾有一篇意欲"为管理学正名"的文章从来没有正式发表，所以"再"也就无从谈起，但"正名"的企图确实并非空穴来风。

1985年，我在北京工业学院（现北京理工大学）管理工程系本科读二年级。当时理论界流行的说法是"管理学是一门新兴的边缘学科和交叉科学"。根据我当时对相关文献的研究和对管理学的个人理解，我得出的则是截然不同的观点：管理学是一门正宗的独立学科。

初生牛犊不怕虎。少年壮志当拿云。我花大力气写就了一篇长文，信誓旦旦地要为管理学讨个说法。我当时所能接触的文献很是有限，立论可能有些幼稚，论证也不见得令人信服。但作为学术讨论的载体，该论文的章法和路数基本还是说得过去的。

首先，我的主要观点——管理学是一门自成体系的、独立正宗的学科——所基于的主要原始素材有两类：一是马洪主编的、由中国社会科学出版社发行的一套"现代西方管理学名著"丛书，一共有几十本，主要介绍了20世纪70年代中期以前的管理学成就；二是北京工业学院图书馆当时收藏的数十本英文原版管理学教材和专著，主要是20世纪80年代左右出版发行的，以丹尼尔·雷恩教授的《管理思想的演进》为代表。

顺便说一下，20世纪80年代中国管理学界三位前辈学者对管理学在中国的传播做出了不可磨灭的贡献，也使本人受益匪浅。他们是社科院工业经济所的孙耀君教授（管理思想史）、中国人民大学工业经济系企业管理教研室的解培才教授（企业管理与战略）和邓荣霖教授（公司理论）。

其次，我对一个学科的判断标准的把握则是在很大程度上受了约瑟夫·熊彼特的影响。熊氏在其三卷本《经济分析史》中曾提到，要了解一个学科（比如经济学）的来龙去脉，应该注重三个主要层面：基本理论、研究方法和历史沿革。

我在文中指出：管理学有其自己独立的研究课题，即组织的绩效和目标的实现；有其主要理论框架和体系，比如始自亨利·法约尔直至哈罗德·孔茨的关于组织（企业）中计划、组织、指挥、协调和控制的"一般管理理论"以及细分领域内的概念和学说，比如激励理论；有其自己的研究方法，比如与一般管理理论不可分割的管理过程学派的研究视角、有关案例研究的方法，以及对试验设计与统计分析的借鉴等；有其近一个世纪的发展历程，自欧洲而北美，继日本而亚洲，不断受到重视和褒扬。

错就错在时差，糟就糟在误解。

管理学在全世界的发展，在20世纪80年代，我们几乎一无所知。没有见过的，就是新的。"新"就可以由各种名称来表达，什么"软科学""新兴学科""边缘学科""交叉科学"便名噪一时，夺人眼球。一时间，在中国，管理学在边缘处遭遇交叉，迄今凡三十余年。

三十年前的那篇文章恐怕只有两个读者：一个是笔者本人，另外一个则是我所景仰的学界泰斗钱学森先生。钱老当时对系统工程和管理科学研究很感兴趣并有所涉猎和建树，因此对管理学是交叉和边缘学科的说法自然也在文献和报章中有所提及。所以，我便斗胆致函请教钱老，同时也将该文抄了一份寄给《光明日报》理论版。不久，钱老寄自国防科工委的回复翩然而至，令人欣慰。后者至今杳无音讯。

蓦然回首：管理学在边缘处遭遇交叉

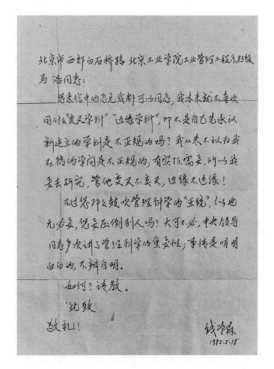

钱老的回复如下：

　　马浩同志：您来信中的意见我都可以同意，我本来就不喜欢用什么"交叉学科""边缘学科"，那不是自己先承认新建立的学科是不正规的吗？我从来不认为我在搞的学问是不正规的；有实际需要，所以我要去研究，管他交叉不交叉，边缘不边缘！……不过您那么鼓吹管理科学的"正统"，似也无必要，您要压倒别人吗？大可不必……

钱老旗帜鲜明，言简意赅，既有支持，也有教诲，使我在感到鼓舞和兴奋的同时，也感到了鞭策和不安，更懂得了做学问要谦虚和谨慎。后来，我在鼓舞和兴奋中正式选择以研究和传播管理学为职业，在鞭策和不安中一直努力地在管理学领域耕耘着，在谦虚和谨慎的同时仍然顽固不化

浩言管理
感悟与构想

地念念不忘管理学的正宗，企图再次伺机为管理学正本清源。

时至今日，管理学在中国仍然是个"筐"，啥都可以往里装。有人认为管理学是经济学的延伸，有人说管理学是心理学和社会学的应用，还有人干脆认为管理学就是运筹学和系统工程。曾几何时，MBA在中华大地骤然时髦，管理学又被有些人笼统地称为商学，或曰经商之道。于是，易经、老子、孙子兵法、三国、狼、学习解放军好榜样。不一而足。

看来正名依然必要。不是要压到别人，而是不要被别人压到。

管理学的国际主流研究社区已经接近托马斯·库恩在《科学革命的结构》中所指出的"规范科学"阶段，有其独特的范式（公认的概念体系、理论框架和研究手段）。战略、结构和行为等三大细分领域的研究也是硕果累累、斩获颇丰。对实证研究的推崇和奉行不断提高了管理学在科学社区的合法性和受尊重的程度，也提高了它在大学里的学科地位，使其更加正宗独立。

国内的管理学者们也正日益努力与国际主流社区接轨，用现代的科学方法和国际公认的研究规范研究中国企业管理面临的挑战：一方面，在中国检验、拒绝、应用、补充和发展西方现有理论；另一方面，以中国的特例为基础积极贡献于国际主流社区的理论文献。一些优秀的管理学博士项目也在为管理学在中国的长足发展准备师资，并对注重和提倡研究的风气进行拓展和推广。

交叉应无恙，当惊边缘殊。

任何正宗大概都曾经是异端。思度起来，还是钱老想得明白：管它边缘不边缘，交叉不交叉。

谨以此文纪念钱老并与国内管理学人共勉。

管理学与经济学的根本区别

管理学领域的构成与发展

组织科学，或曰广义的组织行为学（包括微观和宏观），应该说是管理学中发展和成熟最早的领域。狭义而言，通常所说的组织行为学，指的就是微观的组织行为学，主要研究组织中个体和小组的行为动机与过程特点，受心理学尤其是工业心理学等传统的社会科学的影响，首先得到快速发展。

宏观的组织行为学，通常被称为组织理论，主要研究组织的结构设计、运作过程和行为模式，受社会学和政治学等社会科学的影响，也获得了长足的进步。而现在备受瞩目的战略管理领域，则是在最近几十年才兴起和发展起来的，主要受到管理学科内部一般管理理论和高层管理理论的影响以及经济学的影响，尤其是产业组织经济学的影响。产业组织经济学，20世纪80年代之前注重实证，其后转向博弈论。

学科内外的门户之见

在组织行为学领域内，有一位名叫亨利·托西（Henry Tosi）的教授曾经在20世纪七八十年代很是有名。而当时的战略管理领域正在初步形成阶段，在商学院的管理系里属于新生事物。据说托西教授有个习惯，每

浩言管理
感悟与构想

当有读战略管理的博士们毕业前到托西教授任教的商学院管理系找工作时，他就必然要问他们这样一个问题："听说你是搞战略的，那么你告诉我，你究竟是搞二流组织行为学的，还是搞二流经济学的？"

这个带刺儿的问题往往使这些初出茅庐的求职者困窘，无从应对，因为你无论怎么说都显得二流，被定了性的。有些反应快点儿的可能会幽默自嘲地说："都搞，都搞；搞战略的嘛，就得照顾得比较全面嘛！"

从这个小故事，我们可以看到学术社区的门户之见往往是根深蒂固的，即使是在同一个大的学科内。事实上，在战略管理成为管理学中最令人瞩目的领域之前，企业管理学中组织行为学的研究传统和流行的管理过程学派的教学传统都与经济学没有任何瓜葛。只是在20世纪70年代后期和80年代初期，战略管理关于"战略内容"的研究才将经济学的一些理论和方法引入到了管理学中。而研究"战略过程"的学者们则严守管理学的戒律，尤其是承袭了广义组织行为学的研究传统，关注人及其社会性。

如此，战略管理实际上是既研究经济因素（比如市场竞争）也研究组织因素（比如组织设计）。无怪乎托西教授把战略管理学看成组织行为学或者经济学在战略管理上的应用了，大杂烩，当然是二流了，不够纯粹嘛。欧洲的很多学校，从学科设置到研究传统，也在很长一段时期内把管理学（尤其是战略管理）放到应用经济学的范畴。

学科存在的合法性

到了20世纪90年代，创刊于1980年的《战略管理杂志》已经成为管理学界质量提升最快的期刊，战略管理学专业的博士生在读人数与组织行为学的人数不相上下，美国管理学学会年会上战略管理和组织行为学两个分会提交的论文数量旗鼓相当,战略管理的两个重要理论学派——产业定位学派和资源本位企业观——已经初具规模,影响广泛,战略管理学作为一个独立学科领域的地位开始日益得到管理学界和整个学术界的承认。没有人再会像托西教授那样怀疑和揶揄战略管理学的合法性了。战略管理、组织理论和组织行为,成为管理学的三大基本研究领域。其实,组织理论在很大程度上,甚至组织行为学在某种程度上,也都受到了经济学理论的种种影响,比如,交易费用经济学、代理人理论和无孔不入的博弈论等。

面对经济学对管理学各个主要领域的全面渗透和侵袭,管理学家在努力抵御着,包括在受经济学影响最深的战略管理领域内,管理学研究者清醒地意识到管理学与经济学在哲学理念、研究目的、研究对象、研究方法和服务对象等方面的根本区别。

经济学可以也正在企图向管理学渗透，管理学可以也正在本着拿来主义的原则借鉴经济学的方法和理论。但管理学是管理学，经济学是经济学。管理学可以对经济学加以应用，但管理学本身不是经济学的应用。一言以蔽之，管理学不是应用经济学。管理学家不是经济学家。真正的经济学家也永远不可能是管理学家。管理学家和经济学家终究是两类不同的动物，肩负着不同的使命，本性使然。

管理学与经济学的区别

毫无疑问，在比较经济学（家）和管理学（家）之间的根本区别时，我们必须注意到经济学也不是同质一块，混沌不分，而是有很多理论分支、流派、方法和传统。我们所指的经济学主要是主流派的新古典经济学及其传承。

首先，经济学和管理学具有截然不同的哲学理念。经济学往往从理想状态出发，研究和推测各种市场情况下作为个体或机构的理性"经济人"应该作出的最佳行为选择。管理学通常从实际现象出发，探究和理解作为社会中的个人或机构的"组织人"在现实中如何做决策，并在此基础上探索如何增进决策的效力和实施效率。

经济学研究依赖理性人的假说，并以此为前提构建其理论大厦。管理学研究相信"有限理性"的说法，并以此为根据强调决策的准则应该是"满意"而不是"最优"。经济学欣赏和追求理论上的严谨、优雅和完美。管理学具有超强的行动导向性，注重如何在实践中把任务完成。

其次，经济学和管理学的研究目的则是天壤之别。经济学研究的目的在于揭示经济现象的本质并增进整个经济体系的资源配置效率及其公正性。管理学研究的使命是发现管理活动的规律并提高企业和各类组织中管理决策的效力和效率从而提高它们的绩效。

经济学力求科学化和精确化。管理学张扬艺术性和操作性。经济学研究的最高境界应该说是创建简单漂亮、技术性高并强大有力的理论模型。管理学研究的卓越成就应该说是创建某种具有指导意义的理论框架，既行之有效，而又通俗易懂。经济学的目标既可以是为求知而求知，也可以为经世济民而探索追求。管理学的目标则具有不折不扣的功利性。

再次，经济学和管理学的研究对象有很大的不同。经济学的分析单元大多在一个国家或地区的经济体系和具体某个产业的层面，很少顾及企业层面的问题。而企业层面的要素和现象往往是管理学关注的焦点。还有，现代经济学的厂商理论习惯性地将企业简化成某种生产函数，只受成本、价格和数量的支配。企业被假设成了一个单一理性决策者，一个没有生命的黑箱。

而这个黑箱内进行的活动和发生的现象，比如组织结构、企业文化、权力政治等，才是管理学家最为关注的。管理学家感兴趣的问题被经济学家一笔简略掉了。而经济学家感兴趣的问题，比如汇率，对于管理学家来说，都是给定的外生变量。不管你怎么给定，我都把事情搞定。经济学家收工歇菜之时，便是管理学家翩翩起舞之际。

还有，经济学和管理学的研究方法各有侧重。当代主流派的新古典经济学已经成了高度数学化的研究阵地。数学方法的应用几乎无处不在，没有数学公式的论文简直就不敢妄谈什么理论。没有数学模型，没有推导，没有证明，怎么能说是理论，是科学?!

于是，经济学成了数学家的乐园。数学的应用当然也提高了经济学的门槛儿。经济学中一种最常见的研究方法是计量经济学的分析手段，用各类高级的和貌似高级的统计手段去处理大规模的数据样本，什么版块数据，什么动态分析，对待经济现象俨然如对待空气动力学一般。

浩言管理
感悟与构想

　　管理学家的数学永远是不沾边。经常摆弄的理论框架无非是一个又一个的 2×2 矩阵而已，让他们搞个 3×3 矩阵或 2×2×2 模型什么的就已经够难为他们了，更别谈什么微积分。不过，就数量化的分析而言，管理学的研究倒是对统计分析情有独钟。因为迫于在大学社区中要尽量表现得"科学化"一点的压力，也为了提高自己学科的地位，管理学的实证研究风气日益浓厚，对实验设计、统计分析、假说检验等科学方法论的问题也越来越关注。当然，管理学对案例研究和实地考察以及文化人类学、社会学和心理学等学科中偏重定性分析的研究传统更是充分欣赏和偏爱。

　　最后，经济学和管理学的服务对象大相径庭。经济学家的主要服务对象应该是各级政府，尤其是主管经济发展和行业监管的部门。政府的作用在于保证游戏规则的相对公正和市场有效率的自我运行，对企业提供有效的信息服务、合理的税收和适当的监管等。比如，产业组织经济学在战略管理中的应用，可以说是经济学理论在管理学中应用的比较典型而且效果相对较好的例子。而实证产业组织经济学的初衷是服务于政府的反垄断政策目标。战略管理中的产业分析和定位研究，之所以成为一个重要的理论贡献，就是由于波特对产业组织经济学中政府政策目标的全面颠覆，从而使产业组织经济学中的理论精华直接服务于企业寻求竞争优势的诉求。

　　很显然，管理学服务的首要和直接对象是企业，而不是政府、民众或社区。出于公平竞争和消费者福利的考虑，政府希望看到市场竞争的更完全性。出于企业寻求和保持竞争优势的考虑，企业更希望看到市场竞争的不完全性。很简单，只有不完全竞争情况下，才会出现某些企业拥有长期优势和超额利润的可能。

管理学与经济学的根本区别

门户之间的世俗表现

每一行有每一行的门槛儿,每一行有每一行的规矩,各路人有各路人的偏好和兴趣。但也不排除有些人有多种兴趣和能力的可能。以大学众多并且商学院管理系和经济系(或在商学院或在人文学院)都比较成熟的美国为例,虽然很多在经济系学金融经济学的学生,为了更诱人的就业前景,希望往商学院金融系的公司金融方向转,但我们并没有看到大批的经济系博士生杀奔管理系,虽然经济系和管理系教授的薪酬水平甚为悬殊。

毕竟,由于两个学科的巨大差异,学生进入不同学科也是一个自我选择的过程,不同的人选择不同的行当。一旦进入了各自的行当,也就成了两条道上跑的车,但有时也难免有某些磕绊和冲撞。当然,能够在不同学科间同时发展也不是没有可能,而是需要超常的天分和才气,非凡夫俗子可为。

1994年,战略管理学中三位大家儒梅尔特、申戴尔和梯斯(Rumelt, Schendel, Teece, 1991)在《战略管理与经济学》(*Strategic Management and Economics*)一文中雄辩地声称战略管理学不是应用经济学,(主流派正统的)经济学家永远不会对管理学感兴趣。

有趣的是,至少儒梅尔特和梯斯两人却都可以被经济学家所接受,因为其经济学成就足以使他们堂堂正正地加入职业经济学家的行列,但他们却甘愿首先以战略管理学家自居。更加艺高胆大的战略理论大家沃纳菲尔特(Wernerfelt)可以同时在管理学、经济学和市场营销等三个学科提刀走马。但这些大家高就高在能入乡随俗,在不同的学科清楚地识别和尊重该学科的规矩,恰如伯恩斯坦既通古典,亦专爵士,裴艳玲精于河北梆子,也善演京剧。但说到底,梆子是梆子,京剧是京剧。爵士不是古典。

管理不是经济。

对于托西教授等组织行为学的"老管理学正根儿"们,儒梅尔特和梯斯搞得再好大抵也就是二流经济学。这也算是老派管理学家的一种偏见吧。笔者清楚地记得,在得克萨斯念书的时候,大概1991年,有一学期系里的讲座课请博士生推选来访演讲者的邀请名单,战略管理组首推梯斯,组织科学组则极力反对,根本不承认梯斯是管理学家。

当然管理学界还有更纯粹主义者,比如,明茨伯格1997年在波士顿召开的管理学会年会上曾大声疾呼,我们要抵制经济学沙文主义的侵袭,每个人从我做起,那就是在学校教授餐厅拒绝和经济学家同桌吃饭。这个以言辞犀利著称的亨利到底还是跟托西那个刻薄老辣的亨利"哼哈"到了一起。

笔者自认为是正宗管理学人,但很惭愧,平日跟北大国家发展研究院的一群经济学家们厮混,每星期一例会还要跟他们一起同桌吃盒饭,不管怎么看,都实在不够亨利。还好,至少这帮经济学家比较死心踏地搞一流的经济,没人有闲工夫琢磨怎么去整点二流的管理。这一点,很是提气。

我们需要什么样的管理学说

30年前，一次在中国人民大学听讲座，对高鸿业老师当时的一句话，笔者至今记忆犹新："当理论和实践打架的时候，倒霉的必定是理论。"理论反映现实，理论解释现实。当理论不能反映和解释现实的时候，所谓理论指导实践，便无从说起。对于专注于实务的管理者来说，其实践并不是为了检验真理，其理论诉求也并不一定是为了指导实践。

准确地说，管理者通常需要这样一种理论，一种能够反映和解释现实的理论，来帮助他们感知现实、证实感知，并对其管理行动赋予意义，最终使之感到从容、有据、坦然、合理。说白了，管理者对理论的所谓"应用"实际上是一种社会符号性的消费，与烧香拜佛、请咨询师、问风水先生相差无几，主要为的是心理上的满足和踏实。

佛有佛的道法，咨询有咨询的套路，风水有风水的招数，理论自然也有理论的做派和规矩。对于中国的广大管理实践者而言，我们究竟需要什么样的理论呢？

我建议大家思考如下四个问题：一种理论或学说（其方法论与主要结论）

（1）是否为国内管理实践者所接受和信奉？
（2）是否为国外管理实践者所接受和信奉？
（3）是否为国内主流研究社区所接受和欣赏？
（4）是否为国外主流研究社区所接受和欣赏？

浩言管理
感悟与构想

在考察这四个基本问题之前，我们必须意识到，所谓的理论，其实是有"实践中的理论"和"文献中的理论"之分的。前者流传于坊间，口头传承，生动鲜活，所谓对潜规则的理解和信奉便是一例。后者存留于纸上，见诸媒体，广为传播，比如波特战略分类法。本文关注的重点，是有关解释中国管理问题和现象的学说与理论。

如果我们相信理论反映和解释现实，那么，文献中的理论应该是实践中的理论的外在化、书面化和正式化，是某种升华和浓缩。因此，我们首先从一个学说是否能够引起中国企业管理者的共鸣来看问题。如果一个理论，被中国管理实践者信奉，而该理论并不被主流学术社区欣赏，这种理论可以称为"黑市理论"，有其存在道理。

比如，大多数企业家以及学者可能会认为政府"应该"体谅企业的难处与困境，宏观调控要慎重。而比较知趣的管理实践者则这样认为，政府做事毕竟按照政府的逻辑，虽说不能一刀切，到时也得切一刀。搞管理的，不管政府的政策是否得当，只要能够正确地预测政策走向，就可能比对手更及时妥当地采取对策。这种现今的黑市理论，大概是可以转入灰市理论，进而摆上桌面的。

有些理论，中国企业的管理实践者非常信奉，国内学术界也十分认可，但并不符合国际研究社区的检验标准。这种理论可以成为"人民币式理论"或"中医式学说"。当下中国的学术社区与咨询业和各类所谓实战派人士很难清除地界定与区分。因而，中国的管理学学术社区相对比较复杂，缺乏统一的规范。所谓的被中国管理学研究社区接受的理论，实际上是五花八门，鱼龙混杂，但的确又可能沙里含金，真伪共存，并且局部亮点，智慧非凡。

比如，基于现代管理实践与观察的所谓"土狼""休克鱼""做减法""向解放军学管理"，以及基于中国传统文献的"三国""论语""易经"

等。这些理论或学说，通常难以经得起科学研究标准的推敲，但却偶尔管用，间或有效。大家似是而非地理解，稀里糊涂地应用，将信将疑地喜欢，莫名其妙地信奉。

既被中国管理者接受，又被国内外学术社区共同承认的理论，大多是源于西方管理实践的理论，被引入中国后，得到某种程度的验证，而被认为是某种具有中外跨国普适性的理论，比如 SWOT 分析、产业结构分析、波特战略分类法，以及核心竞争力的说法。

这种理论和学说，可以被认为是"信用卡式理论"，或者"西医式理论"，可以"全球通"，走遍天下，不仅西方管理研究与实践者津津乐道，而且中国学术界和管理者亦是耳熟能详。然而，以中国管理实践为素材的理论，迄今为止，鲜有达到如此境界者。

以中国管理实践为素材、应用国际主流管理研究社区认可的方法论做出的成果，已经初见端倪，但是仍然缺乏系统性，并且往往不被中国学者认可，尤其是不被中国管理实践者认可。这种理论和学说通常由两类学者生产制造，他们有时各自为战，通常则是两相合谋。一类是国际管理社区的精英学者以管理研究国际化的名义向中国（以及东欧、东南亚、拉美等）扩张渗透，主要散播既有观点，捎带蜻蜓点水地进行"本地化"包装。另一类是在西方受到主流研究社区正规训练的华裔学者以及一直对中国饶有兴趣的外国学者，努力将中国题材的研究引入国际主流，颇为值得钦敬。

但问题是，这些研究者很少有持久扎根于中国者。与国外的汉学家不同，他们很少是中国通，或者中国企业通。不仅如此，来自中国企业的各类数据的可靠性以及分析方法的妥当性也会在某种程度上影响我们对研究结果（尤其是实证研究结果）的信心。因而，这些理论与学说，恰似当年的"外汇券"，是给外国人用的，给涉外的华人用的，不是给中国本土

浩言管理
感悟与构想

人士用的。比如,所谓"关系"(Guanxi)的说法已经堂而皇之地进入了西方主流文献。在美国,连狗都知道自己的产权。在中国,连幼儿园的孩子都知道关系是啥。其实不用隔靴搔痒。

当然,还有一些理论,不管是国际主流社区认可,还是中国学术社区认可,抑或国内外学者都认可,而管理实践者就是不接受,觉得没有实际意义。这种现象是完全可能的。学术研究,毕竟有其内在的逻辑。管理研究,亦是如此。虽然管理研究有非常强的功利性,但它仍然有其相对独立性。有些研究结果注定是给学者和专家看的,属于"自娱自乐式"理论。这种自娱自乐,可以是本土局域性的,也可以是全球相关性的。管理者没有必要看,更不必担心看不懂。正像绕口令是说相声的基本功,可以帮助说相声的口齿清楚地抖包袱,而听相声的主要听的是包袱,绕口令里通常没有包袱,不必多听,更不必多练。

最后，还有一种情形，是以国外管理实践或文化背景为素材所产生的所谓"洋灰市"理论。之所以是灰色而不是黑色，是因为它们已经广泛见诸媒体，而不是真正流行于实践。其主要特点是不被国际主流学术社区认可，基本不符合科学方法论的研究标准。

这种理论有两种：一种是杂乱无章、千奇百怪的故事传说、实战经典，多见于各类商务畅销书，比如"一分钟经理""向游骑兵学管理""羊皮卷"等。另外一种，系统性稍强，技术含量较高，可信之处较多。比如，德鲁克的各类著作与学说，以及"基业长青"，甚至"蓝海战略"等。

而这种"洋偏方"，尤其是后一种，却在中国的管理研究社区被当作学术文献看待，并且在商务书市场大行其道，为众多管理者购买与消费，不知是否吃得消。中国真是个大市场，什么都能卖出去。好像没有什么理论遭遇"倒霉"，因为我们根本不在乎它们和实践有没有关系。

正像中国在开放之初，欧洲随便来个三流乐队都被国人认为是世界级的。现在，随便一个外国作者写的什么书都有人翻译有人卖。说来也怪，在国外信奉中医的毕竟是少数，而在中国管理界，信奉洋教、猎奇洋偏方的却是大有人在。不知是何道理。

奉劝诸君：如果你是有志于带领中国企业走向世界的企业家或管理者，请你多了解"西医式理论"，出门带上信用卡。如果你主要在国内游走，通晓"人民币式理论"，了解"中医式学说"，探索某些"黑市偏方"还是必要的。其他的理论让它们自生自灭吧！

管理学的科学与迷信

据说,早年间,咱中国本没有科学,科学是舶来品。这不,五四运动时,我们还一个劲儿地将所谓的"赛先生"往我们这儿请呢吗?!现在好了,科学在我们这儿似乎已经深入人心。光说"科学"这俩字,就被各行各业人士和老百姓们非常熟练和广泛地应用在各种场合之中。比如,这种说法不科学,那种做法不科学。

"英雄创造历史?我看这种说法不科学!"

"你看这车都堵成什么样了!谁设计的路?一点儿都不科学。"

"嘿,你知道吗?我上网查询了一下,网上说,我们的做爱时间不太科学。"

"这帮领导,就知道瞎指挥,乱管理,简直不科学。"

"您瞧这足球场的草坪,种得真不科学。"

其实,大家这里所说的科学,都是滥用其词,偷换概念。科学,在这儿被理解成"合情合理并且合适""符合某种规律或者道理",或者干脆就直接意味着是"正确的"。

科学的东西、具有科学性的东西、用科学方法论得出的东西,或者属于科学范畴的东西,把它们都不分青红皂白地认为是正确的或者合理的东西,无疑是一种对科学的迷信,至少是一种误解。

如果把科学等同于正确或合理,那么,根据定义,任何不合理的或不正确的东西和事情,都可以被认为是不科学的。但是,这种把科学和正确自动画等号的做法其实是既不科学,也不正确,更不合理的。

科学到底是什么?

科学就是科学家从事的工作。科学家是按照科学方法论做研究的人。科学方法指的是一系列规范的方法和手段,主要特点是可以重复操作,比较实验,对假说进行证伪。但是,用科学方法做出来或者得到的结果并不一定是正确的、有道理的,合乎我们所知道的或假想存在的某种规律的。

也就是说,科学的、具有科学性的、与科学范畴相关的,不一定是正确的。同样,不科学的、非科学的、与科学范畴无关的,不一定就是错误的,或者根本无所谓正确与错误的。

管理学是不是一门科学?

管理活动可以用科学方法去研究,比如,通过系统的观察、记录、分析等,研究者可以了解不同管理现象之间的关系和不同管理活动对企业绩效的影响，从而帮助企业增进管理效力和效率。既然管理学可以用科学的方法去研究，那么管理学至少具有一个科学领域所具有的特性，可以被看成一门科学。

比如，对一些几乎常规的管理决策，如库存管理，可以通过科学的方法，基于经验数据的观察，建立某种理论模型，来帮助确定最佳库存量和订货点。再比如，早期科学管理对劳工工作设计（时间、工序、动力定性）等的研究大大地提高了组织中人的生产效率，从而增进了组织的绩效。

尽管如此，我们至少仍然可以对管理学作出如下两个基本判断。

第一，并不是所有的管理现象都是属于科学范畴的（可以用科学方法论来研究的）。管理学仍然包括一些科学范畴以外的东西，比如，组织中人的宗教般的信仰或激情。还有，有些问题是无法用科学的方法检验的，比如，像"没有韦尔奇，就没有今天的通用电气"这样的论断。社会现象不可能受制于重复比较实验。所以，管理学不可能完全科学化。

第二，即使是用科学方法进行研究而得出的成果和结论，也不能被认为一定是正确的。因为，作为一门研究人的行为的社会科学，理论发展所必需的各种科学假说的前提条件和边界条件是经常在变化的，难以完全、准确、可靠地捕捉和把握。

首先，管理有经验的成分，也有艺术的成分，更是一门手艺，实践和应用导向很强。科学的知识可以通过书本、文献和口头交流来获取；而经验的传承、手艺的延续则通常需要像师傅带徒弟性质的言传身教来实现的潜移默化的过程。这部分管理活动不属于科学的范畴。

还有，某些管理哲学或某些成功管理者所信奉的管理真谛，比如"顾客就是上帝""态度决定一切"，严格来讲，都是一种信念（faith），属于价值甚至宗教范畴，无法用科学方法来解释，或者无法仅用科学方法完全解释。

极端科学主义者甚至可以这样认为，凡是不可证伪的知识，都是虚假的知识，而传授这些知识的学说都是伪科学。当然，大千世界，无奇不有，芸芸众生，形形色色。宇宙并不只为极端科学主义者而存在。科学也不能解释所有的人世现象。对不可知的领域，或者科学方法论对之无能为力的领域，保持某种敬畏和无奈也许还是必要的。同时，我们也要学会用非科学化的方法和手段获取这些领域的知识。

然而，正是由于管理学的非科学化和正人君子们的敬畏和无奈，给了各类诈骗犯（如巫师、庸医、卜卦者）和准诈骗犯（如某些咨询公司）以可乘之机。贩卖"管理学经典和忠告"的人，多如牛毛，你方唱罢我登场。"秘方""真传""名言""至理"，眼花缭乱，铺天盖地。

吹牛胡说不上税，攒书骗钱才是硬道理。"管理是艺术"成了"主观臆想"和"随机飘游"的借口；"管理不是科学"成了"任意发挥""瞎编乱造"的依据。这时候，管理学即使是想把自己打扮成科学的模样，也不会有多少人相信你。

当然，这里，我们只是说管理学的非科学化一面使管理学的门槛荡然无存，给假冒伪劣者开了一扇方便之门。事实上，在非科学化的范畴里，管理现象也会有某些经验性的规律；管理问题的解决也会有基本的路数和道理。如此，管理实践高手的经验可以值得借鉴；管理名师的教诲可以给人以启迪。这里，真正对管理学研究和实践有用的东西仍然是存在的并值得欣赏和挖掘的。

其次，对于科学方法论可以适用的管理学问题，研究的结果和答案，也不是完全准确和一成不变的。纵向而言，理论发展的时间滞后，决定了我们的理论总是在解释已经发生的事情，或者理论本身是在过去的证据和经验基础上发展出来的。而社会历史事件通常是不能重复的。社会是不断变化的，至少，在人类现有的认知水平和层面上而言，是比物理现象的变化要快的。新的情况会改变现有理论的假设条件和适用范围。

横向而言，由于管理理论大多是在对某一地区或国家的某些组织的研究基础上建立的，严格的跨地区或全球性的比较实验几乎不可能。因此，管理学的理论，只能是基于对过去某一局部内的某些现象、事件和行动的一种琐碎的了解和事后的反思，而且往往是经过理性化加工过了的反思，并不一定反映真实情况。

过去曾经流行这么一个故事：一个人在马路边路灯下搜索东西。旁人问他找什么。他回答说找钥匙。问他钥匙在哪儿丢的，他说在前面黑影里。又问他，黑影里丢钥匙，干嘛在灯下找呢？他回答说，因为灯下有亮光嘛！

总之，即使在科学的范畴，从内在妥当性（Internal Validity）、敏感性（Robustness）、实效性（Time Sensitivity）到外部适用性或曰普世性（Generalizability），管理学的理论都不可避免地令人质疑，不可能像自然科学中的理论那样精确和放之四海而皆准。

比如，在物理学中，我们知道，水的沸点与大气压成正比，并且我们可以精确地知道在某种大气压下，水的沸点是多少。在管理学中，我们也可能进行理论假设，不同的激励水平下，员工的生产效率会有不同，但我们很可能不知道怎样去测量激励水平和生产效率，不同的研究者可能选择不同的测量指标，这样一来，不同的研究得出来的结果也不一定具有可比性。也就是说，在管理学领域里，我们还没有，甚至不可能有，对"大气压"和"沸点"的一致定义和测量度，更别说理解它们之间的精确关系了。

那么，我们究竟怎么测量激励水平呢？文献中通常的做法包括用不同数量的奖金来测量或者干脆问被访者：你认为你的激励水平是多少？请从1到5打个分。这种办法，应该说是路灯下找钥匙的最佳注解之一。

从这个意义上说，科学也是一种宗教。只有你相信你的方法时，你才会相信你的结果，或减少对你的结果的怀疑，增进对结果的信心。

管理是一种特定的社会活动。可以用科学的方法去对待它，也可以用艺术的手段来实践它，抑或二者并举，寻求规律，张扬个性。管理学是研究管理现象和规律的一门学问，可以用科学方法论来进行观察和分析，积累实证经验，创建理论框架，也可以用各种非科学的手段去体味，去感悟，去洞察，去总结。

科学方法不能够解决所有的管理问题，但至少可以增进管理学的合法性和可信度。管理系乃至整个商学院过去几十年来拼命强调研究的重要性其实是不无道理的。其他职业教育机构如医学院（西医）、法学院、工程学院，没人敢把教授自己的"意见"或者未经实践检验的半生不熟的"理论"当成真理和规律贩卖给学生，那样会出人命的。商学院就敢。不过，这种生猛之举也已日薄西山了。还得拿科学说事儿。否则，像笔者这样从来没有在企业呆过一个整天的博士，怎么在商学院混事儿呢？！

当然，非科学的方法和态度，可以使人大彻大悟，也可能使人困惑恍惚。偏方可以治大病，也可以立马儿埋人，而更多的情形下通常是不疼不痒，就看你碰见的是哪路神仙了。

朗润园遐思

初次踏入朗润园,便被一种独特的氛围深深地感染着、浸淫着。

自己也说不清楚这种感受究竟是出于对北大百年学术传统的尊崇与景仰,对国家发展研究院(原中国经济研究中心)学者们敬业风范的赞赏与钦敬,对中美合办的北大国际MBA项目(BiMBA)中西兼学的认同与称许,抑或是为BiMBA莘莘学子的朝气勃发、挚诚向上而振奋与感动。

静如止水,动若波涛。

朗润园遐思

置身朗润园，你会感受到一种祥和与宁静，一种昔日皇家园林独有的祥和，一种远离浮躁、喧嚣，使人独自静观世事，整理思绪的宁静；置身朗润园，你更会感受到一种潜能的积聚与流动，一种以天下为己任，经世济民、振国兴邦的宏愿和潜能。

"我认为创新是企业成功和持久增长的唯一出路，刻意制造产业进入壁垒来保护既得利益乃封建地主庄园式思维之延续，难以适应当今世界超级竞争的现实环境。""难道说一个人武艺超群，他家就不需要安防盗门吗？我认为你的观点过于理想化。"

"我谴责过分沉溺于要谋略侥幸取胜而轻视企业管理基本功的行径！增加自己的核心竞争力永远应该是放在首位的。靠实力取胜应该是战略的第一准则。""如果一个企业实力超群，它可能根本不需要战略，它只要出场亮相就赢了。战略的用武之地在于怎样在资源劣势的情况下以智取胜。"

"教授，事实证明，当今企业的竞争实际上是人才的竞争，是知识的竞争。因此，只把企业简单地看做一个产品和市场活动的组合，或者资源与能力的组合都将是片面的。企业必须是一个培养人才、开发和应用新知识的所在。""非常有道理，但是……""中国企业的症结在于为进入世界500强而进入世界500强。这实际上是本末倒置的。没有核心竞争力，何谈成功地多样化经营？何来世界500强？""上市公司的特点必然导致企业短视，甚至做秀、炒作。再说，诸多产业的核心技术都控制在西方大型跨国公司手里，我们的企业有什么核心竞争力可谈？""难道我们就只能做世界的加工厂吗？""嘿，我们是职业经理人，不是战略家。""悲剧！"

同学间的辩论，师生间的探讨。观点的激发碰撞，思想的交流沟通。慎思明辨，以理待人。这也许是 BiMBA 教学的精髓神韵、引人入胜之处。

浩言管理
感悟与构想

我为 BiMBA 的学员们骄傲，也为自己庆幸。

值得骄傲的是，这些中国企业管理阶层的新星，他们对管理问题思考的深度和广度都值得称道，对国外的有关理论和实践前沿也颇为关注和熟悉。他们在增进自我独立思考能力的同时，也更多地学会了对不同意见和视角的理解、欣赏和宽容。作为有一定经验的管理者，通过案例讨论、小组练习、教授演讲，他们不再过分固执，为书生气所累。从不同的视角审视同一个问题，使得学员们增进对实际问题的复杂性和丰富性的把握，同时也使得他们能够更好地体味不同理论视角的魅力与功用。小组成员间的讨论与合作无疑增进了大家的友谊和团队精神。

值得庆幸的是，在 BiMBA 的时间，对我来说也是一个自我充实的良好契机。与这些英才共同研讨中外管理的挑战，可谓受益匪浅。这一点，我必须感谢我的所有的学生们。他们给了我信心，管理学是一门重要的学问，她正在中华大地深入普及，必将为增进各类组织的管理绩效作出贡献。他们给了我理由和勇气，我要再为管理学拔份叫好。管理学不是经济学，MBA 需要懂经济学，但 MBA 更离不开管理学。他们给了我希望，中国的企业和组织管理正在向正规化和职业化发展。他们将是这个过程的领军人。中国需要更多的 MBA。能为 MBA 教育在中国的发展稍尽绵薄之力，甚是有幸。

当年，对于从军政界退休而入主哥伦比亚大学的艾森豪威尔校长，哥大一位资深教授曾直面坦言："校长先生，教授不是大学的雇员，教授们就是大学。"BiMBA 的师资阵容强大，有目共睹，自不待言。此乃立项之本。BiMBA 尤其值得称道的还有一些无名英雄：那些认真敬业，热情高效的教学服务人员。他们常是身兼数职，在做好本职管理工作的同时还分兼不同班级的班主任。这个良好的教学支持系统应该说是帮助 BiMBA 取胜的一个秘密武器。当然，一个大学最值得骄傲的应当是她的学生：高质量的生源和满意、成功、忠实的校友。

白雪装点着宁静祥和的朗润园。远远望去,万众楼一教的学生们正在热火朝天地辩论着,仿佛决胜千里之前的运筹帷幄。能量在积蓄着。

突然忆起几年前曾造访某好友聊天。宾主对《马勒第一交响曲》的第二乐章感触尤深:青年人独有的那种"生命的张力"。

或许,这便是萦绕充溢于朗润园的那种氛围吧!

为北大国际MBA(BiMBA)而做

北大国际负盛名,
本土全球谋双赢;
诚开先河引风尚,
善聚雄才育精英。
朗润园盈求知趣,
致福轩溢激辩情;
敢以奇葩傲天下,
笃将商绩炳汝功。

评战略管理

战略与战略性
游走于独特性与合法性之间
什么是有吸引力的行业
开饭馆的堪萨斯牙医

战略与战略性

战略乃取胜之道。战略是企业为实现其根本使命和具体目标而制定的总体规划和基本谋略。与战术相比，战略是相对较高层次的概念和现象，并且相对稳定、持久和一致。战略具有非常强烈的目标导向，为实现某种特定目标服务。因此，那些对于实现企业目标具有极大价值的要素，经常被称为战略性要素或者具有战略意义的要素。这种战略性要素往往是实施某种战略或实现某种目标时最稀缺的、制约性的因素。

广而言之，比如能源、通信和基础设施建设，是国民经济发展的战略要素，属于所谓"制高点"上的要素。细而言之，比如赤壁之战，孙刘联盟共破曹兵，万事俱备，只欠东风，东风就是战略性要素，因为它关乎孙刘联盟在赤壁大战中的成败。这时，作为战略性资源，东风是与具体的竞争战略相关的，也就是说，东风是由于火攻这一特定军事战略才显得重要的。

然而，值得注意的是，我们这里所说的"战略性"（Strategic），实际上指的是某种要素对于实现某种目标的"重要性"和"关键性"，而并不一定必然与某种清楚明了地表述出来的战略相关。比如说，我们开一片地种庄稼。如果这块地缺碱，而碱的含量与我们要种的庄稼的出产率成正比的话，那么碱就是战略性的要素，不管你采用个体经营战略还是集体耕种战略。

再比如，一个人报考 MBA，可能分数、经验、能力等各个方面都很

浩言管理
感悟与构想

强,但只是在与竞争对手比较时,某一方面显得相对薄弱,而未获得录取,那么,这一相对薄弱的方面便具有战略性。所以说,对于一个考生来说,很难说什么是最重要的或最具有战略意义的。学校拒绝录取时引用的理由就是最有战略性的方面,而这种战略性在很多情况下是无法提前预知的。

那么,我们在事前如何告诫这些考生呢?我们很可能会说,你必须在所有方面都很优秀。而具有讽刺意味的是,如果一个考生能够做到在所有方面都很优秀,出类拔萃,那么,在这种情况下,也就没有必要诉诸任何战略了,只要选手出场亮相就行了。其实,对于一个在竞争中面对极大不确定性的企业而言,作为市场上的一个"考生",它与上述 MBA 考生面临相似的战略挑战。

战略,就是要在很多限制条件下,进行取舍,进行调配,从而避免或缓解战略性要素的短缺造成的不利局面,或者最大限度地攫取某种战略性要素可能带来的收益,"一俊遮百丑"。而战略性要素的两个主要特点就是重要和稀缺。重要意味着对实现目标起显著作用;稀缺,根据定义,意味着不是每个企业都能充分享有,它在不同企业间的分配是不对称的。而它的缺乏则构成对实现目标的强力制约。

这样看来,战略性的资源与能力只是四种可能性中的一种。我们可以简单地比较以下其他三种:

重要但不稀缺的资源,因为可以随时得到,不可能成为一种制约性因素。比如,水之于生命非常重要,但在通常情况下,在供水充裕的地方,水并不被认为具有战略地位。

稀缺但不重要的资源往往对目标的实现无碍大局,也贡献不了多少,通常是可有可无。比如,人都说三条腿的蛤蟆难找。但事实上,除非你开珍奇动物展览馆,否则找到了也往往没什么大用处。

既不稀缺又不重要的资源，比如没有任何技术训练的劳工，通常可以很方便和廉价地获得，不具有战略意义。

所以，只有重要并稀缺的资源才是真正战略性的资源。这种资源，如前所言，可能适用于多种战略的构想和实施，也可能只在某种特定战略中发挥优势。

迈克尔·波特在他那篇著名的"什么是战略？"（《哈佛商业评论》，1996）一文中，曾经竭力声称日本公司其实没有"战略"，有的只是所谓的"操作效力"（Operating Effectiveness）。在我看来，并不能因为某些企业没有采用某个著名分类法界定的基本战略类型中的一种，就认定某些企业没有战略，或者，这些企业的资源与能力没有战略性。

把日本企业的大规模高质量生产制造实力贬低成操作层面的战术要素，很容易造成理解上的偏差和混淆。这里面至少包含两个层次的问题："操作效力"究竟是不是战略性资源或能力？日本制造业企业到底有没有战略？

第一，某些企业拥有某种资源或能力，而对手没有或相对缺乏，这种资源与能力能够给企业带来持久竞争优势，这种资源与能力显然是非常具有战略性的。日本的"操作效力"恰恰就是这样一种能力，在全球范围内，不仅重要，而且稀缺。当大多数企业对生产的制造工艺、生产过程质量和产品质量并不是非常重视的时候，当美国底特律制造的汽车，按照设计，只准备在路上跑七八年的时候，日本企业对质量的宗教般的信奉和追求是独特的并且具有经济价值的。对质量的追求不仅带来了企业的工艺精良、人员的训练有素，同时还带来了浪费的减少和成本的节省。这是日本制造业在20世纪后半期成功的最根本原因之一，极具战略意义。

第二，日本企业在上述时期的"操作效力"是基于非常清晰的战略意图的，那就是"永久占据并领先国际市场"。日本企业对质量的追求，

浩言管理
感悟与构想

对操作的完善，一句话，对"操作效力"的重视和应用，是有目的的、系统的、不断改善和增强的。这是它们占领国际市场的主导竞争战略。根据资源本位企业观的主要提倡者杰伊·巴尼（Jay Barney）的"战略要素"（Strategic Factor）理论，日本企业的"操作效力"不仅有经济价值，而且稀缺、独特、难以被模仿。而且，这种效力通常和企业特定的组织体系密不可分。而建立在这种战略要素上的竞争战略就难以被对手模仿。以此观之，日本企业的"操作效力"体现的恰恰是一种独特的竞争战略。

正像日本企业在记忆储存装置市场上，用更低的价格和更可靠的质量把美国企业（英特尔）请出局一样，韩国和中国的企业也在日益侵袭日本企业的传统领地。当对手质量赶上来时，日本的"操作效力"优势已经日薄西山，成了重要但不稀缺的要素。而异军突起的三星等则依靠设计等方面的创新战略，成功地挑战了日本传统的基于质量的战略。但后起之秀的赶超并不意味着日本企业当年对质量的重视以及其"操作效力"不具战略性，而只是说，企业要长期发展和领先，必须不断增强和延长其战略要素，或者更新其战略要素。

本来是要对"战略性"就事论事，最终还是半推半就地在愉快的不情愿中陷入了资源本位企业观的泥潭。我这里强调的是资源的重要性和稀缺性。巴尼强调的是有价值、稀缺性、难模仿和有组织。其实，"有组织"不过是从企业管理层面看资源时必需的眼界。前三个指标才是真正在一个分析层次的。仔细推敲，把难模仿列进去其实也是多余的，因为，如果容易模仿，必定应者如云，哪里还会有什么稀缺性可言？！稀缺性本身就界定了难模仿、难替代。

于是，我为我的重要和稀缺之说而得意着。正当我得意的时候，我却感到了悲哀。

事情是这样的。20世纪90年代，在得克萨斯州奥斯汀湖区的某次会议上,笔者曾与巴尼聊天,他对波特的基本竞争战略颇有微词:波特的三个战略其实是两个战略,因为"专注"战略讲的是经营范围而不是竞争优势的来源。这就只剩下差异化和成本领先。其实在差异化中,我们照样可以有成本领先,比如雷克萨斯和奔驰与宝马之间的比较。说白了,波特的基本战略体系也就是一个成本领先,即一个关于"效率"的故事而已。

我想波特大概决计不这么认为,否则,他就不会在1996年的文章中把"效率"的概念偷换成"操作效力"并声称日本企业没有战略了。

如果我们以其人之道还治其人之身,我们可以看到,巴尼对能够带来持久竞争优势的资源与能力的四项描述,其实也可以简化成对前三项具体指标的考量。而难模仿已经由稀缺性所包含或者界定。有价值等于循环论证,没有价值哪里来的竞争优势?再说,谈没有价值的资源,比如三条腿的蛤蟆,本来也没什么意思嘛。所以,说到底,巴尼的理论无非只是一项指标,即一个关于稀缺性的故事而已。

正是:辛辛苦苦几十年,一夜回到斯密前。

好嘛,照这个说法,搞战略管理的又输给经济学家一回。

游走于独特性与合法性之间

有关战略实质和特点的诠释可谓林林总总、众说纷纭。有的强调其目标导向和长期性,有的关注其方法和手段的创新。既有对竞争互动的重视,也有对资源承诺的垂青。但有一点可以肯定,在企业经营中,战略的实质是取胜,是赢。具体而言,战略的最高境界体现于企业的持久竞争优势和长期卓越经营绩效。取胜或赢,通常意味着脱颖而出、拔尖出众。而要想长期地赢,则需要旷日持久地优秀和与众不同。这不仅仅是一种常识和信念,其背后也确实不乏令人信服的实践证据以及含义深刻的理论支撑。

波士顿咨询公司创始人布鲁斯·亨德森教授当年曾撰文称,1934 年,莫斯科大学的一位科学家高斯(G. F. Gause)曾经做过如下的一系列比较实验:把两个非常小的动物(原生物)放在一个瓶子里,给予适量食物供给。如果它们是不同类的动物,则可以共同生存下去;如果它们是同类,则无法共生。高斯于是得出了"竞争性排他原理":两个活法相同的物种不可能持久共生。亨氏将此原理引入到商业竞争之中,一针见血地指出战略的基点是一个组织或企业特有的属性,或曰独特性(Uniqueness)。

这种独特性,持久的独特性,界定了一个企业的鲜明特征,从自我认知到外部形象,更凸显了一个企业在实质上的超群之处:它的竞争力,它的战略所依赖的、难以被对手模仿的资源禀赋与能力组合抑或其他组织机制和行为范式。正是由于这种独特性的存在和难以模仿,基于其上的企业

游走于独特性与合法性之间

战略才难以被对手模仿,长期取胜才有机会成为可能。无论是波特对"差异化"战略的勾勒,还是市场营销文献中对"细分市场"或"利基"的表述,其实都反映了对企业独特性的青睐,并强调了这样一个基本思路:战略的制定离不开对企业自身条件的创造性应用。

这种战略视角,与管理学书籍中的通常教诲,不说是大相径庭,至少也在概念层面和应用层面上有着根本的不同。总而言之,管理学教科书中所提倡和兜售的最佳实践和管理诀窍,从统计学的角度来说,都是一般规律和中心趋势(Central Tendency),是大家回归所向的平均现象。如果向这个目标努力,顶多是保持随大流,与对手达到战略持平,并不能够获得竞争优势和卓越绩效;如果达不到这个水平,倒是很可能遭遇竞争劣势和绩效低下。所以说,一般的管理学说,从"对标"到"榜样",都是教人怎样不落伍,但并不能昭示如何出人头地。

而战略,至少就它的高级境界来说,讲求的恰恰是出类拔萃。当然,某些战略被学习、被模仿、被替代以后,变成了中心趋势,已经不再具有战略意义。但是,在任何情况下,总会有超乎中心趋势之上的独特战略存在,即统计上所谓的"野点"(Outlier),它们并不向中心趋势回归,而是向外拓展边界。当然,这些独特的"野点"离群孤立,要么是出奇地优秀,要么是极端地悲惨。天才和傻蛋的相同之处都是与众不同,而二者之间的关系既可以是天壤之别,也可以是同病相怜,关键在于时间的早晚、际遇的偶然和上天的成全。毫无疑问,战略所关心和祈求的是天才和优秀的一面,最大限度地发现和利用独特性,成为大家仰慕而又高不可攀的闪亮"野点"。

难道越独特就越好吗?并非如此。战略的应用是在一定群体中展开的。因此,对于企业的存在和它的经营战略以及竞争招数而言,还存在一个该企业在该群体中以及在该群体所处的大环境中的合法性(Legitimacy)

问题，包括行业中的、制度方面的和社会文化等方面的。

社会学中的制度学派强调的是一个组织群体中不同组织间的同形性（Isomorphism）或扎堆儿现象。这种同形性赋予一个企业在一个特定行业和社会中的合法性：其行为符合基本社会规范，其做派不违背该行业的基本规矩。这种合法性是正当从业的基础，是从容获取资源的保证，是与其他对手至少持平并能公平竞争的前提条件。而没有这种合法性，企业的运作就可能步履艰难。比如，当年孙大午或者吴英的民间融资业务，无论如何有必要、无奈何，甚至得到大众的同情，却不符合时下的有关法规。而一个激进的外国银行如果依托其全球势力采取极端的竞争手段打压本土银行，也会遭遇本土同业者和公众的集体谴责和抵制。所以，它们必须尽量本地化，或向这方面打扮自己，高喊"与中国共同发展"。

如此看来，要想获得持久竞争优势和长期卓越经营绩效，一个企业的战略必须最大限度地挖掘和利用它的独特性，追求卓越；同时也要最低限度地保持其社会合法性，在某种底线之上。如果没有独特性，一个企业不可能有优势，持久的优势，因为大家都半斤八两、基本趋同。如果没有合法性，企业的生存和参与游戏的权利本身可能也会令人焦虑和头疼。所以，一个企业可以技高一筹、拔份领先、优势明显、业绩优秀，但同时又必须让同业者认为自己是它们中的一员，是从业者可望而不可即的榜样，而不是令人不齿的另类异己、人人喊打的对象；要让政府、顾客和社区认为它是社区中的一员，而不只是唯利是图的投机商。

河南双汇肉业在拓展全国肉类加工和销售市场的时候，曾受到诸多地方市场现状的制约和当地对手的集体攻讦。比如，21世纪初，双汇进入南方某地市场，其冷鲜肉的售价几乎与当地肉联厂的整猪批发价一样，导致当地经营者无法竞争和生存，结果遭到店铺被砸的厄运。当地政府有关部门也不得不以肉源不符合当地进货条例为由，查封双汇的当地库存。中

游走于独特性与合法性之间

国企业在对外扩张的同时，也需要关注如何融入当地市场的问题。温州打火机行业工会成功地运作了应对欧洲"反倾销"的思潮和案件，堪称典范。但当年中国鞋商的存货（由于过分有竞争力的定价）在西班牙被烧的事件，应该在更大范围内引起我们的重视和警觉。

其实，社会合法性即使在一个成熟发达的市场经济体系内也是一个大问题。美国的烟草公司必须花大力气给政府和公众一个说法。沃尔玛也必须对那些被其一路打败的小门脸儿、夫妻店铺们以及当地的民众给个交代和关照。微软和英特尔等，原来以为自己凭本事吃饭，根本不把政府和不太懂计算机的消费者放在眼里。在被政府以反托拉斯法为由整治几回后，它们都变得非常乖。有兴趣的读者可以去考察，自20世纪50年代至今可以找到的管理学课本中，凡是当时被书中引为学习的榜样、管理的标兵的组织和企业，十有八九都在某个时候被美国政府指控过、修理过、惩罚过。因为它们优秀，就极可能为所欲为，招致对手的不满、公众的反感，何况强势企业本身就容易引起公众的怀疑和不安。所以，再优秀的企业也不能太猖狂。

在一个和谐社会里，富人是穷人的榜样，而不是仇视的对象。在一个鼓励竞争的市场中，大家努力追赶业绩优良的标杆，而不是盘算如何向政府告状。然而，现实并不总是那么理想。因此，一个企业在考虑其社会合法性的时候，必须考虑到中国社会的现状。既要赢利，更要为人民服务，也要争取得到社区的认可和政府的表扬。关于企业及其战略的独特性和合法性的结合，最近的一种说法很时髦，也很贴切：更社会主义，更市场经济。

什么是有吸引力的行业

自从迈克尔·波特的《竞争战略》一书于 1980 年问世以来，产业分析和选择便成了战略管理研究和实践所关注的主要焦点。根据产业分析学派的论断，一个企业的赢利高低，主要取决于它所在产业的所谓吸引力。由此而来，战略的核心任务被认为是企业在外部竞争空间的定位，选择最具有吸引力的行业，争取在该行业建立强势位置，享有持久竞争优势。

问题是，什么是有吸引力的行业呢？是不是一个行业对所有的企业都具有相同的吸引力呢？是不是某个行业的平均利润率高或者增长率高就一定具有吸引力呢？对这些问题的回答，仅靠产业分析一种理论视角，显然是不够的。

事实上，在主流派的管理文献中，一直存在着另外一种声音，那就是资源本位企业观。这种理论视角将企业看成一种独特的资源与能力的组合，而不仅仅是产业分析学派所定义的产品和市场活动组合。

伯格·沃纳菲尔特（Birger Wernerfelt）于 1984 年首次正式举起资源本位企业观的大旗，并且提倡从企业内部的资源禀赋和能力组合来考察企业行动的原因、导向，乃至企业利润的来源。

沃纳菲尔特与其妻，著名战略管理学者，辛西娅·蒙哥马利（Cynthia Montgomery）曾于 1986 年在《管理科学》上发表了一篇题为"什么是具有吸引力的产业？"的论文，对上述问题作出了精辟的回答。

简言之，结论就是：不同类型的产业，对于不同能力的企业来说，吸引力是不一样的。

具体而言，如果一个产业中某些企业由于优异的成本控制能力而极具成本优势，那么这些企业较广阔的利润空间和较高的利润率会把整个产业的平均利润率提得较高。

如果一个产业中所有企业的成本结构和水准都比较接近，也就没有企业可以长期拥有比对手更高的利润率。这样，整个产业的平均利润率就会相对较低。

所以，对于成本控制能力较强（所谓有效率）的企业来说，利润率高的产业比利润率低的产业更具有吸引力，因为它相对于成本控制能力低的企业的竞争优势可以被凸显、被最大限度地利用。相反，对成本控制能力较低的低效率的企业来说，在利润率较低的产业当一个一般的选手要比在一个利润率较高的产业当一个失败者日子更好过一些。同样，对于低效率（成本控制能力低）的企业而言，增长率比较高的产业比增长率比较低的产业更具有吸引力，因为高速增长的行业往往需求大，竞争压力相对较小，比较容易包容和掩盖低效率企业的不足。泥沙俱下，看不出来谁傻谁笨。对于高效率的企业而言，在相对稳定和成熟的产业中，要比在高速增长的产业中更容易发挥优势。越是打阵地战，实力的差别对结果的影响也就越大。当然，这并不就意味着高效率的企业应该参与停滞的或者衰退的产业。

二位作者对美国《财富》500强的128个样本进行了实证研究检验，上述结论得到了研究结果的有力支持。

我们不得不为这项30年前的经典研究工作所发出的某种信号而拍案叫绝。因为这个信号强大而经久不衰。那就是，战略管理是一门情境艺术，讲究的是企业自身资源和能力与外部机会和要求的动态契合和匹配。没有对所有企业都具有吸引力的产业，也没有任何企业在所有产业中都能够生存并取胜。根据自己的实力去发掘机会，根据环境的约束来提高自己，从而保持战略的生命力和企业的竞争优势。

《孙子兵法》有云："水因地而制流，兵因敌而制胜。故兵无常势，水无定形。能因敌变化而取胜者，谓之神。"这种信号之所以强大，就在于它所昭示的战略神髓。这种信号之所以持久，就在于它有存在的必要，尽管我们经常会忽视它。

在现代版本中，这种信号所昭示的战略实质最早反映在20世纪中叶结晶于哈佛商学院的SWOT分析框架中。这个框架的核心精神是：成功的企业战略应建立在企业内部运作的强势、弱势与外部环境的机会和威胁的共同考量之上。

当然，说实在话，这类建议性、指导性和纲领性的理论"框架"并不是某种精确的理论模型，可以用来对所研究的要素之间的关系给出类似物理定理一样的描述。因此，它也需要得到不断的完善和更加具有可操作性。

波特在产业分析方面的工作便是这样一种企图和贡献。同样应该值得赞赏的是与之相辅相成的资源本位企业观。波特的产业分析使企业对其竞争环境及其带来的机会和威胁有了更清楚的认识和准确的把握。这种分析不仅涵盖产业总体结构层面，而且包括产业内的细分市场结构和战略群组动态以及具体的竞争对手分析。

不幸的是，由于产业分析学派的极度昌盛，波特的五力模型被过分滥用，SWOT分析中的环境因素（O和T，即机会和威胁）被人为地夸大，环境决定论之风甚嚣尘上。企业的内部运作（S和W，即优势和劣势）在很大程度上被忽视和遗略。

在管理实践中，也存在着各类企业不顾自身条件和实力，盲目进入大家都认为具有吸引力的行业的现象，结果导致重复投资、企业惨败等。

什么是有吸引力的行业

作为对产业分析学派的补充和反动,资源本位企业观更加注重企业的资源和能力组合以及其内部运作。对于资源本位企业观,理论研究的焦点在于探讨能够为企业带来持久竞争优势的资源与能力的主要特点,比如资源的经济价值、稀缺性、可模仿性、可复制性、可交易性和可替代性等。

资源本位企业观的基础研究,基于资源本位企业观而引出的所谓核心竞争力的研究,以及后来兴起的动态管理能力的说法从不同的侧面增进了我们对企业自身(S和W)的了解,使我们更加欣赏和重视企业资源对企业战略和利润率的影响和作用。

应该说,产业分析学派和资源本位企业观——现代战略管理领域的两个主要学术思潮,皆脱胎于SWOT分析而又最终回到SWOT分析,并使之相应的构成部分——外部环境分析和企业内部分析——更加系统全面、严谨缜密。道理很简单,SWOT框架一开始强调的就是企业内外的契合。

当然,学术研究总有焦点的转移和潮流的先后。其实,这也很自然。所谓动态契合,就会有先动的一方,挑战另一方去更新。否则,静态匹配,永远没有突破。可喜的是,沃纳菲尔特和蒙哥马利三十年前富有远见的理论整合工作今天得到了发扬光大。希望产业分析学派和资源本位企业观的理论互补能够使SWOT分析所昭示的战略实质得到更多企业的理解和赞赏。

有趣的是,SWOT分析出自哈佛商学院。波特和沃纳菲尔特均毕业于哈佛大学经济系与商学院合办的管理经济学博士项目。波特和蒙哥马利现在又都在哈佛商学院教书。应该说,从理论渊源到学术争端,都是哈佛惹的祸。所以,解铃还须系铃人。

开饭馆的堪萨斯牙医

记得许多年前笔者在美国曾听到这么一条消息,堪萨斯州的牙科医生协会对其会员做过一项问卷调查,其中某个问题涉及他们的投资和其他商业兴趣。大概近三分之一的应答者都回答自己拥有本地的某个饭馆。为什么牙医喜欢当饭馆老板?

有人马上会做如下机灵的反应:他们想让顾客在他们饭馆多吃对牙齿健康有害的食物,从而多揽牙医业务。其实,在美国,大概是个牙医就会客流不断,日程排得满满的。再说,牙医业务再多,单纯看牙也很难满足牙医作为人的多种欲望和抱负。

开饭馆的堪萨斯牙医

其实，牙医最有价值的资产应该说是他们在本地的人脉关系，从××局到××长，从名流大亨到老百姓邻居街坊，乃至各类普通和特殊职业者，到处都会有牙医的客户。而这种人脉关系恰恰是开饭馆所必需的资产。于是，堪萨斯州的牙医成了多元化经营的典范：充分利用现有优势资源。

众所周知，企业多元化经营已经成为现代社会中企业发展的一种重要战略手段。不同企业采用多元化战略的动机和目的可能多种多样，有的复杂神秘，有的直白简单。我们可以先从经营环境、企业因素和管理者个人因素三个层面来系统地考察企业多元化经营的动机。

外部环境中的机会和威胁通常是导致多元化运作的重要原因。首先，在公司监管权市场上，那些有长期价值但短期价格相对较低的企业很容易成为其他企业兼并的对象。这种通过兼并而实现的多元化举动是以合适兼并对象的出现为导火索的，其实质动机是提高企业的资产回报。

其次，经营环境中的威胁也会迫使一个企业到别的产业寻求新的增长和利润空间。比如，产业已经进入衰退期，竞争强度增强或竞争手段恶化，或政府对该产业的发展施加限制等。毫无疑问，企业多元化的一个根本原因是为了分散风险。不要把所有鸡蛋都放在同一个篮子里，说的就是这个道理。

在企业层面，剩余资产（Excess Resources）通常是导致多元化经营，尤其是相关多元化的主要动机。为了使剩余资产得到充分利用，企业不仅需要提高同一产业内的规模经济效应，而且通常需要在新的产业和市场中寻求剩余资源的应用，从而享受范围经济效应。

剩余资产的可流通性决定新进入产业和原有产业间的距离。比如，学校在夏季剩余的是教室，可进入的产业应该是会议和培训业等能够利用该项资源的临近或相关产业。如果是像微软或者烟草公司一样的大企业，剩余的是现金,那么,可进入的产业可以说是无限宽广。

大多数企业的剩余资产都不具有完全可流通性,所以,一般来说,由剩余资产导致的多元化举动以相关多元化居多。实质动机就是像堪萨斯州的牙医那样,去获取资源在不同业务中共享所导致的范围经济和协同作用。

从企业资源的角度来看,多元化的另外一个重要动机是寻求资源与能力的互补。比如,一个研发企业兼并一个制造厂商,一个制造厂商兼并一个营销企业。这样既有利于对整体经营过程的把握和控制,也有利于对顾客提供比较全面的配套服务。

从企业的业绩来看,连续业绩下滑,很容易导致企业被迫出走。这时的多元化是被动的,动机不在于达到什么,而在于脱离现状。我们不知道应该去哪儿,反正我们知道我们不能继续在这儿。这似乎符合人之常情。

比如,我们看那么多都市情感类的电视连续剧,只要某主要人物生活中出现危机或低谷,很容易就被编剧或导演打发到美国去待一段,然后过几年回来都是什么董事长,多好。

从个人层面而言,多元化经营很可能是经营管理者按摩自尊心的有力措施。或者好大喜功,为多元化而多元化,这样更容易使人感到权力巨大,有安全感、荣誉感;或者完全根据个人的偏好,盲目固执地进入企业没有能力生存和取胜的那些产业。

当然,还有一种可能性介乎经营管理者个人和企业之间,那就是随大流、跟风模仿。我们之所以采取多元化战略,主要是因为对手采用了多元化战略,或者大家都采取了多元化战略。毕竟,榜样的力量是无穷的,无论榜样本身对错与否。

企业究竟应该怎样实施多元化战略呢?对这个问题的回答必定是要根据不同企业的特定条件和状况来作出的。我们可以考察四个不同种类的案例。

第一，从胜利走向胜利。对于一个成功的企业，如何将它的独特竞争力或核心竞争力应用到更广泛的产业和市场空间，是不断采取多元化举动的主要动机。比如，耐克的品牌优势可以从运动鞋市场转向运动器材市场。宝洁与吉列，业务相近但又少有重叠，它们合并后的公司将拥有21个销量10亿美元以上的品牌。这将使得宝洁在管理消费品优质品牌方面的核心竞争力得到充分的施展，当然同时也带来巨大的挑战。

同样，菲利普-莫里斯公司自1980年起的多元化战略也是一个良好的典范。当烟草业面临多重困境时，该公司先后收购了卡夫食品、米勒啤酒、七喜国际业务等，力图应用其良好的品牌管理能力和广泛有效的经销渠道。这是一种非常自律的多元化战略，因为该公司的现金足以支持它进行一些非相关性多元化的举动，但它却坚持相关性多元化战略。再后来，菲利普-莫里斯公司又主动剥离了这些业务，回归烟草主业。

第二，从胜利走向失败。一个企业在一个行业取得胜利并不意味着它可以在另外一个行业取得胜利。当经营管理者因好大喜功或以个人私欲为主要决策准则时，多元化的举措往往容易忽视企业将要进入的行业的各种不利因素，尤其是管理者缺乏对该行业的了解和相应的管理人才和技能。

比如，中国各类企业对汽车、房地产、股市等所谓暴利的行业所持有的不可抑制的好感，便是潜在的陷阱。捞浮财只会助长管理者的投机心理，而不利于锻炼企业，培养显著竞争能力。这一点，大家可以牢记沃伦·巴菲特1996年的一句名言："我不懂微软的业务和它所在的产业，虽然它非常成功。出于对比尔（盖茨）朋友间的好感，我只拥有100股微软的股票。"当五粮液、红塔山也想造汽车的时候，巴菲特的话应该尤其适用。

第三，从失败走向成功。西谚有云：鼠弃沉船。当一个产业面临巨大

浩言管理
感悟与构想

威胁时,能够跳出原有产业或业务来审视自己,重新选择发展方向,在新的行业中寻求再生,这是需要勇气和智慧的。在商战中,与阵地共同灭亡的做法通常是不明智的。

一个具有韧性的企业,可能会因为自己的资源与能力和现有业务的关键成功因素之间不再匹配而黯然失色,但由于其优秀的综合素质和扎实的基本功,可以寻求那些可以充分利用自己独特资产,并具有非常强的发展潜力的行业或业务空间。比如,英特尔在自己发明的 DRAM 业务几乎被日本对手全盘抢占的时候,毅然决然地全面拥抱了微处理器(Microprocessor)业务,奠定了其整个企业日后二十年的迅猛发展的坚实之基。

第四,从失败走向失败。首先,某些原先非常成功的企业,因过于沉溺于某个单一产业或业务的经营,在成功的时候,觉得没有必要多元化;在产业萧条衰退、业绩逐年递减时,再想多元化,或者因眼界和思维方式的束缚,或者因外界的灭顶之灾,已经为时已晚。比如,很多生产英文打字机的企业早已销声匿迹。这些企业恰恰是需要提早进行多元化经营准备的,但却往往失之交臂。正像某个故事所说的,将一只青蛙放进一盆水里,然后给水持续慢慢加温,直到青蛙将死,它也不会跳出来。等到水沸腾了,也已经没有跳出来的可能了。

其次,某些企业,基本属于散兵游勇,甚至包括很多拿别人的钱学手艺而又不需要付学费的某些大项目,它们既没有企业经营管理所需的一般基本功,也没有某个行业的特殊竞争力。在一个业务上干不好,就想到别的产业碰碰运气。这样的企业注定是才出狼穴,又入虎口,如到处乱撞的苍蝇。

在胜利中乘胜前进,再立新功;在失败时另辟战场,寻求再生;被胜利冲昏头脑,自感无所不能,盲目多元冒进;被失败搞成惯性,既不专又少能，到处一事无成。我是老板，多元化与否要看我喜欢，全凭我高兴。无论成功失败或者中庸，别人怎样咱就怎样，顺流跟风。你的企业，属于哪种类型？

说了这么多，当企业在考虑多元化战略的时候，一个避不开的问题永远是：你有没有能力去驾驭新进入的产业？

话领军人物

为什么战略要跟老板聊
老板的心理底线在哪里
独裁者的法宝
什么样的人适合当领导
企业家与蛋炒饭

为什么战略要跟老板聊

战略是老板的，也是大家的，但归根结底是老板的。老板说话管用，是终极决策者，好像正午的太阳。战略便寄托在老板身上。

国之大事，肉食者谋之，粗食者践之。古今中外，皆是如此。或曰"肉食者鄙"，遂有粗食者谋肉食者事而名载青史者，如曹刿论战——此特例也。粗食者不得肉食者位，何以得谋肉食者事？一旦粗食者得谋肉食者事，则实为肉食者也，或名副其实地位列肉食者中，如宦门舍人蔺相如，完璧归赵而官拜上大夫。肉食者谋肉食者事，盖常理也。

企业经营战略，同理，是老板的活儿，别人练不了。不在其位，难以谋其政。当然，执行和实施战略则是大家的事儿，谁也跑不了。一个昏庸的老板可能不如聪颖的下属有战略头脑和技巧，但这并不是说组织的战略就应该由下属来定，而是说应该由聪明的下属来当老板。下属无论如何能干，不当老板，难以行战略事。

一言以蔽之，战略是由老板来定的，不管老板是开明还是昏庸，是聪慧还是愚蠢，是善纳忠言还是固执己见。只有老板才能干老板的事，做老板才能做的决策。老板有合法的权力，可以名正言顺地应用组织资源去推行其战略，从而实现其远见。正所谓成也老板，败也老板。战略成败的关键在于老板的战略素养、眼界和能力。

谁是老板？直截了当地说，谁是一把手，谁就是老板；谁说了算，谁就是老板。不管你有没有什么名头、职位、官衔，或者是否是组织的所有者，只要你拿总，你就是老板。当然，广义而言，老板也可以是一个团队。即使是一个团队，也往往有一个大老板拿总。战略事，最终由老板负责。

所以，跟一些非老板们聊战略，基本上是耽误工夫。跟老板聊战略，或许可以渐入佳境。试想，跟天天吃粉丝的人讲如何品尝鱼翅，这对讲者和听者双方的想象力都是巨大的挑战。老板很难会是一种先培训后上岗的人。没有基本素质，一个人大概不可能通过看书学习而成为老板。

所以，大家不要误会，跟老板聊战略，主旨不是教那些不是老板的人如何当上老板，而在于如何使老板更好地当老板。关于"教你如何当老板"的书很多，读的人也很多。读者们大多是希望能够通过读这些书当上老板，所以，这些读者的想法大多是错误的。

当然，非老板中也藏龙卧虎，有准老板、预备老板，以及那些既有能力干也想当老板的潜在老板，或者自己认为可以当老板但根本不具备基本素质的臆想老板。无论如何，只要你现在还不是老板，聊战略也许就应该是一种偶尔恭逢的奢侈际遇，而不可能是随处可见的家常便饭。你不是老板，就不是老板。

为什么只跟老板聊战略？为什么不是组织中的什么人都能与之言战略呢？原因有多种，至少主要在于眼界、信息、交往，以及压力与责任。

首先，下属和员工，由于劳动分工的限制和组织结构的困囿，看到的多是组织某个部门或领域的人和事，视角片面而具有浓厚的"地方性"，不可能具有老板所在位置的眼界、总体观和全局观。盲人摸象，各执己见。赫伯特·西蒙（Herbert Simon）教授早在1958年就与同事通过实验粗略地展示：给定一个管理决策案例，虽然各个职能部门的经理被清楚地提醒自己现在扮演的是整个企业一把手的角色，但他们"发现"和"指出"的案例中的关键问题基本上都是自己职能部门的问题。"有选择的感

为什么战略要跟老板聊

知",指的就是人们只关注自己熟悉一隅的一种认知偏差。这种偏差使得不在拿总位置上的人难以从总体和全局的视角去看问题。

其次,老板的信息优势使得下属和员工无法匹敌。老板是一个组织里信息处理的中枢。组织内外信息的收集、处理和发散,主要由老板来掌控,可以走不同的渠道,包括正式的和非正式的。某些机密或敏感的信息只能在高层管理团队中发布,甚至只有老板一人知晓;而不具备这些信息的其他人则很难看到战略问题的全貌以及整个组织面对的各种挑战和机遇。决策的基础是信息。没有对相关信息的接触和把握,全面准确地理解战略问题并且参与战略决策的可能性,也就基本无从谈起。不仅如此,老板与下属间的信息不对称,恰恰是老板权力的一种具体基础和实际表现,而权力是制定和实施战略的保障。无权不言战略。

再次,老板的交往圈子使其更加具有信息优势、资源优势和人脉关系的优势,有利于进一步增加其社会资本的积累。老板跟老板交流和学习,互通有无,这种交往可以为他们进一步开阔眼界、梳理思路、共享资源、互相协助,增进自己以及所在组织的地位和合法性,并促进战略创新与实施。过去,有人说,开富康的跟开捷达的玩,开雅阁的跟开凯美瑞的玩,开宝马的跟开奔驰的玩,应该说不无道理。乘飞机坐头等舱遇见的人跟坐公务舱遇见的人不是一个阶层的,跟坐经济舱遇见的人更不是一个阶层的,聊的话题、想的事儿也迥然不同。坐经济舱的人自告奋勇跑到头等舱跟人侃战略,连空姐都不会答应。

最后,最关键的恐怕还是能否承担压力和责任。从别人那儿领工资的基本上都不是老板。给别人发工资的基本上都是老板。自己给自己定工资和发工资的才是彻头彻尾的老板。老板给别人发工资,这就意味着责任,就面临着责任完不成的压力。作为一把手,老板为组织的长期生存和发展负最终责任。老板要从容面对诸方利益相关者,更要心硬,要有魄力。该

浩言管理
感悟与构想

严厉时，六亲不认；该温和时，如春风化雨。

不在老板的位置上，很难感受到老板面临的这种终极压力。勇于承担这种压力和责任是享用巨大权力的代价和前提。那些读了两三本战略书就大肆批评老板不懂战略的后生，是因为他们以为战略是读书俱乐部里的游戏。那些貌似神圣的科学卫士们嘲笑和讥讽那些有经验的老板在做战略决策时"拍脑袋"，是因为这些卫士从来没有得到过在复杂组织中，在面临巨大压力和不确定性的情况下，做真正实际决策的机会。

综上所述，战略是老板的，搞战略是他们责无旁贷的功课和手艺。由于大家可以献计、参与，而且实施和执行最终要靠大家努力，所以战略也是大家的，但最终拥有战略决策权并为战略和其结果负责任的是老板。所以，战略归根结底是老板的。跟老板聊战略，才合情合理。

老板的心理底线在哪里

老板的心理底线,是一个非常值得思度而又似乎难以琢磨的话题。在下从来没有当过老板。因此,只能以旁观者的洞察与揣摩,来感悟和解读老板的终极境界和隐秘王国。

老板,无论什么头衔或者有无正式头衔,是对一个组织或者群体中的大事或曰战略性决策最终拍板的人,是绝对的一把手,是在某一片天地中说了算的人。能真正称得上老板的人,必定专权至上、唯我独尊,要求别人按照自己的意愿行事,并且不会主动退出现有的舞台。

实际上,这种对老板的定义本身已经将其心理底线界定进去了:任何明显挑战老板权威、不执行老板路线或觊觎老板高位的人或事,都是老板坚决不能允许的。

首先,说话算数,意味着终极的权力。没有权力的老板,只能是名义老板、实际傀儡。其次,有权力但没有战略主见的老板,或者有主见但不能够促使别人听从并付诸行动的老板,只能是过渡性老板,终将被取代。再次,能上能下的人都不是真正的老板,而是业余老板、职业打工者。职业老板,一旦成为老板,是上去就不下来的,要把老板事业进行到底。

老板权力来源有别,行事风格亦相应有变。

无论是昔日天子之奉天承运,还是现今企业主之依据产权,此时老板的权力基础都来自其所有权。根据所有权行事,老板可以理所当然地依照自己的意志发号施令,按照法律或者合同为老板打工的人自然要俯首听命、有令必行。老福特的孙子在与福特高层管理人员（包括 CEO）发生冲突时，最常用的一句话就是："抬头看看办公楼上的标志，谁的名字在上面？"按照我说的办，否则走人。这时，老板无所谓对错，只有自己具体的利益与当下的意愿。不是谁正确谁有才谁当老板，而是谁当老板谁正确。产权使然。

无论是凭借众人推举还是依据习俗传承，被组织中的成员（尤其是组织中的精英集团）按照组织规程或传统选定的老板，合法地拥有终极的决策权力，可以诉诸组织程序的操纵与人事的任用，从而巩固与延续自己的权威，实现自己的抱负以及对组织未来发展的远见。

老板的好恶与心理底线，从老板的行事风格，亦可窥得些许端倪。有些人一如既往地直截了当、耀武扬威，毫不掩饰地憎恶任何形式的反叛。有些人深藏不露地含蓄婉转、柔中带刚，心存芥蒂地对不同类型的逆反分类宣判。

有些老板从来不休假，因为他们不能容忍这样一个事实：当他们不在的时候，组织照样运行，地球仍然运转。有些老板几乎轻易不公开露面，因为他们相信这样一个事实：把自己打扮得越是神秘和高不可攀，就越是拥有绝对的权威与尊严。当然，风格也可能因事而异。可以是自己想清楚的事情就直接命令执行，不容置疑；也可以是自己没想明白的事情就间或发动群众，边走边看。

更具体地说，老板的心理底线（终极权力、捍卫路线、永不下岗）以及其坚守程度，取决于其胆量与肚量。有些老板既有胆量也有肚量，比如曹操。这时的心理底线可能相对宽松，可以在表面上（甚或实质上）容忍下属的藐视、不敬，以及在危机时刻的企图叛逃。有些老板有胆量而无肚量，比如迪士尼前老板埃斯纳，在其治下 20 年间精心防范任何同僚，身边几乎从来没有明确的二号人物出现。有些（阶段性）老板有肚量而

老板的心理底线在哪里

无足够的胆量去长期持久地坚守在老板的岗位上，或为顾全大局，或为明哲保身，主动让贤退场。有些（暂时性）老板既无胆量又无肚量，既想专权又不敢对更强的对手先下手为强，最终被逐或自伤，比如传说中梁山泊的王伦。

真正的老板，心硬。关键时刻绷得住。无论自己对错成败，都坚持老板的做派，战斗到底，舍我其谁？！

真正的老板，果敢。该出手时就出手。无论下属亲疏聪笨，都必须要执行路线。顺我者昌，逆我者亡。

杰克·韦尔奇曾经非常赤裸裸地指出：组织中凡是不执行路线的管理者，无论私交与能力如何，要毫不留情，坚决铲除。立场坚定，旗帜鲜明。

老板可能让大家群策群力，这并不等于大家决定组织路线。老板可能自言要退休，这并不等于他真要放权。显然，如果一个组织中的老板能够将权力持久化，不能够或者几乎很难被正常地解职或者罢免，那么老板自然就成了组织的灵魂、组织的化身、组织的代言。

老板的路线就是组织的路线，老板的意愿就是组织的意愿，老板的远见就是组织的远见。下属再正确，在自己没成为老板前，便无权。无权，便无法掀起波澜。这是老板清楚地印记在心的。因此，老板通常不惜一切代价地固守其权。这是最终的心理底线。

当然，给定一个组织、一个时期、一个老板，其心理底线可能非常具体，比如不能被下属当众难堪，不能被下属顶撞若干次，下属业绩不能下滑多少点，等等。这些具体的底线，因人事境况而变，难以系统罗列。

然而，普遍言之，底线非常清楚。

你长期藐视老板的权力和威严，老板自然会逐渐积累对你的憎恶和反感，总有一天，找个茬口，新账旧账一起算。不管老板肚量与修行如何，

浩言管理
感悟与构想

没谁会真正在内心里喜欢任何人一天到晚给自己提意见。

你如果胆敢拒绝执行老板的路线，即使老板平时可能对你另眼相看，如今也会六亲不认地将你夯翻。不听老板的话，就等于跟老板宣战。一旦越过底线，便是敌我矛盾，而且几乎不可能翻案。

如果你想劝老板功成身退或者干脆希望取而代之，那么你基本上是打错了算盘。老板是一种近乎本能的生存意识和延续终生的行为习惯。如果你仍然心存幻想，最好查一下成语字典，把"与虎谋皮"的故事翻看翻看。

天下老板都一样，有着惊人般相似的心理底线。不要试图改变老板。不要无谓挑战老板。如果你看不起自己的老板，看不惯现在的老板，没问

老板的心理底线在哪里

题，找地方自己当老板。自己当不了老板，选择自己可以接受的老板。不能选择自己的老板，不能替换老板，至少不要跟老板对着干，因为无论你是否正确有理，都无异于邀石击卵。

当然，有人说下属有时也会欺负老板。要么被欺负的老板是在放烟幕弹，要么被欺负的老板比较"软面"，要么被欺负的老板上面还有老板。

亮出一个说话算数的一把手、真正的老板，肯定给你点颜色看看！

独裁者的法宝

凡是想成就一番大事的人，无不渴望权力，渴望拥有不受限制的绝对权力。道理很简单，成大事，需用众力。每个人皆有自己的思想和利益，不可能自发自愿地朝着同一个方向努力。若用众力，可以感召，可以利诱，可以欺诈，可以强迫，但要把自己的意志和远见持久地强加于别人，并使众人长期持久地为之尽力，最终需要的是权力，是可以合法命令众人的权力。这种近乎绝对的、不受限制的终极权力，可以被视为独裁或专制的权力。

独裁权力有利于促成众力向某个方向交合，有利于实现资源的快速积聚，有利于增强实现重大目标和完成大型任务的可行性和实施效率。但独裁权力的使用往往是以下属的人格尊严、主动性、独立思想和某些权力的丧失为代价的。因此，独裁和专断现象通常深受人们怨恨。怨恨之余，也带来某些思考：独裁权力的实际存在同时也说明了它能够满足某种需求；而为了满足这些需求，人们可以容忍这种独裁权力的存在和应用。

处处受到制衡的权力，几乎不可能取得里程碑式的辉煌成就；而不受限制的独裁权力，往往在辉煌过后毁灭独裁者自己。所以说，帮助专制者成事的是独裁权力；埋葬专制者英名的还是独裁权力。没权力成不了事儿，有了权力也是个事儿。经过专制权力洗礼的独裁者，很难清楚地意识到，大家之所以容忍他的专制，并不是（或者不仅仅是）因为他的人格魅力，而是因为他带领大家创造的优秀业绩。而当独裁者的业绩持久地低于人们愿意为之忍受独裁专制的地步时，独裁者的专制和独裁便显得令人生厌和荒唐滑稽。

在现代社会，交响乐团的音乐总监（身兼行政首脑和首席指挥的艺术家）曾经被公认为是最具有专制权力的人士。相对于那些被民众选出的有限任期的官员政客们，音乐总监可以终身任职。相对于那些掌管亿万元资产的企业老总们，音乐总监不仅独掌人事、行政、艺术、财务所有大权，而且不用担心每个季度的财务报表和华尔街如何反应。无怪乎，指挥界是独裁者辈出的领域。

卡拉扬刚出道时曾经扬言："我要成为一个专制者！"他认为，要在任何一个乐团或歌剧院有所成就，一个指挥需要至少十年的时间，不受干扰地按照自己的意图工作。凭借自己的艺术才华和至高无上的权力，卡拉扬使柏林爱乐乐团的演奏达到至臻完美的境界，傲立于世界交响乐团之林。虽然某些音乐评论家并不欣赏乐团在卡拉扬时代的声音或卡拉扬对某些作品的演绎，但连卡拉扬的反对者们也不得不承认他对乐团演奏水准的提升做出了不可磨灭的贡献。关于这位"欧洲乐坛总指挥"，曾经有这样的传言：卡拉扬有一次刚踏上一辆出租车，司机问道："先生去哪里？"卡拉扬傲慢地回答："首先，你应该称呼我大师（Maestro）而不是先生。其次，上哪儿都无所谓，任何一个方向都有需要我指挥的乐团。"真是"普天之下，莫非王土"。

托斯卡尼尼曾经被赞誉为艺术家中反法西斯的典范。其实，理由很简单，托斯卡尼尼之所以反法西斯，在很大程度上，是因为墨索里尼政府对社会生活的全面独裁管制干涉和耽误了托斯卡尼尼在音乐界的独裁，权力之争而已。真正的艺术家视艺术如生命，往往固执己见，很难容忍他人干预，即便是同行，也是如此。艺术上争执的解决，最后靠的很可能还是专制权力。某位当红的女高音，曾经因为在排练中几次被托斯卡尼尼叫停并纠正而抱怨说："大师先生，我也是个明星，您就不能对我尊重点吗？"托斯卡尼尼回答说："小姐，不错，你是明星，我是太阳。当太阳出来的时候，是看不到明星的。"作为当时指挥界的巅峰人物，托氏对贝多芬和威尔第等人作品的诠释曾被奉为瑰宝，而他的霸气，比起后来的卡拉扬，应该说是毫不逊色。

身兼指挥家、作曲家和钢琴家于一身的伯恩斯坦更是在冲突中唯我独尊，不留情面。在为录制《西区故事》进行排练时，后来成为三大男高音组合之一的卡雷拉斯，对男主人公的某段唱老是找不着感觉，因而猜疑是否该乐段有误或者伯恩斯坦建议的处理方法不妥。伯恩斯坦毫不让步，固执地说，照我的方法唱，肯定没问题，我写的曲子我还不知道吗？再次排练，卡雷拉斯还是不能如其所愿，伯恩斯坦干脆停了乐队休息，把已经是大明星的卡雷拉斯晾到一旁。在与钢琴家古尔德合作贝多芬某个钢琴协奏曲时，乐队指挥伯恩斯坦与古尔德对乐队伴奏某些段落的速度有严重分歧。结果，虽然伯恩斯坦作出让步，他却坚持在节目单中明确写出他与钢琴家的分歧，并声明所有影响艺术效果的责任由钢琴家自负。

从艺术界的几个独裁案例，我们至少可以看出一个共同的特点。这些艺术组织的领军人物都是业界专家，技艺超群，才华出众。否则，他们便难以服众。一个庸才是很难会在这种职业化程度非常高、技术要求非常强的环境中生存下去的，更不用说成为独裁者、获得专制权力了。这种独裁专制恰恰是技术精英掌权的典范。它保证了艺术生产的方向性、特色性、连续性和稳定性。这些组织也由于精英的独裁专制而具有各自的特色。

俗话说，艺高人胆大，才高脾气大。有本事的人脾气大一些，做事专制一些，虽然遭人反感、厌恶、恐惧、躲避甚至憎恨，但如果造成的结果是大家水平的提高、业绩的优良，下属们可能也不得不忍气吞声、听之任之。一般而言，对于要求上进的职业人士，大家可能宁肯在一个能学到本事的严厉老板那里受气，也不愿到一个温柔的庸才那里浪费时光而又不好意思辞别。当然，真正有本事的人总是可以另谋高就，或到更令人赏心悦目的组织中去寻找自尊，或到另外一个独裁者那里再讨没趣。或者自己扎摊子，自娱自乐；或者自己当独裁者，施展权力。一个人如果没处可躲，无处可去，最好少怨别人，多怪自己。

当年美国某乐团首席与某著名指挥在一次排练中对某个小提琴乐段的处理上有分歧，被指挥多次批评。该首席最终按指挥的意思拉了一遍，并问指挥："大师，您对我这次的演奏满意吗？"指挥说："棒极了！"首席说："太好了，不过遗憾的是，这也是您最后一次听我这样拉。"这位愤然告辞的小提琴家马上到纽约爱乐乐团做首席去了。可谓能人之外有能人。独裁者也只能在自己的势力范围内发号施令、耀武扬威。

当年福特公司某位员工要对老福特本人亲自设计并自认完美的T型车进行改进。以独裁专制和固执己见著称的老福特闻听后当场解雇该员工，并派人到该员工的办公室把他的办公桌砍成碎片，以警示他人。福特作为汽车制造业的先行者，首次使用现代生产线作业，并对组织设计和薪酬体系等管理领域贡献良多。作为生产专家和技术大拿，他的T型车代表当时的产业标准。谁敢跟他叫板呢？

显而易见，独裁者赖以生存的两大法宝，一个是才能出众，一个是业绩优良。才能不出众，很难成为独裁；业绩不优秀，很难持久独裁。

也就是说，没有令人折服的才能，一个人很难得到巨大的权力去实施独裁。而一旦独裁者不能提高或保持所领导的组织的业绩的话，他的权力基础就会逐渐丧失，他的行为合法性日益遭到质疑，他原来的支持者也会改变态度，他的同盟也会若即若离，最后的结果必定是众人群起而弃之。

不仅音乐界如此，企业界的独裁者们也不例外。业绩不行，再耍大牌、搞独裁，早已是岌岌可危、大势已去。老年后越发固执的爱迪生，最

浩言管理
感悟与构想

终失去了对他创办的企业（通用电气）的领导权。福特公司在被通用汽车公司赶超以后，老福特也不如往日神气。迈克尔·埃斯纳主掌迪士尼20年，大权独揽，长期拒绝明确任命第二把手。业绩好的时候，他被奉为神圣，大受追捧；如今数年业绩走低，他那独断专制的权力和做派，同他令人震惊的高额工资一样，不断受到股东和曾经支持者的否定和唾弃。其独裁生涯可谓日薄西山、奄奄一息。

执掌通用电气20年的杰克·韦尔奇曾经创造骄人业绩。虽然很少有人把他明确地归结为独裁管理者，但试想，他曾经拥有怎样巨大的、按照自己意志行事的权力？如果有个二把手天天掣肘扯皮，韦尔奇也可能寸步难移。好在是韦尔奇时代，通用电气持续实现优良业绩，他有足够的权力去发挥自己的想象和通用电气的潜力，从胜利走向胜利。更令人称道的是韦尔奇知道功成身退，顺利过渡交权，从而保全了一世英名。

与埃斯纳等众多独裁专制者相比，韦尔奇在培养下属方面无疑颇有建树。然而，韦尔奇最值得借鉴的，恐怕还是他有幸避免了独裁专制者通常的下场，那就是该下场还不下场，最后难以收场。廉颇老矣，尚能饭否？到了"顷之三遗矢"的地步，就悔之晚矣。

当然，另外一种难堪，可能是专制了一场，但并没有实现可观的业绩，而不得不提早收场。以作风泼辣、决策果敢、信念坚定、极负权力著称的卡莉·菲奥莉娜，在惠普业绩连续下滑的当口，也免不了惨遭解职的厄运。对她而言，不幸的是，她并没有得到卡拉扬所说的十年做事的机会。

如此看来，相对于古典音乐界来说，在商界是难以把独裁进行到底的。也许，这也更加从另一个侧面强调说明，才能出众和业绩优良，是独裁者不可或缺的两大法宝。

什么样的人适合当领导

企业使命的定位与实现，在很大程度上取决于主要领导的品行和诉求。什么样的人适合当领导？什么样的人在当领导？正在当领导的人有多少真正适合当领导？对于企业管理、政府管理以及任何组织的管理来说，这些大概都是需要认真思考的问题。

一般而言，我们通常说的领导，是指那些要对被领导者的利益负责的人。从这个意义上讲，当领导的一个必要条件就是要有"公心"，要有为大家的利益考虑的意识和习惯。当一个好的领导，尤其应当如此。然而，有公心，并不意味着没有私心。

公心和私心是两码事，并不完全矛盾。没有私心本身并不是当领导的必要条件，关键的问题是必须有公心。一个没有公心的领导，无论如何都不可能是好领导。以有无公心和有无私心而论，我们可以得出如下四种组合：大公无私、假公济私、亦公亦私、不公不私。

据笔者之观察，大公无私、奉公忘我的领导往往受下属赞颂与崇敬；亦公亦私、公私兼顾的领导通常最受下属爱戴与追随；假公济私、损公肥私者通常令下属畏惧和憎恶；不公不私、只为原则者往往使下属耻笑和寒心。

大公无私者，需要超强的自律，是特殊材料铸成的人，多在特定的历史时刻产生。亦公亦私者既要公私兼顾，又要公私分明，拿捏好公私的平衡。假公济私者经常能爬到领导的岗位，一个主要原因应该是：这些人由

浩言管理
感悟与构想

于私心太重，必定不遗余力地追求利益功名，勾心斗角，投机钻营。而最令人啼笑皆非的则是既无公心、亦无私心的领导者，他们只为某种原则戒律或符号概念而生存，自己没有对成就与幸福的追求，也不关心别人的愿望与诉求。他们之所以能够当领导，也许是因为被认为没有（利己之）私心。

所谓公心或者私心，本文探讨的只是领导者对"公"与"私"的意识和关注。公是对集体（单位、组织、社区、国家等）的通称；私是对个体的承认。集体由个体组成。因此，公不过是私之抽象总和。领导者之"有私"意味着领导者对组成集体的个体（即人）的利益的理解和尊重。"有私"至少包含两个不同的境界。

首先，领导者非常在乎自己的私利，而不是一味地克己奉公。其次，领导者将心比心，以己度人，不仅在乎自己的私利，而且能够意识到并尊重组织中他人作为个体的私利。此时，"公"由"私"之存在而显得具体，此所谓"亦公亦私"之实质。"无私"，则可认为是领导者既不贪图个体的私利，也并未意识到或者在乎组织中他人的私利。无私之"公"也就无从谈起。此所谓"不公不私"。

似乎我们经常标榜的好的领导都应该是大公无私的。他们时时刻刻想到的是社区、是民众、是别人，唯独没有想到自己。从大禹治水三过家门而不入，到焦裕禄忍着肝病治理盐碱地，到只讲奉献的骨科医院院长"苍生大医"郭春园，大公无私的领导不禁令人肃然起敬。这种领导的正面效应是身先士卒、以身作则。榜样的力量是无穷的，可以激发斗志、干劲与豪情。这种领导是属于英雄型的。英雄之所以区别于明星，就在于大家几乎都想当明星（比如篮球巨星飞人乔丹）但缺乏资质因而美梦难成，而在当英雄的机会真正出现时，大家都有能力挺身而出但并不都愿意奋勇前行（比如前些年河南打工青年李学生在火车轨道上舍身救人）。

什么样的人适合当领导

我们的社会不仅以道德至上及牺牲精神的英雄标准来要求领导,而且把英雄的标准拿给普通人做榜样。比如,我们经常看到的报道是某劳模不顾家人病危坚守工作岗位,某优秀教师一心扑在教育事业上,桃李满天下,而自家的孩子倒无人关怀、问津。

在某些特定时期,英雄主义的领导可以排山倒海,攻城略地。然而,普通人不可能永远靠英雄主义支撑。一个私利概念淡薄的领导,牺牲自己的私利是自愿,与此同时,往往也忽视了下属和他人的私利。这时的公就会显得虚幻。长期无视"公"作为个体组合的事实,很可能导致组织精神涣散、人心浮动。任何长期有悖人之本性常情的领导都终将感到失落甚至背叛。无奈,群众都是势利眼。其实,仔细想想,毫不利己、专门利人的领导真正存在过吗?好像毫不利己、专门利人的行为只有在奴隶身上才被迫地出现过。

我们实际看到的大家愿意追随的领导大多是亦公亦私者。"老吾老,以及人之老;幼吾幼,以及人之幼。天下可运于掌。"自己需要钱,大概别人也需要钱。自己爱吃肉,也许大家也并不只满足于喝汤。己欲,施与人。忧天下之忧,乐天下之乐。一个好的领导者是善于为自己的组织谋福利者。为自己组织中人之利益负责是领导的天职。增进组织中个体的福利才是领导者的最终计分卡,而不是看(或者不只是看)领导的福利是否增加得更多或者领导是否自己做出了更大的牺牲。

如果一个单位的员工仍然都以自行车或巴士代步,哪怕领导只开奥拓都会招人嫉妒咒骂;如果由于领导的努力使得许多员工开上了奥拓,即使领导开奥迪或更豪华的车,员工们大概也不会有什么太大的异议;如果领导无能为员工谋福利,只会牺牲自己,那么即使他的自行车再破,他只坐没有空调的巴士,也不会赢得员工的好感。

知道为自己谋福利,而想到为大家谋福利,通过为公谋福利而实现自

浩言管理
感悟与构想

己之私利，既为大家考虑，也毫不掩饰和回避私利，这应当是领导者（尤其是企业领导者）所追求的一种境界。当然，这种私利可以更加宽泛地定义，不止于金钱、地位，更兼及成就、名誉。比起其他几种领导者，这种务实的领导者更合乎人之本性。

关于公私兼顾及平衡的问题，似乎先私后公常见，先公后私不易，环境似乎也难脱干系。卡内基、盖茨、巴菲特揽进万金方可散尽万金，由企业家而慈善家，名利双收。而褚时健等一生为公造富甚巨，（初次）谢幕之前欲谋些许个人私利，便落得黯然收场、经年失意。所谓"59岁现象"搞得他们身败名裂，难再言利。好在倔强的褚时健能够晚年得意，靠其辛劳和智慧所推出的褚橙得以东山再起。

在一个不承认和鼓励私利的环境里，大家可能为私利铤而走险，化公为私。在一个承认和鼓励私利的环境里，大家可能更加公私分明，多些自律。比如，美国总统杜鲁门，当年入主白宫时，凡是邮寄私人信函，他都贴上自己买的邮票。最佳的境况当然是处处人我兼顾，时时公私并举，以己推人，以人推己。曹操当年将军中潜在叛将的名单当众销毁的既往不咎之举，不知收买了多少人心。而当下道德至上主义盛行的某些（跨国）企业里，因为某些小的不检点行为而坚决开除高级经理的领导者大概忘了"水至清则无鱼"。

假公济私者（这里可以理解为只私不公的领导者），极端信奉"人不为己，天诛地灭"。于是他们眼里没有别人，只有自己。毫无疑问，这种人不应该当领导，他们无视下属之福利，只把大家当作窃取私利之手段而已。历朝历代的贪官污吏、企业中极度剥削甚至虐待员工者皆属此类。他们自己大把地赚钱，却对员工大讲什么奉献，说钱不是最重要的。自己家不缺钱，就以为别人家都不缺钱了。可谓为富不仁，欺人自欺。

不公不私者，自己不食人间烟火，以为别人也是如此、应该如此，或者至少自己的下属也应该如此。他们不能理解和体会别人的正常要求。没有个体的集体只是虚幻的存在。意识不到个体之私利,集体之"公"便无意义。不出事儿就好,无所谓什么业绩。领导者脑子里有若干根弦:原则、规矩、戒条、纪律,但并不晓得背后的道理以及组织的终极目的。这种人很可能被认为是好人(因为很多更高层的领导认为无私心本身就是德行)。跟着这样的领导,下属们青春赔不起。你急,他不急。

一个好的领导者不一定是圣人,但一定要有"公心",善解人意。

各类组织的领导应该清醒地意识到,和谐社会,不在于比牺牲、拼奉献,也不在于劫富济贫,更不在于低水平的平均主义,而是在于相互理解、共同富裕。

企业家与蛋炒饭

过去的大户人家聘厨子,考察其手艺高下,一般不是要他烹制山珍海味、满汉全席,而通常是一道简单的家常饭菜,比如蛋炒饭。这样做自有其道理,因为大多数情况下,人们吃的是家常饭菜,能把家常饭菜做好,自然是当务之急。另外一个推断是,没有烹饪的基本功,蛋炒饭也不可能做得精细地道。进而言之,如果连简单的蛋炒饭都能做得味美可口、流光溢彩,那么更高级的饭菜恐怕也不在话下了。

企业家与蛋炒饭

也许，企业家创业与厨师做菜，道理有些相似。精明能干的企业家，也许不需要什么特殊的资源和条件，便能白手起家，平中建奇，灵活机动地调动身边普通常见的资源，迅捷机敏地发现别人熟视无睹的商机。从夫妻店、小作坊，到连锁店、大买卖，这些企业家通过自己的创业与经营，为社会创造价值，为生活提供便利，就像炒得一手绝活蛋炒饭的厨师，勤勤恳恳地关照着人们每日的生计，也并不一定每人都像李嘉诚那样声名显赫、神秘传奇。

俗话说，巧妇难为无米之炊。厨师手艺的发挥是要受到资源与条件限制的。最严格的限制，应该是厨师必须根据现有的原材料做出一桌可口的饭菜。比较松散一点的限制，则是厨师有机会去菜市场根据自己的需求买菜，然后根据可以买到的东西制作一场宴席。最自我实现的境况，当然是厨师可以根据自己的想象力设计一套菜系，逐渐地寻找、扶植、培育和尝试所需的原材料，寻觅和等待该菜系所赖以推出之适当契机。

潜心创业的企业家们，同样面临资源与机会的双重约束。有些企业家非常善于对现有资源进行组合或者分拆，对现有的技术标准进行模仿和替代。他们从不抱怨环境的贫瘠，也不在乎自己资源的有限，而是从自身条件出发，以现有资源为基点，摸索、学习、创新、实践。现今吉利汽车的老板李书福，当年在家乡开照相馆的时候，由于资源匮乏、资金短缺，不得不自己亲自动手，研发制作自己的土照相机。至少是在创业之初，这些企业家必须根据自己手上的原料来炒菜。他们的强项是内省性创新。

给定企业的资源约束，如果一个企业家善于观察、总结、领悟、借鉴，他也可以像厨师到菜市场自己去采购所需原材料一样，发现和利用外部环境中的各种机会，引进新的材料，设计新的菜式，启发新的烹饪方式。此时创业的焦点是不断寻找外部的机会与刺激，而不是被动地束缚于自身资源的不足。当年，耐克创始人菲尔·奈特，便是受到日本照相企业

浩言管理
感悟与构想

利用自己廉价优质的大规模制造能力抗衡欧洲老牌劲旅的启示，决定在日本生产优质运动鞋返销西欧北美，打败阿迪达斯。这类企业家善于向外部环境寻求机会。他们的专长是外向型创新。

如果企业家在创业过程中，既不忙于寻求时下的机会和时髦，也并不直接面临资源极为窘迫的尴尬，那么他们就可以比较从容地感知未来发展趋势，打磨自己的远见，酝酿自己的愿景。这就像厨师发明新的菜品或菜系一样，根据某种点子和想象，去准备资源，寻找资源，以及等待适合新菜品推出的恰当机会与环境，比如祝寿献礼、庆典礼仪、历史转折、新老交替。中华人民共和国成立后第一家拍卖公司以及第一家民营人寿保险公司的创始人陈东升，通过与别人的交流和自己的思索，认为拍卖业务必将随着改革开放的不断深入而被允许。因此，当年他一面了解和学习世界拍卖巨头的经营方式与经验，积累必要的人脉资源与政策资源，一面等待时机，适度推进。

时机不成熟，徒有设想甚至资源通常无济于事。时机来临，没有足够的准备与机缘也行不通。运气之力，实在不可忽略。所谓财气逼人。该发财挡都挡不住，不该成事儿怎么折腾都不行。此类企业家善于有准备地寻求运气。他们的特点是前瞻型创新：远见不远不近，愿景不躁不钝，资源机会并谋，行动适度分寸。

诚然，无论什么类型的企业家，机会、资源、远见（愿景）、行动等，都是不可能完全掰扯开的要素，只不过各有侧重罢了。无论是以资源入手，还是靠机会起家，抑或凭点子立身，每种创业类型与风格都可能会对其后来的创业与经营行为打下深深的烙印。当然，也不可否认，在不同的创业阶段，同一个企业家的创业风格大概也会改变。比如，李书福后来在制造其美人豹跑车时，就不再是闭门造车，而是向外出击，聘请意大利的设计师为其造型。耐克公司在后来的发展中，在坚持其外向型成本节约战略的同时，则逐渐注重自身资源的价值，将其品牌延展到运动服装以及运动器械等其他业务，盈利甚丰。一般而言，经历了初步成功以后，企业家可能会更有机会推销其远见，实践其愿景。

还值得一提的是，创立丰功伟业、做到家喻户晓的企业家毕竟凤毛麟角。能在国宴上一展身手、新创大菜的厨师亦是不甚多见。通常的创业者，则都是变着花样地推出"蛋炒饭"。善于蛋炒饭的厨师，不一定能胜任国宴。国宴也不一定吃蛋炒饭。问题的关键是，考企业家的本事，同考厨师手艺的道理非常相似，考的不是国宴大餐，而是家常蛋炒饭。风险投资家经常说：宁愿选择一流的团队和比较平庸的点子，也不投资一流的点子然而相对平庸的团队。这大概便是蛋炒饭的魅力。

识组织氛围

作为润滑剂的组织裕度
组织公民行为的个体基础
内部人员利益至上
幸福企业与幸福员工
精英与平台

作为润滑剂的组织裕度

2016年11月12日,貌似各大电商都在晒"双11"的销售战绩,而腾讯则以庆祝公司成立18周年为由头给每个员工授予了300股腾讯公司的股份,并为员工(包括前员工)和外包服务者们每人发了188元至1888元的红包。以此观之,至少在当下,腾讯人的组织裕度那是相当大的。

组织裕度是什么?组织得以正常运行的润滑剂是也。

小时工到雇主家去干保洁,按钟点收费,雇主必定不会轻易放过每一分钟,满打满算,紧追紧用。这时,小时工在工作钟点内基本上是没有任何裕度,不能懈怠,不得休息。

如果该小时工受聘于一家企业,同样干保洁(假设每天工作8小时,平均每小时工资与做小时工的工资相同),那么他在这8小时之内的工作量和强度,大概并不会绷得像做小时工时那样紧。企业对保洁人员的监督一般也不可能像私人雇主那样严厉到几乎令人窒息。

因此,作为与企业有长期合同关系的雇员,是可以享有某种组织裕度的,可以在8小时内轮班休息,并可以偶尔抽烟聊天、打私人电话等。显然,这种现象同样发生在白领雇员和其他类别的雇员身上。

可以说,只要一个组织还没有苛刻到以小时或者分钟来计算、监督和考核雇员的工作量时,就很有可能产生所谓的"组织裕度"(Organizational Slack)。

按照西蒙和马奇的说法,组织裕度,简言之,就是组织提供的报酬与

浩言管理
感悟与构想

员工做出的贡献之间的差额。一个员工每天的实际工作强度和工作量，在一直有人在背后督察的情况下和完全靠员工自律行事的情况下，往往是有很大差异的。前者通常令人过分紧张，比如上级检查或外人参观。后者则相对从容，比如自己掌握工作节奏，灵活支配业务时间。

组织裕度的存在，到底是资源浪费呢，还是组织运行过程中的必然消耗？对这个问题的回答取决于管理者的理念偏好、组织的生存状态，以及组织中的不同阶层与任务特点等。

有些管理者认为，员工上班就是为企业效力的，想要享受什么裕度最好回家休息，上班来拿一天的钱，就要干一天的事。不要问雇主给你提供了什么，而要问你为雇主做出了什么贡献。也有些管理者则认为，组织裕度是组织体系运行所必需的润滑剂，能够使人感到从容不迫，机动灵活，对组织有归属感，并且张弛有度。显然，不同的管理偏好与理念，意味着对组织裕度不同程度的认可和容忍。

一个组织在事业蹿升时期，朝气蓬勃，攻城略地，关心的主要是如何不惜重金去帮助员工最大限度地发挥潜力。这时的组织裕度，是对员工极好的激励和动力。比如，当年苹果公司 Macintosh 部门的员工，出差飞行两个小时以上的行程，都可以坐头等舱。如今的谷歌为改善员工伙食专门聘用一位首席厨师官，使员工感受尊崇与优待。

而当一个昔日辉煌的企业开始大肆强调和实施成本削减之际，其组织裕度很可能会瞬间骤减为零，抑或负值。昔日组织氛围的温情脉脉，戛然喋血于业绩压力之赤裸裸。员工军心涣散，企业日薄西山。

当然，不同阶层和领域的员工能够实际感受到的组织裕度也不尽相同。首先，一般而言，低层操作层面感受到的组织裕度通常较小，而中高层管理人员所享有的组织裕度可能较大。

其次，核心业务部门的裕度可能相对较大，而边缘业务部门的裕度可

作为润滑剂的组织裕度

能相对较小。老板最重视和偏爱的部门可能裕度丰厚,而老板忽视的领域可能裕度稀薄。

最后,就工作性质本身而言,任务越是具体,裕度可能就越是狭小,而责任越是模糊,裕度可能就越是宽大。比如,在同一个公司,一个不受总部重视的边缘业务部门的厂区保安可能感受不到些许裕度,而一个备受老板青睐的核心业务部门的明星销售经理对裕度的感受可能大不相同。

如果没有组织裕度,组织与员工的关系基本上近似于完全市场交易。就像当年天桥一带扛包的日工,每天去等活,干完领钱,当场结算,然后泡澡堂子,睡觉,吃饭,看戏,听相声。第二天从头再来。并不属于什么企业,也没什么固定组织。

如果组织没有给员工多余的诱惑与激励(比如工作稳定感、职业荣誉感、组织归属感),员工也不会对组织有任何沉没成本投入和剩余好感寄存。

比如,员工领用一个信封或者铅笔也要主管签字,显然控制过分繁琐仔细,煞是令人搓火懊恼,容易伤害员工感情及其积极性与主动性。于是,大家多一事不如少一事,逐渐与组织隔阂疏离。

如果组织裕度过大,可能意味着组织对员工仁至义尽,宽厚有加,而员工可能想当然地认为这时的组织裕度(超额奖励)是分内报偿,理所应得,于是出工不出活,无功受禄多。

比如,员工可以明目张胆地将公司的办公用品成批大宗地拿回家中私用或者倒卖。再比如,某些组织机构臃肿重叠,人浮于事盛行,员工甚至可以上班时间打牌、下棋、喝啤酒。这时的组织裕度泛滥,通常昭示着极大的浪费。

当所有者缺位,决策约束机制与监管系统失灵,管理者无须为自己的决策结果负责时,这种现象便会经常发生。但在"周扒皮"的组织里,这种状况是断然行不通的。

如果组织裕度适量，佐之以必要的监管体系与员工自律，则可能较好地起到润滑剂的作用，灵活顺畅，不至于过于干燥而产生不必要的摩擦，也不至于因为过于黏稠而损失应有的效率。

比如，3M公司过去曾经鼓励其工程师用一定的工作时间随意做自己想做的事情，以激发想象力和创造力。同时，3M公司又从制度上对这种激励所带来的结果进行把关，要求企业每年销售额的若干比例必须来自近几年新开发的技术与产品或服务项目，从而实现创新与业绩。

自由与责任和使命并行。裕度同自律与敬业比翼。但这也终究只是佐料而不是大餐。谷歌有一阵子也是给员工20%的工作时间去自主创新，但实际收效并不大。

如何判断组织裕度的存在和程度呢？很简单，找几位有代表性的员工，告知他们，如果公司不景气，需要削减一定比例的员工工资。如果他们在某个比例的工资削减状况下仍然不愿意离开公司，就说明对他们而言，组织裕度是存在的。这种裕度至少是被削减的那一个特定比例的工资额，也可能包含其他非工资或者非物质性的福利与待遇。

一个员工越不愿意离开组织，就越说明他享受的组织裕度甚为广大，或者在别处拿不到相似的待遇，或者此组织对他有某种独特的吸引力。

其实，在很大程度上，组织裕度是一种心理感受，一种从容舒适的感觉，并不完全是物质与金钱上的待遇优越，而是往往颇具感情色彩和象征意义。

比如，工休室里的免费咖啡与茶点，随手可得的低值易耗办公用品，供员工私人支配的（但由单位支付的机票所积攒的）常飞客里程数，一年一度的集体生日聚会等。这种裕度的营造，并不需要花费太多的财力与资源，却往往事半功倍，令人感到温馨和谐。

作为润滑剂的组织裕度

而许多愚蠢的管理者,尤其是新官上任发誓要力挽狂澜者,挥舞着砍掉成本的屠刀,往往首先着力的正是这些在财务数目上无关痛痒,但却能够被大家立刻失望地察觉,而又在人们心目中长久怀恋的项目。

也许人们会像对待自己的产权一样,对待组织裕度。正是这种裕度使得员工对组织产生归属感并珍视自己的组织成员身份。而这种合情合理的裕度一旦被剥夺与亵渎,很可能导致组织文化的变异甚至核心人员的出走。

有本事的人是不愿长期待在自觉不快之地的。剩下跑不动的只好忍气吞声,眼瞅着多年的组织裕度与剩余好感消耗殆尽。组织裕度的丧失往往是组织没落与衰亡的前奏。元气伤尽。回天无力。也许早晚都是一样的结局。

果真如此,与其自觉良好地期冀力挽狂澜,涅槃再生,而实际上是戕害斯文,大煞风景,不如给那些希望善始善终以及那些归属组织多年而又无力外逃挣扎的员工们以礼遇,让他们在大船将沉时感到尊严、优雅与从容。

组织公民行为的个体基础

在组织行为学中，有所谓的"组织公民行为"之说。其主旨之一，似乎是组织中所有的个体都是首先以组织成员的身份存在的而不是以独立的个体存在的，应该每时每刻都把组织的利益置于个体利益之上。在极端理想的状况下，组织成员似乎应该成为一个没有自我认知、自我意识、自我利益和自我特性的组织公民。这种期许，很像过去我们在集体主义时代对大家的要求，每个人都仿佛是一架机器上的零部件或者螺丝钉，应该大公无私，克己奉公。

类似的期许与做法，古今中外，各行各业，有成功，亦有失败。关键是，管理者最终必须意识到，团队毕竟是由活生生的个体组成的，这些个体注定要有自己的诉求——物质的、精神的、信仰的等等。在某种特定环境下或者特定阶段内，个体成员可能会暂时牺牲自己的利益，搁置或者延迟自己的安逸享乐，从而更好地实现组织目标。长期而言，这些诉求如果不能从组织中得到满足，那么个体对组织的实际贡献与忠诚归属必然大打折扣，甚至可能导致团队的瓦解涣散。

人作为有自我利益的个体，之所以加入某种组织，终究是为了更好地满足自己的某种需求，而不是为了帮助组织实现其目标，至少不是根本如此，主要如此，长期如此。

当人心所向、众志成城时，亚历山大的队伍曾经纵横欧亚，所向披靡。到后来，当其队伍历经坎坷、疲于征战之时，仍然期望他们像初登征

组织公民行为的个体基础

程那样精神饱满、斗志十足,显然是不可能的。将士们渴望归家团圆或者就地生根从而享受征战果实的人之常情,与随之俱来的厌战情绪,便会蔓延滋长。人不是战争机器,至少不可能一辈子都是战争机器。

同样,中国人也常说,千里做官,为了吃穿。富贵而不还乡,如衣锦夜行。据史家言,以爱兵如子、治兵有方著称的冯玉祥将军,对其部下不仅在军事训练上要求严格,而且在生活作风上强调朴素节俭。而终日过分的节俭,则终将导致兵将之士气低落。其中高级将领们,虽然平日不敢造次摆阔,而一旦有机会单独外出,破旧寒酸的军服外套之内,掩映着的必是锦缎华服。这种要求组织成员长期牺牲奉献的不切实期许,其后果大抵必是虚伪与懈怠。

美国联合航空公司(United Airlines),为了谋求生存,更有效地与西南航空公司等廉价航空公司竞争,曾经推出主要运营廉价航线的子品牌公

司（Ted），并伺机裁减员工福利以削减成本。与主营国际航线的总公司相比，Ted的员工感到自己在联航公司内自是低人一等，因而士气低落。他们一语双关地戏称"Ted是没有你和我参与的美联航"（Ted is the United without You and I）。

当然，在一个组织如初生牛犊刚刚入道时，在一个特定阶段集中全力攻克一个专注的目标时，或者在一个组织面临巨大的危急存亡的外部压力时，组织的凝聚力以及对组织的认同与归属可能会空前高涨，组织自豪感和荣誉感也会增强。此时，一种大于生命和超越时空的精神升华可能会导致组织成员以放弃自身利益甚至牺牲生命为代价从而为组织目标的实现做出奉献。比如在刑场上举办婚礼的周文雍和陈铁军，新中国成立前夕的江姐与难友们，铁人王进喜与石油工人们，"两弹一星"的元勋们，华为的工作狂们。他们都是优秀的组织公民。

应该说，在传统丰厚久远的组织中，组织与个体的承诺是相互的。总是忽视个体存在与利益的组织不可能持久。忠诚自律、奉献牺牲等超级组织公民行为，应该被看作员工在某一阶段给予组织的上佳礼物，而不是一个组织想当然地对其成员强加各类无端期许的特权。

内部人员利益至上

企业是一个平台和场所。像任何一种社会组织一样，它承载着怀揣各种动机的参与者们五花八门的期许和梦想。我们都是来自五湖四海，为了实现各自不同的目标而走到一起来。当我们的目标之间有了足够的交集和重叠时，我们会对大家共同参与的这个组织产生某种归属与认同，于是一群动机各异的自然人成为一个有了至少是名义上共同目标的所谓组织。这种共同的目标，可能是至高无上的社会理想、价值追求，也可能是简单直白的世俗功利、生计无忧，抑或是某种组合形态下的虚实兼顾、名利双收。毕竟，人活的是体面，欲望自然很多，这些欲望注定会体现在各类企业的不同使命定位和实际作为中。

既然如此，只把企业仅仅当做一个盈利机器和经济实体，似乎也是某种一厢情愿的臆想和强加。在下研究企业管理30年，曾经对"企业追求盈利乃天经地义"这样的近乎公理的信条奉若圭臬，深信不疑，有时甚至认为，不以盈利为根本目标的企业不是好企业，或者根本不能算做企业。然而，仔细想想，并不是所有的企业都把盈利放在第一位。盈利，只是一种经营结果，说明一个企业较好地满足了某些消费者或者某类利益相关者的需求，可以比较从容地继续生存和发展下去。盈利本身，以及满足消费者需求，都可能仅仅是企业长期生存和发展的必要手段，而不是目的本身。企业存在的目的本身，则可能会有不同的定位与解读。

浩言管理
感悟与构想

企业到底为谁存在？

　　企业到底为谁存在呢？应该主要反映谁的目标和诉求呢？有的人说是股东。股东是所谓的企业所有者。其实，股东最关心的只是企业能否为其盈利。它们可以随时在股市上买卖其"所有权"。当日交易者更是可以在一天之内将你的企业买卖若干次。从这个角度看，企业盈利当然是天经地义的第一要着。不盈利，毋宁死。然而，纵观当下之情形，是企业更需要股东呢还是股东更需要企业呢？通常情况下，如果你有创业天赋或者管理才能，投资者会追着你跑，风投、天使、私募、股市，钱根本不是事儿。企业主要不是为投资者存在的。相反，投资者是为企业存在和服务的，他们不过是生产要素之一（资金）的提供者罢了，遑论所有者。企业必须认清楚，自己与投资者之间其实也是一种交易关系，没必要自作多情地以身相许、自甘委弃。

　　还有的人说，企业是为客户而存在。其实，客户也只是企业生存的借口和道具。"顾客是上帝"，大家如此倾情传诵。其实，此乃欺人自欺。事实是，你不敢找上帝要钱。上帝普爱众生。顾客，则大多都是势利眼。他们要的不是你的崇敬，而是赤裸裸的性价比。"顾客是衣食父母"，商家如此谦恭做状。然而，母不嫌子丑，顾客却大都像靠不住的人贩子。如果街面上有更好的孩子出现，这些父母立刻就把现有的孩子甩了。俗话说，好酒不怕巷子深。如果一个企业的目标是造好酒，而且确实能够造好酒，自然有人来买来喝。爱喝不喝。企业能造好酒，名利随之而来。乔布斯说，消费者根本不知道他们想要什么，直到你把他们难以抵御的伟大产品摆在他们面前。我们旨在造就疯狂伟大的产品，不上赶着取悦顾客。顾客是那些按时定点按照企业的要求争先恐后给企业送钱的人。

内部人员利益至上

人是企业的常项

从源头上讲，企业创立的目的取决于创始人当时的诉求和期许。养家糊口，出人头地，顺应潮流，传承手艺，施展个性，张扬兴趣，助人为乐，造福社区，合法借口，掩盖秘密。这些纷繁复杂而又具体实在的初始目的，在很大程度上界定一个企业的成长基因，影响其发展轨迹以及可能造就的成绩。有些企业，坚守祖训，手艺至上，宁肯不盈利，也不能坏了自己的手艺。对于有些家族企业而言，自从创立那天起，就遵循这样一个基本原则：家族企业只是家族事务的一个领域。企业的利益要服从家族的利益，而不是家族要牺牲自己去顾及企业的利益。还有一些企业，其创始人更加在意的可能是通过企业去践行某种社会理想和责任。因此，盈利不可能是其根本目标，甚至不可能是主要目标。

企业的目标，自然是企业中人的目标。

从创始人到其创业团队，到后来的接班人与高层管理团队，从核心员工到普通员工，这些人，是企业经营活动的实际参与者和践行者，他们才是企业的常项，是企业的实质，企业的灵魂。企业，毕竟是企业内部人的企业，是他们谋生和营生的场所和手段，承载着他们的梦想和期许。按道理，他们的目标才是企业的目标。他们的福祉才是企业的福祉。我们经常听到各类"以人为本"的动听鼓噪和大肆标榜。如果真的以人为本，而不是把人当成手段，那么，一个组织内部的人员自身的利益和诉求，才是组织存在的根本目的。服务顾客，最终是为了自己的利益。外部融资，最终也是通过满足资本提供者的盈利欲求从而更好地满足企业人员自身的利益。一个一如既往为自己的成员谋利益的组织，才是一个好组织。一个把自己员工利益放在所有利益相关者之上的企业，才是一个诚实本分的企业。

浩言管理
感悟与构想

以人为本的企业

　　以人为本到底是什么意思呢？至少有几种层次的解读。首先，创始人（通常也可能是所有者）善待自己的管理者和员工，至少比其他同类企业更好地善待他们。尽管如此，理论上和实践上，除了创始人之外的所有其他人都是创始人的雇佣者，是创始人或者最高层决策者实现目标的手段和工具。这时的以人为本，是以企业最高领导人的利益为根本。其次，在更高的一个层面，创始人与其创业团队，后来的继承人与其高管团队，作为企业的核心人员，同甘苦、共患难，同进同退，利益均沾，类似于合伙制的同仁组织。这时的以人为本，是以企业核心人员的共同利益和福祉为企

内部人员利益至上

业决策的根本。再次,在最高层次的境界,以人为本的理念和操行惠及企业的所有级别的员工,企业始终把自己员工的利益放在所有其他利益相关者的利益之上,先内后外,先己后人。

先看第一种情形。20世纪80年代,以高度社会责任著称的美国著名冰淇淋制造商Ben & Jerry,曾经硬性规定,整个企业内最高工资与最低工资的倍数不能超过5倍。这种类似平均主义的制度安排集中体现了两位创始人的社会理想:反对主流的资本主义与既定的商业规范,推动社会公正,关心弱势群体。这种创始人的个人目标,被淋漓尽致地体现在企业的根本目标与经营活动之中。显然,这种安排并不符合商业逻辑,并不利于提高经营效率和对高管人员的激励。但基层的员工则得到了超乎寻常的报偿和礼遇。从外在效果看,这种企业似乎把员工的利益放在了至高无上的地位。但就实质而言,企业仍然是其创始人实现自己社会理想的工具,基层员工作为实际的受惠者,也只是道具和工具。创始人都成了富翁,但其继任的高管团队成员与外部同行比起来非常寒酸。如此,企业最终缺乏快速成长的动力。此时,以人为本的"人"里面,并没有真正包括作为企业核心人员的管理层。

第二种情形,多见于以合伙人制度为所有制形式的那些提供各类专业服务的企业里。无论是咨询公司、律师事务所,还是会计、审计、经纪,这些企业里,核心员工既是老板,也是雇员。他们首先考虑的是自己这个群体的长期利益。在日常的经营中,通常的逻辑,也许不是作为最高领袖的老板如何去通过与其他核心人员分享利益从而实现自己的抱负和理想,而很可能是核心人员集体推举一位掌门人为大家服务,从而为整个群体谋求更大的利益,无论是物质回报还是职业荣誉。在这种企业里,尚未进入核心人员层面的后来者也会享有较好的待遇,并被给予潜在的上升通道以及通过业绩贡献而进入核心层的契机。在他们没有成为核心人员(合伙人、主要合伙人）之前，他们的利益也顶多是被惠及，企业对他们的关照也只能是以他们能够为公司带来利益为前提。这种以己为本的自治组织，也通常存在于各类所谓的非营利机构里。比如，柏林爱乐乐团，团员集体投票决定在全球范围内聘请谁来当他们的音乐总监（首席指挥）。

第三种情形，以人为本，意味着在现有的社会规范和制度安排下，让所有层面的员工都得到最大的利益，相比于其他企业里与其同级同类的员工更好的利益、更为令人尊重的地位与令人羡慕的待遇、更为广阔和优越的成长与上升空间。在理想状态下，每个人都在干着自己愿意干的事儿，而且从中得到快乐和报酬。比如，著名的美国西南航空公司，以"爱"为宗旨，以快乐为主题，聚拢了一批真心愿意从事服务业的人员，关注员工家庭生活，提供灵活工作日程，支持员工持股计划，鼓励员工之间以及部门之间的共同协作。在这里工作，与其说是取悦于顾客，不如说是愉悦自己。其实，吴仁宝治下的华西村，也算是一个按照以人为本的逻辑经营的一个企业。其最终的目标，是华西村人自身的共同利益。其生存不是为了国家，为了社会，为了某种流行的政策和时髦的主义，虽然这些因素可以为华西村所用，作为借口、平台、资源，虽然华西村也可以作为典型被外在的各类利益相关者利用、追捧、疑惑和批评。

内部人员利益至上的企业

说白了，所谓以人为本的企业，应该是内部人员利益至上的企业。所有其他的人、机构、要素都是为我所用，为我服务。一个极端的例子，可能是企业把内部员工的薪酬和福利待遇做到最大化，提高人员成本，把盈利和交税做到最小化，也就是说，从内部消化掉其经营收益。有人会说，企业不是家，不能指望企业养你一辈子。其实，话可以反过来说。你没有

内部人员利益至上

可能选择你生在哪家,你有可能选择建立或者进入一个比家更可靠的组织,一个胜似家的企业。这是一种理想,也是一种实践。当几乎所有的企业都在以各种悦耳动听的名分唯利是图之际,这种真诚赤裸、毫不掩饰的以人为本、以己为本的理想和实践便显得尤为可贵和奢侈,需要更大的道德勇气和行动张力。

以人为本,首先是以己为本,把自己当做主体,其他都是客体。一个流行的说法是,如果你想让你的员工善待顾客,你首先要善待你的员工。道理没错。但对于一个以人为本的企业来说,这种逻辑也是本末倒置。真正的逻辑是,企业员工通过善待顾客,最终是为了善待自己。过去还有一个经常听到的说法是,无产阶级只有解放全人类才能解放自己。意思很清楚,解放全人类只是手段和旗帜,而最终是为了解放自己。宗教更加直白,其核心是为了使人救赎自己。我们可以从薪酬、晋升、转岗、招募、退出、养老、应对危机等若干方面勾勒内部人员利益之上的企业特点。

内部人员利益至上,主要体现在当下的薪酬和福利待遇之优厚。员工不仅仅是人力资源、成本项目,更是企业的主人。主人翁的姿态不是虚幻的、名义的,而是实际的、举足轻重的。长期希望员工以奉献为基调的企业无异于别有用心的邪教。某些著名跨国企业的员工,飞则头等,住则五星,可能会遭到投资人的诟病。这些企业也会反诘道,我们的员工是世界上最优秀的员工,他们值得享有最好的待遇。

内部人员利益之上,还表现在奉行内部提升。在内外候选人员资质相当时,首选内部人员进行提拔。当然,如果企业内部没有当下需要的人才,这些企业也并不排除外聘空降的可能性。这种注重内部提升的制度传统,不仅能够给企业内的各级员工提供上升的通道和空间,而且可以保证其以人为本的文化基因得以发扬传承。无论是宝洁,还是 GE,其历代掌门人在该公司内的任职时间都平均高达 30 年左右。

浩言管理
感悟与构想

　　内部转岗，是企业内部人才流动与培养的重要措施之一。对于那些为企业做过贡献的人员，当其现有的职能或者技能不再适应企业的发展需要之际，企业应该帮助他们寻求在企业内部其他领域或部门任职的可能性，帮助他们在新的领域应用现有的技能或者通过学习和培训获取新的技能。从技术向管理，从一线到后方，从实操到顾问。企业内的转岗，有助于员工队伍的稳定以及全面发展，可以弱化大规模的组织与人事变更可能导致的激烈动荡。这样有计划的转岗，也从制度上保证了让那些不再适应岗位要求的人员有序地离开现有岗位，并使更加具有竞争力的新鲜血液不断地被补充到关键岗位。

　　招募新人，也许是这类企业最为关键的选择。选择志同道合、业务能力与学习能力强的人员，是企业长期发展的人才基础。首先，志同道合，意味着所招募的人员非常认同企业的目标。企业不会青睐那些能力超强但与企业的根本目标和组织文化不甚相容的人才。比如，西南航空公司公开地奉行"任人唯亲"，希望员工推介跟自己相像的人加入企业。其次，在志同道合的基础之上，尽量招聘业务能力强的人。这样能够保证企业的活力。以人为本，并不是搞慈善，一味地庇护和施恩弱者。企业活不下去，其中的人也没饭辙。最后，招募学习能力较强的人，有利于使他们与时俱进，学习新的知识与技能，也有利于内部转岗。

　　退出机制，也是保证企业活力的一个重要环节。以人为本，内部利益至上，并不意味着抱残守缺，削足适履，大家必须死活耗在一起。如果有别的更好的发展空间，要允许甚至鼓励企业员工到别处发展，使他们从实质和名义上都能够体面地离开企业。离开并不意味着背叛。企业对离开自己的员工仍然以其"毕业生"来对待，设法通过"校友会"等机制保留和增进他们对企业的好感。比如，有些企业规定，凡是在企业服务若干年限之后，离职之后可以随时再返回企业任职，并保留原有级别的待遇。仁至义尽。

善待前辈，也是以人为本的重要标志。员工把他们最好的年华花费在了企业里并为之做出了应有的贡献，当他们盛年不再的时候，仍然应该感受到企业的余温，无论是退休前的职位和待遇，还是退休后的关照与荣誉。一个企业如何对待它的老人，对身在壮年的一线员工有着强烈的示范效应。从一个企业如何对待其前辈员工，那些已经不再能够为其创造价值的人，可以清楚地断定它是否真的是以人为本。

以人为本，在年头好的时候，也许容易兑现，无非是待遇优厚。而面对危机，才是真正考验企业的时候。在业绩和生存的压力下，有些企业关厂裁员，溜之大吉，有些企业则集体减薪留人，保住核心员工的就业。如果危机是由于高层的决策失误，则不能一味地牺牲底层员工的利益。如果危机是由于外部潮流和威胁的影响，则企业必须考虑自身长期的生存，这时的裁员注定是必要的，通常也是可以理解的，因为没有企业的生存，牺牲的则是更多人的利益。牺牲短期利益是为了保证长期利益。大灾难时，亲爹亲娘也会卖儿卖女。过分地要求企业承担其难以承担的责任也是不合情理的。但这时的牺牲，应该来自所有人的同舟共济，而不是只牺牲员工但不触及管理层的利益。大难之前，企业要妥善地安置被裁员工。大难之后，以前的员工复职，应该得到优先考虑。

以人为本与企业盈利

纵然你真心实意、毫不遮掩地把盈利放在企业经营目标的第一位，你也不一定就会盈利。即使你把企业内员工的利益定为最根本的目标，你也不一定就不盈利。盈利与否，是企业经营的结果，而将什么当做企业最根本的目标来信奉和追求——人还是盈利——则是一个世界观和信仰上的问

浩言管理
感悟与构想

题。和谐与公平本身就是值得追求的价值。人是根本，不是手段。

世界是丰富多彩的。企业是多种多样的。敢于提出以人为本、践行内部人员利益高于其他所有人利益的企业，应该在企业世界里占有一席之地。以人为本的企业肯定有人喝彩，相信以人为本的员工自然也竭力寻求以人为本的企业。人各有志，互相选择。也许，以人为本的一个最终的检验，是有多少人心甘情愿地上赶着要为一个企业工作。常识告诉我们，那些大家最愿意为之工作的企业通常是业绩较好的企业。

最后，我们通过所谓的非营利机构的作为来反思一下企业的作为。所谓的非营利机构，其实往往具有更多的实际盈利，只是他们不把盈利叫做盈利。这种机构内的人员通常比任何企业内的人都更加关爱自己，照顾自己，努力地去最大化自己的利益。盈利中一大部分归了自己。企业中人，必须扪心自问，我们到底是为谁去盈利？有位国内企业大佬说得好：我是不主张给别人捐款。要捐款，我首先给自己的员工捐款，而不是给一些我根本不认识的人捐款。话糙理不糙。善待与自己一起共事的员工。所谓的投资者、消费者、各类利益相关者，你可能都不认识。自己的弟兄们，总该认识吧。他们每天跟你在一起。

幸福企业与幸福员工

一个世纪以来，管理学研究的一个核心话题就是一个组织如何在对任务的关注和对人的关注之间寻求平衡，既保证组织目标的有效实现，又关照组织成员作为人之欲求的满足。从麦格雷戈的 X 和 Y 理论、赫兹伯格的双因素理论，到大内的 Z 理论，从早期的霍桑试验、布莱克与穆顿的管理方格，到时下谈论的心理契约与组织公民行为，学者们提出了各种理论，去解释组织中人的激励与感受。各类媒体也经常评选"最受尊敬的企业"或者"大家最愿意为之工作的公司"。在管理实践中，人们自然希望与所谓"以人为本"的组织为伍，从而增进自己的福祉与心理满足。于是，幸福员工与幸福组织的话题，不断地被人们提起。

无论是基于实证研究的结果还是道听途说的故事，大家似乎都愿意相信使员工幸福是组织与员工双赢的理想状态。比如，幸福感强烈的员工具有更高的创造力和生产力，能够更好地为顾客服务，更好地解决问题；使员工幸福最终有利于增加企业的利润。这些被众多相关研究证据所支持的说法，貌似以人为本，也还是以利润和业绩为企业的终极目的，而把人当做手段和工具。不知道有没有企业胆敢如此声称："让员工幸福"本身就是我们做企业的目的，经营利润不过是践行以人为本这一根本目标的必要前提，股东不过是外部出资者，而产品与客户不过是造就和实现员工幸福的平台、借口和道具。也许，这样的另类企业应该在形形色色的企业族群中占有一席之地。

其实，不管企业利润与员工幸福之间谁是手段谁是目的，抑或同时都作为目的时二者之间如何去平衡，员工的幸福感这一话题都是值得我们关注的。有鉴于此，通过一个综合的 Happiness 框架，本文试图勾勒当代企业中员工幸福这一概念和现象的不同侧面，以期增进大家对幸福员工与幸福企业的理解和品鉴。具体而言，Happiness 框架由如下要素构成：状态和谐、行为自主、意义认同、待遇优良、影响显著、负面可控、期望适当、安全保障和心理满足（参见表1）。

状态和谐

幸福是一种和谐怡然的总体状态，自然体现在员工的精神风貌与行为做派上，体现在组织中各种关系的契合、融洽与均衡上。首先，员工的招聘也许是造就幸福员工群体和幸福企业的最为重要的环节。员工的兴趣与能力应该同工作岗位要求契合、匹配。如果一个员工认为自己的工作不过是不得已而为之的、临时凑合与将就的难堪之负，那么他很难会在工作中感到幸福。同样，如果员工的禀赋和素质难以胜任某个工作岗位的要求，他也不大可能在工作中取得成就并感受到与之相关的快乐和荣耀。企业应该招募自己真实需要和欣赏的，也愿意并有能力为其工作的人员。

其次，员工之间、员工与管理者之间的关系融洽。员工日常工作环境中的微气候和小氛围直接影响其每天的感受。和谐的同事关系、上下级关系以及令人愉悦的团队精神会增进员工的幸福感。大家常说，员工离职，通常不一定是由于企业有问题，而是由于不满于现任上司或同事。再次，员工在工作与家庭生活之间找到适度均衡。幸福是一种涵盖员工生活全方位的总体感觉，牺牲家庭生活去满足工作需求或者由于家事拖累而不能从事自己喜爱并胜任的工作，都会影响员工的幸福感。

表 1 企业员工"幸福"的解读

HAPPINESS 幸福

Harmony 状态和谐	**A**utonomy 行为自主	**P**urpose 意义认同	**P**ay 待遇优良	**I**mpact 影响显著	**N**egatives 负面可控	**E**xpectation 期望适当	**S**ecurity 安全保障	**S**atisfaction 心理满足
人岗匹配：员工兴趣与能力同工作岗位要求的契合与匹配	自愿努力：员工对工作的努力付出主要出于自我意愿	使命诉求：员工意识到自己的工作具有比较高尚的使命感	薪资丰厚：薪酬在同类员工中以及可比群体中显著地居于上乘	作用直接：工作和努力的结果可以相对清晰显著地被看到	负面有限：负面因素的影响是局部有限、偶尔并短暂的	机会预期：员工感到有机会去学习和接触新鲜事物	职位稳定：长期稳定的就业给员工带来必要的安全感	自我实现：员工在工作中会体会到自我实现致其心理导满足
关系融洽：员工之间以及员工与管理者之间关系的融洽	自我驱动：员工在工作中的主动性和创造性是出于自我驱动	价值赋予：员工认为自己的工作是非常具有价值的	福利齐全：超出常规或预期的齐全完备的福利待遇	效果明显：员工感到因为他们的作为而有所不同	控制风险：学会如何控制风险也会增加大家的幸福感	过程公正：组织过程的公正透明会增加员工的参与感	承诺长久：承诺员工长久有利于专业文化积累与和谐	自尊意识：心理满足还体现于员工由于其归属与归自尊
公私均衡：员工工作负担和责任与家庭生活要求和期许的适宜均衡	自主尽职：员工对于自己工作的安排和进行有相对独立的自主权	意义体味：员工切实地体会到自己的工作是有鲜明的实际意义的	奖励兑现：对于员工努力和成就的各种长期和短期的奖励手段与措施	反馈便捷：员工的作为和成就可以得到迅速的反馈和正面的评价	抵御危难：具有抵御危难的能力和经验也会使人得到某种幸福感	上升空间：注重内部提升的企业给员工提供企业内升职的空间和渠道	归属安然：员工对企业的归属感有助于其工作中总体感觉与幸福感受	感觉圆满：幸福最终是一种总体上的自我感觉圆满以及与周遭人事境遇的和谐

员工幸福感超强的美国西南航空公司，多年来雄居《财富》杂志评选的最受尊敬的公司榜单。该公司刻意地选聘那些愿意带着微笑从事服务业的人们，力求营造快乐友爱的企业文化。他们认为，能力可以培训，态度很难培训。性情快乐的员工会将其正面的影响传播给顾客。他们还鼓励员工之间的友爱互助。受其对员工福祉尽情关照之感召，曾经有超过一千对双职工夫妇同时为该公司效力。幸福的员工，通常意味着员工队伍的稳定可靠。企业无须为不断走高的离职率担忧，为找不到合适的员工而困扰。

行为自主

独立性和自主权也是影响员工幸福的重要因素。当一个人感觉能够自愿自发、自动自主地立身行事的时候，其幸福感会得到增强。他会觉得对未来有相应主动的规划，对工作的过程有某种积极的掌控，对工作的结果和成就有可以预见的希望，而不是被迫被动，随波逐流，懵懂困惑，无所适从。行为自主，做自己的主人，主要表现为自愿努力、自我驱动和自主尽职。

出于对组织价值观的认同以及对行业、业务和自己岗位的热爱，员工会觉得自己对工作的承诺是自觉自愿的，是经过思考和选择的，是一种积极主动的表现。在这种状态下，员工的所作所为由自己的意愿所驱动，而非受制于外在的压力和逼迫，比如家长的偏好或者老板的强制。当员工可以相对独立自主地执行自己的任务，承担起自己的责任时，他会由衷地感到幸福。

在一定的金额数量和项目范围内，海底捞餐饮公司的各级员工可以拥有服务提供过程中的某些自主权。比如，对那些没有及时得到应得服务与关照的顾客，一线员工可以视情况给予相应的打折或免单。这种赋权表现了公司对员工的充分信任。虽然存在滥用权力的可能性，但这种自主权给员工与客户双方带来的信任与好感可能远远高于潜在的损失与浪费。

在3M和谷歌等公司，员工可以自主地安排自己工作时间的一部分，去尝试做那些自己感兴趣的事情。这无疑也增加了员工的自由度和从容感。同样，鼓励协作互助的、具有高度自主权的工作小组，相比于完全听任上级命令的等级森严的小组，也会提升员工的幸福感。在 salesforce.com，公司允许员工在公司内部的部门间自由转岗，鼓励他们尽力寻求自己喜爱和愿意为之倾注激情的工作。

意义认同

当一个人在努力做事的同时深切地感受到并认同和欣赏其所作所为的积极意义时，他会自感幸福。这种意义认同体现在员工的使命诉求、价值赋予和意义体味上。工作不仅仅是简单的谋生手段和枯燥的重复劳动，而是激情与梦想、体验和创造，是大家追求的潮流和时尚。一定时期内，由于使命的驱使、价值的诱导、意义的激发，即使金钱和物质激励暂时欠缺，大家仍然能够在工作中体验幸福的感觉。

首先，使命感可能表现在对于自己的组织、社区、民族、国家乃至整个人类世界所肩负的重大责任。某些行为和任务背后可能蕴藏着甚为深远的含义，高于生活，大于生命，比如中国知识分子标榜的"为天地立心，为生民立命，为往圣继绝学，为万世开太平"。就企业而言，无论是实业救国、科技兴邦，还是高扛民族工业大旗，当一个员工将自己的日常工作与更高更大的使命联系在一起时，他会有更强的激励和满足。当年大庆油田的铁人王进喜发誓要"甩掉贫油国的帽子"，以苦为乐，感染了一代石油工人。

其次，员工的使命感也可以来自其对企业和行业使命本身的信奉。通用电气声称"我们为生活带来美好"，万科信奉"让建筑赞美生命"，中粮集团承诺"我们奉献营养健康的食品"，宝马汽车打造"终极驾驶机器"，迪士尼专注于营造以家庭娱乐为主题的"梦幻世界"。如果员工对企业使命和目标发自内心地欣赏和认同，认为自己是一种伟大传统的守护者和传承者，他们会赋予自己的工作崇高的价值和积极的意义，感觉到自己的作为和承诺是值得的。与这种企业为伍，他们觉得自豪和幸福。

待遇优良

精神的力量虽然强大，但是如果没有足够的物质基础和财富的激励，幸福感是难以持久的。幸福感通常是在比较中产生的。而最具可比性的东西，就是金钱。长期而言，任何声称金钱不重要的说辞都不过是欺人自欺。当代企业中的职业人士，其职业忠诚往往首先是属于职业的，其次才是对于雇主企业的。一个职业人士的职业地位首先体现于他在某个企业中的薪酬和其他相关的组织待遇。各级员工也会自然地跟其他企业中的同类人员相比较。良好的待遇——包括薪资丰厚、福利齐全、奖励兑现——乃是员工幸福感不可或缺的坚强后盾。

员工待遇中最为数量化的直观比较，就是薪酬高低的比较。你尽可以把使命的意义吹到天上，要求大家倾情奉献，长期低于行业平均水准的工资造就不出来幸福的员工。新任美联储主席耶伦和其丈夫——诺贝尔经济学奖获得者阿克罗夫，曾经亲自做了一个实验，在他们儿子出生后，用高于市价的工资聘请保姆。他们的道理是，高价的保姆会有更高的幸福感，最终对于自己的儿子是有利的。柳传志在为其父母聘请保姆时，也坚持支付高于市价若干倍的工资，使保姆能够快乐地服务。这与其在联想推行的善待员工的政策如出一辙。

福利齐全，意味着除了工资之外，员工的其他物质待遇高于其可比的群体。我们熟悉的"五险一金"、差旅补助、员工教育资助、子女教育补贴、带薪休假、交通补贴、住房补贴等等，都是广义的福利待遇。某些跨国公司规定，所有员工出差，凡是4个小时以上的旅途，都可以报销商务舱。你可以指责他们过度奢侈浪费。但公司的回答是，我们的员工是世界一流的，他们应当享有世界一流的待遇。海底捞公司为员工提供的集体宿舍等福利待遇也是其他企业同类级别员工中很少能够享受得到的。许昌的连锁超市"胖东来"为员工建有体育馆、医疗室，员工还可以根据工龄长短享受每年若干天的带薪年假。谷歌和脸谱都为员工提供免费的工作餐饮，使他们不用离开工作岗位就能享用美食服务。

奖励兑现，取决于企业整体的经营绩效和员工个体的突出贡献。当企业经营绩效优异的时候，应该用奖金和工资补助的方式让员工分享经营成果。个体员工表现优异，应该有各类当下和长效的奖励措施，使之感觉其贡献受到认可和赏识。通用电气的韦尔奇、万向集团的鲁冠球、海南航空的陈峰，无不坦诚地相信现金激励的神奇作用。企业外的人，尤其是上市公司的股民，可能对企业的慷慨行为大放厥词，但关照下属、奖励员工贡献的老板通常会赢得企业内部员工们的拥戴和追随，增进员工的成就感、满足感和归属感。当然，奖励也可以是其他非金钱性的荣誉和表彰。

也有人会说，薪酬待遇只是保健因素，并不能给予大家长久的激励。如果你遇到的第一个雇主薪酬待遇优厚，你可能不觉得你已经受宠有加，不但没感到幸福，反倒可能感到平常甚或有些微不满足。直到你离开这家公司那天，你才会意识到原来并不是所有的公司都有这样的待遇。于是，幸福成为一种追忆。好在一个优秀的公司可能不计前嫌，随时欢迎前员工回来效力，甚至还给你累计原来的工龄，保持原有的待遇。突然，幸福来自惊喜。

影响显著

如果自己的工作和努力的结果可以相对清晰显著地被大家看到，得到良好的反馈和赞赏，产生积极和正面的影响，那么员工会得到即时的幸福感。我们的行动是有结果的，世界因为我们的作为而有所不同。因此，员工的幸福感，在很大程度上取决于其工作的成就：是否作用直接、效果明显、反馈便捷。

无论是中国戏剧还是西洋歌剧，演唱至精彩之处，观众的叫好声无异于强心针和兴奋剂，会让演员更加铆劲卖命献艺。这种及时的反馈，使得演员的幸福感和实现感油然而生。作为一个乐队指挥，你给出一个手势，乐队立刻按照你的引导发出一种和声。这是一种相当奇妙的感觉。行动的效果直接显著、立竿见影，往往会造成行动者的兴奋和满足。与之相似，在许多服务业企业，员工的良好表现会对客户的体验产生直接的影响和明显的效果，并得到及时迅速的反馈，要么满意，要么抱怨。一个重视顾客满意和反馈的理发店，可能会使手艺与服务态度均好的理发师受到顾客的追捧，有利于造成全体员工积极向上的服务氛围。员工看到顾客脸上满意的微笑也会从中得到幸福的回报，证实自己工作的价值。

再比如，美国运营18轮大型货运卡车的公司，通常会在卡车上明显地标示一个免费电话号码，鼓励大家举报司机的拙劣表现，褒扬司机的良好表现。如果优秀的司机得以表彰，恶劣的司机得以惩戒，司机们的总体满意度则会得到提升。他们会认为自己的作为是有实际影响的，是被公众关注的，也是被管理层监督和评估的。可以说，及时的正面反馈，无论是来自客户、合作者还是上司、同僚，通常都会提升员工的幸福感。

负面可控

能够使负面情绪得到相应的控制也是幸福感的一个重要方面。幸福绝不意味着完全没有负面阴损、挫折磨难、威胁打击、暗流凶险，也不意味着丝毫没有悲痛哀怨、烦恼愤怒、羡慕嫉妒、焦虑恐惧。针对各种负面因素与影响，能够保持从容平和的心态，从长计议，泰然处之，并积极地寻求抵消和化解负面因素的方法与途径，控制其发展蔓延以及对自己总体状态的影响和困扰，意味着一个人能够坦然地应对世事，宠辱不惊。因此，决定员工幸福感的因素还包括如何应对负面影响，力争做到负面有限、控制风险、抵御危难。

首先，如果负面因素的影响是局部有限和偶尔短暂的，那么主流的感觉和总体的感受仍然是积极正面的。其次，由于负面因素的出现，员工幸福感虽然会打折扣，其实这也是对员工意志和品行的一种磨炼和考验。可以想见，无论是发端于企业外部的威胁和挑战还是来自企业内部的误会、不公正、不满与抱怨，都会对员工的士气造成打击。一个注重员工幸福感的企业，应该从制度上化解和抵御负面影响。出现问题，应该有相应的纠偏或者补偿机制发挥作用，以便控制负面情绪的蔓延。

还有，应对负面因素，不仅组织设计需要人性化，员工心态的自我调节也非常重要。如果偶遇挫折，便哭天喊地、悲催自残，抑或大放厥词，觉得世道一无是处，则说明原来表象上的幸福即使存在，也是虚浮脆弱的。人不可能永远飘在紫色的云雾间。风险来临之前的未雨绸缪、挫折面前的积极隐忍，也是应对世事之综合能力的一个重要部分。没有这种控制风险、抵御危难之意识、能力和经验的人，难以体会到驾驭险情而波澜不惊的幸福快感。经历风雨，方见彩虹。彩虹过后，仍会有风雨。幸福在于对风雨和彩虹交替或者共存关系的充分理解与积极应对。

期望适当

萧伯纳说，人生有两大悲剧，一个是得不到心中想要得到的东西，一个是得到它。如此，感觉可能得到但尚未实际得到的境界，大抵是两场注定的悲剧之间的喜剧桥段。中国人说的则更是简单直白：知足者常乐。对于这句话，你很难确定地说，知足的常乐者，到底是想要的东西较少，还是比较容易得到他们想要的，还是无论得到或得不到都会轻易感觉满足。也许，在明了世事不可抗拒之规律的前提下，保持适当而不过分的期望，是营造幸福感的一个必要基础。而具体的期望，则通常要贯穿一个人在组织中面临的机会、经历的过程和潜在的结果，也就是员工对未来机会的预期、对过程公正的诉求，以及对上升空间的渴望。

机会预期，意味着员工感觉有机会去尝试新的事物，增长知识，提高能力，积累经验，迎接未来的挑战。而且这种预期，通常指向于员工通过一定的努力可以达到的目标。员工预期的一个重要维度是希望有足够的参与感，理解并参与组织规章的制定，融入组织的决策过程，自己的意见能够得到倾听和尊重。这也就意味着员工希望组织制度和决策程序的公正和透明。尤其是在知识经济时代，企业决策和政策的出台，能否为大家接受，使大家满意，在很大程度上取决于与员工的沟通和信息共享是否足够妥当到位。

另外，一个决定员工幸福感的重要因素，是员工是否感到在企业中仍然具有上升的空间。如果具有较强能力和发展潜力的员工遭遇升迁的瓶颈，他很难会在该企业获得满足感。内部培养和提拔高阶层的员工，会给大家带来升职的希望和动力。比如，在海底捞公司或者"胖东来"，一个基层的员工也会感到有奔头。只要自己努力，就有可能向更高的职位跃迁。与之相应的是，一个鼓励员工内部升职的企业会花大力气对员工进行培训，帮助他们获取必要的知识和技能。

值得一提的是，这里一再强调的是适当和适度的期望。人们会根据环境、时间、事件与经历去调整自己的期望。期望的适当与否，也是在跟别人的比较中才能判定的。

安全保障

幸福的一个重要基础，就是感觉安全。在企业中，对于员工来说，最重要也是最关键的安全，就是就业的安全。只有员工的职位稳定，没有丢掉饭碗的忧虑和恐惧，他才有意愿和可能对企业做出长久的承诺，从长期的、有利于企业持久发展的角度去思维行事，并从企业得到安然的归属感。忠诚和承诺是双向的。企业只有把员工当成是最核心的、最有价值的、最不可替代的资源，员工才会倾其毕生之时间和精力为之效力，也同时在其工作生涯中得到持久的满足和幸福。

职位稳定，并不是不分良莠勤懒一律保证终身就业。经过组织和员工双方在试用期或者更长时期内的互相摸索、考察和选择，那些组织愿意长期雇用的并愿意被组织长期雇用的人才，得以持久地留在组织中。在西方主流的研究型大学里，终身教职的获得，通常需要在6年的时间里达到学术研究和论文发表的要求，证明自己的职业能力和地位。终身教职，不仅为优秀的教授带来职业荣誉感，而且通常被视为其个人产权的一部分。在企业里，道理也是一样。为企业做出过突出贡献的人更是需要有终身的就业保障。

职位的稳定，解除了员工的后顾之忧，使之能够更加安心地专注于自己的工作，提升自己的能力。这种做法，容易吸引更多的优秀人才加入到该企业中，不仅会导致专业能力和知识的持续集聚与更新，形成人才方面的持久竞争优势，也会造就良好的组织记忆，有利于营造以人为本的企业文化，增进员工的幸福感和归属感。就业的稳定和收入的稳定，不仅使员工本人感到安全，没有过分的焦虑和恐惧，也有助于家庭生活的稳定和谐，从而进一步地增进员工的自豪感和幸福感。

　　拥有将近120年历史的美国林肯电气，自1948年以来，没有解雇过任何一名员工。而此项零解雇的纪录很可能起源于更早的1925年，历经了大萧条、第二次世界大战，以及其后至今的所有经济危机。年头不好的时候，工程师转岗做销售。这家全球领先的电焊机具和器材厂家已经连续80年盈利，每年都与员工分享利润。2013年人均奖金高达3万多美元。

心理满足

　　归根结底，幸福是一种心理感受，是一种满足感和愉悦感。它意味着一个人自我感觉找到了一个比较恰当的人生定位，与周遭的人、事、物、境关系融洽和谐。心理满足，不仅仅是基于生理上的饱暖和身家的安全，还在于有所归属，有所寄托，有所期冀，有所实现，并享受荣誉、体面和自尊，总体感觉相对圆满。

　　对于企业员工而言，幸福意味着在比较令人愉悦的企业环境中心境舒展地与志同道合的人一起做自己感兴趣和有能力做的工作，其努力和追求可以在某些方面使大家的生活和我们的世界更加美好，其成就能够得到大家的认可和嘉许，其工作和家庭生活可以和谐共促。

结语

  如果一个企业真的是以人为本,它应该把员工的利益放在首要的位置上,必须关注员工的幸福。没有幸福的员工,就不会有幸福的企业。如果一个企业希望持久的盈利,那么它仍然必须善待员工,让他们感到幸福。幸福的员工造就幸福的企业。而幸福的企业往往是盈利高于平均水准的企业。

精英与平台

天下没有不散的宴席。在这一残酷无情的铁律下，我们能够苟且谋求的次优境界，也许不外乎如下一些可能：让宴席丰盛美满一些，参加宴席的人风采多趣一些，宴席欢愉得持久一些，丰盛美满、多趣欢愉的宴席可以举行的次数频繁一些。做企业，也类似于办宴席。历经辉煌的百年老店，盛宴的次数自然重复得相对较多，开宴的时候自然会格外丰盛美满、多趣欢愉。当然，也有盛极一时的企业，在某一特定时期引领风骚、光彩夺目、人气旺盛，众人趋之若鹜。

虽然一个企业的生命可以远远地超越自然人的生命，但没有一个企业可以经久不衰，无限存活。一个企业，不过是一个载体和平台，既见证和传承其创始人与历代守护者的初衷与愿景，也寄托和支撑着现有托管者当下的梦想和诉求。企业追逐人才。人才寻求企业。这是一个动态的双向选择。无论是基业长青还是昙花一现，一个企业在其鼎盛之际，可以被看作一个如盛宴般的"巅峰场"，为各方"巅峰人士"们提供一个崭露头角和施展抱负的平台和契机。

一个企业能否长期辉煌，就在于它能否打造并保持其巅峰场的地位和吸引力，从而不断地吸引巅峰人士与潜在巅峰人士在其旗下聚合。毕竟，巅峰人士是跟着宴席走的，而不只是跟着宴席的场所本身走的。曾经提供巅峰场的企业，如果宴席本身的成色下降，或者在可比范围内有品质更好抑或更新鲜时尚的宴席出现，其巅峰场的地位便会岌岌可危，可能渐次丧失，也可能顷刻坍塌。尚有选择机会的巅峰人士注定会在新的巅峰场重新积聚组合。同时，新一代巅峰人士也会伺机登场。

什么是巅峰人士呢？简言之，所谓的巅峰人士（PEAK），就是通达进取的职业精英。他们或多或少地具有如下几个鲜明突出的特性：Professional（职业专长）、Elite（精英人才）、Ambition（进取雄心）以及Ken（通达眼界）。所谓的巅峰场，其实是一个人才选拔和展现机制，它不仅吸引、笼络和收编别处的巅峰人士于此聚集互动，而且提携、造就或催生潜在的巅峰人士，令场中的各类巅峰人士之巅峰状态得到淋漓尽致的发挥与显扬。

准确地说，只有巅峰人士的数量和种类之规模达到某种关键聚集度的时候，一个企业才算是一个真正的巅峰场。显然，即使是一个超强的巅峰场，也不可能所有的领域和层面都由巅峰人士充斥。同样，由于各种原因，真正的巅峰人士也可能存身于资源与机会相对匮乏的弱势场。而且，还有另外一种可能，由于偶然侥幸游走于巅峰场中，某些实际上的非巅峰人士也会被认为是巅峰人士，至少是疑似巅峰人士。如此，从纯粹概念上说，巅峰场与巅峰人士的关系并不是完全匹配的。

在相对比较匹配的情形下，二者的关系通常是两相映衬、彼此见证、互为表里、实至名归。巅峰场烘托并成就了巅峰人士，巅峰人士也装点并强化了巅峰场。但在名实不符的情形下，自诩的巅峰场可能并没有形成巅峰人士的实质性积聚。而且，在二者关系发展的负循环里，风光不再的昔日巅峰场可能拖累甚至最终毁灭那些因执迷不悟而没有及时放弃沉船的巅峰人士。那些信奉"识时务者为俊杰"的巅峰人士，其顺应潮流地转换场地，也会加速某个过气儿巅峰场的衰落与破败。

如何识别和鉴定以及吸引并保留巅峰人士？这是希望成为巅峰场的企业自然要关注的话题。本文试图按照上述的PEAK框架解析巅峰人士的特点，从而帮助回答这一问题。

有以下几点假设需要说明：

第一，并不是所有的企业都希望或者能够成为巅峰场，也不是所有的企业都需要或者适合巅峰人士。巅峰场与巅峰人士致使企业成功的概率虽然非常大，但它们既不是企业成功的必要条件也不是充分条件。与其说它们是实现企业成功的路径和手段，不如说其本身就是一种价值偏好，是一种目标和境界。

第二，巅峰场可能甫自诞生就居于巅峰，由强势并掌控资源的巅峰人士从其他巅峰场延展拓建、拆分组合而成。它也可能是由一群原先的边缘人适时努力、挣扎折腾而创立。本文并不主要探讨这一演进过程，比如创业抑或动荡裂变的产业环境，而是专注于勾勒和描述现有巅峰场中的巅峰人士的一般性和理想性的常态。

第三，上述所谓的常态关乎两个重要前提。首先，游戏正规化。企业所在的行业与业务基本属于正规军之间相对常规持久的阵地战，并且存在相对明晰的游戏规则。游戏不正规时，混沌自然大于秩序。丛林战略下，如果无处不场，则无所谓场。游戏没规则时，人的能动性和重要性可能抵不过随机偶然性。其次，人员职业化。企业经营的各个人才领域，比如财务、营销、人力资源管理等职能领域，都具有相对清晰的职业规范和业界公认的才能判断机制。而且，存在着比较自由和有序的人才流动机制。各个领域的人才可以在其领域内游走于不同的企业之间。专才职业，方可分出高下。宴席聚散，必然存在流动。

巅峰人士的特性如表1所示。

表 1　PEAK：巅峰人士的特性

职业专长 Professional	精英人才 Elite	进取雄心 Ambition	通达眼界 Ken
行业技能 Trade Expertise	同代最优 Best of the Breed	自发自励 Self-Motivation	常识稳健 Common Sense
职能专长 Functional Skills	本地最佳 Cream of the Locale	目标驱动 Mission-Driven	智识丰沛 Wisdom Galore
自律约束 Self-discipline	当期顶尖 Top at the Moment	荣誉尊严 Pride & Esteem	学识精进 Continuous Learning

职业专长

巅峰人士首先是职业人士，不是"草莽英雄"，也不是"万金油"。职业人士，根据定义，隶属于界定清晰的某些职业或行业，通常具有良好的职业素养与较强的职业认同感，讲究的是职业手艺、做派、气场和操守。职业性，或者职业化，意味着正规和专注。每个职业，都具有特定的进入门槛以及专业范围，要求相关的人员必须具有一定的从业资质和业务专长，并且存在一套大家公认的和明晰的行为规范与准则以及对从业者和业内机构进行认证、评估、监管和服务的行业治理机制，比如行会。

我们可以从三个纬度来剖析巅峰人士的职业性（Professionalism）：特定行业或者业务领域的经验与资质（Trade Expertise）、特定职能领域的专长与技能（Functional Skills），以及职业人士的操守本分与严格自律（Self-discipline）。

首先，职业通常意味着某个特定的行业、产业或者业务领域，比如广义的零售业、制造业、金融业等大的行业类别，或者如医生、教授、演员等比较具体的职业。每个行业都有各自的使命定位与服务对象，要求具有

浩言管理
感悟与构想

相应的人才特点和技术专长，遵循某种操作规范与业务流程。职业精英的造就，需要在自己特定行业内长期的历练与浸淫，积累经验，增长见识，提升能力，创造业绩，建立信誉和人脉。

其次，职业也可以从具体的职能领域来界定，比如市场营销或者物流与供应链管理。这些企业经营活动中常见的职能，应用广泛，可以横跨与贯穿不同的行业与产业。而有些情况下，某些职能领域既可存在并服务于某些具体产业内的企业，也可以成为自己独立的行业，比如律师、会计。这时的专业人士，可以选择在专业的律师事务所或者会计师事务所发展，也可以进入某个行业内的企业，去担纲法律顾问或者内部会计职能。这里的职业性讲的是职能领域内的专注与专长。

最后，职业人士，除了做事规范和手艺专精之外，最大的特点就是严谨自律。只做自己专业能力所允许和擅长的，不勉为其难地染指自己专业能力以外的事物。所谓的隔行如隔山，说的正是职业之间的差别甚至鸿沟。跨界运作，首先是对职业规范的蔑视，在常态下的成熟的职业间是比较难以行得通的。有自律约束的职业人士，在乎自己的手艺和牌子，敬畏职业的尊严与合法性。没有金刚钻，不揽瓷器活。无论专家如何权威，在自己专业领域之外发言行事，大家都是外行。

有句广告词说得好，"因为专业，所以领先"。巅峰人士，职业，专业，这是必需的。有人习惯于抱怨说，很多企业中的人缺乏系统性和全局观，过于单一狭隘，只关注自己的"一亩三分地"。其实，现在的问题，不是专才太多，通才太少，而是所谓的专才和通才都不够职业，真正懂行管用的职业人士太少，业务专精的专业人才尤其缺少。场面上漂浮的通常是大量的跨界专家、万能嘉宾，以及所谓的公共知识分子，什么事儿都明白，什么事儿都要给个自感权威和公正的解读和说法。

在企业界，贸易、投资、实业、服务，乃不同的行业类型，有不同的行为规范和商业模式。然而,在行业发展初期以及极端动荡阶段,各方人士云集,鱼龙混杂,职业化程度非常低,跨界英雄华丽转身的神话就会甚嚣尘上。在正规常态的职业领域,巅峰人才注定是专业化的人才。即使是同一行业内细分领域之间的跨界,巅峰人士也时常谨慎规避、量力而为。一个爱惜自己本钱的顶尖普契尼女高音,通常不会脑子一热就去高歌瓦格纳。一个篮球巨星跑去打棒球很可能就是表现平庸、巅峰不再。

判断一个职业人士是否职业和专业的一个关键指标,是考察其职业履历、在一个行业或者企业内的任职期限、转换岗位的频率以及跨度。一般而言,职业人士忠于的首先是其职业,然后才是其雇主。一个职业人士在职业领域内的流动,也许无可厚非,而且有时很可能恰恰说明其广受尊重和欢迎的业界地位。然而,如果一个人频繁地在不同的行业或者职能领域之间窜来跳去,尤其是当所要求的基本技能和从业经验大相径庭之时,其专业素养和职业操守往往会受到内行专家的审慎质疑。

精英人才

巅峰人士不仅职业,而且精英。所谓的精英,意指在某个特定可比的参照系下,某个人群中居于高层顶端的少数特别出众者,才华横溢,业绩优良。所谓的职业精英,便是在某个职业的从业人员之中引领风骚的佼佼者。他们是该职业的典型代表,同业者的学习目标与追随榜样。行为规范,手艺精当。虽然职业精英有时也会在大众视野里抛头露面甚至大红大紫,但其立身之本,首先是其专长领域内的地位和作为,必须在职业人士与同行专家中声名显赫、备受尊仰。

显然,精英的界定和辨识通常是在一个既定的参照系内进行的。企业巅峰场中的精英人才可以至少从如下三个参照系来考量:同代最优(Best

浩言管理
感悟与构想

of the Breed)、本地最佳（Cream of the Locale），以及当期顶尖（Top at the Moment）。

首先，同代最优，或者说同批最优。这里的代或批，指的是同一个时期和批次首次进入某个行业或领域的职业新手。在人才培养具有固定传统和完善体系的职业里，这意味着该专业同期毕业或者出科的学员中才能条件最好、职业准备最充分、发展潜力最大的尖子人才。同代最优，并不能够保证日后必然成长为成就斐然的精英。然而，在初筛时力求选取最有潜力的准精英人士，用优质的新鲜血液来补充人才队伍，无疑从概率上和程序上增大了所选人才成长为未来精英的可能性。

其次，本地最佳，指的是在特定的地理区域之内，某个职业领域的人才属于该圈子中的精英。这个地域范围通常相对独立，比如大中华区。除了地理位置与区间之外，与别的区域有明显的政治、社会、文化等方面的差异。人才在区域内的流动，远远大于跨区域的流动。这时候，一个地域内的职业圈子相对稳定，同行业中其他地域的精英与本地精英通常不具备替代性，因此，人才的高下具有本地范围内的可比性。本地最佳，可以保证企业在具体的经营地点享有人才优势，并能接住地气。

最后，当期顶尖，意味着在整个可比的业界范围，无论是相关的行业类别、职能领域，还是地域区间，在当下最主流、最核心、最中坚的人才项目与区段，是否能够做到同行业、职能与地域的最顶尖。在当前的日常游戏中，这是对作为巅峰场上常态精英的一个最终判断。比如，在研发主导的行业，一个企业的研发人员是否是目前业界最优秀的精英？在"60后"全面掌权的时代，这个年龄段的专业人才和管理人才储备是否有断层或者缺陷？

如何判定精英呢？成熟的行业和领域通常有相对规范和系统的人才甄别和评价机制。可以参照向业界输送新生力量的学校与机构的排名，比如商学院、法学院、医学院的排名，以及当期毕业生在某个学校内的成绩与排名。对于已经执业的人员，可以参照雇主的反馈、同行的评价、业界的口碑、第三方观察和测评机构的鉴定、猎头公司的价码，等等。归根结底，两个相互关联的硬指标是职业人士精英程度的通用判断尺度，一个是职业成就（Track Record），一个是市场身价（Market Value）。

一个职业人士的业界成就是容易观察并难以伪造的。一个教授在顶级学术期刊上的论文同行有目共睹。一个顶尖小提琴家的手艺和表现也是清晰可见。一个销售主管身后庞大忠实的客户群体和关系网，当他在行业内不同机构间迁移跳跃之际，会跟随他本人流动而不是拘泥于他某时某地的雇主机构。职业人士的职业荣誉感最终体现在其身价和待遇。长期而言，希望精英职业人士在某个雇主那里物美价廉、倾情奉献，无异梦呓。手艺值的就是价码。优厚的待遇本身就是精英地位的明证。

进取雄心

巅峰人士常怀进取雄心。所谓的进取雄心，俗称野心、欲望、企图以及志向等等，既映射一个人行为处事的驱使动机，也昭示其不懈追求的使命目标。个人兴趣往往只是从事某个职业的一个引子和前奏，而正是渴望职业成就的动力使得职业人士孜孜不倦、刻苦钻研、忠诚敬业、不断进取。职场拼杀，才人辈出，残酷无情而且永无休止。逆水行舟，不进则退。没有进取心，即使是资质优异的职业人士，也通常难以进入巅峰场从而实现巅峰状态，更不可能长期持久地雄踞于巅峰场中。

进取雄心（Ambition），可以从如下三个方面来界定与测度：自发自励（Self-motivation）、使命驱动（Mission-driven）以及荣誉自尊（Pride and Esteem）。前者涉及职业人士的自主性，后两者分别考量对实质性成

浩言管理
感悟与构想

就以及职业地位的追求。

首先，自发自励是职业人士（尤其是职业精英人士）的惯常通例。职业人士，认同、喜欢自己的职业，将其当成一种事业。如此，寻求职业进步与成就，本身就是成全自己，实现自己的人生价值。真正的职业人士不需要别人不断地鼓噪"你一定要做好本职工作"或"为××做贡献"云云。即使在职业生涯中偶遇挫折，他们也会毫不气馁，并且不断地自我激励，自己跟自己较劲，"马不扬鞭自奋蹄"。百折不挠，愈战愈勇。很难想象一个被动无求的人会成为职业精英和巅峰人士。

其次，进取心最终外化成为一种具体的使命目标，引领职业人士去追求实质性的职业成就。这种成就，既包括在某个具体企业内的业绩和作为，也包括在相关业界的评价和影响。比如，一个人力资源总监在某个企业率先推动最先进的人才遴选、培养、评估和奖励系统，招致其他企业纷纷效仿，从而成就其业界影响和地位。一个职业人士，其终极目标往往是成就整个业界公认的业绩与功名。其阶段性的直接驱动目标，则通常是当下企业内的作为和斩获，要做成一些令人瞩目的事情和项目。

最后，与追求实质性成就紧密相连的，必然是希望得到企业和业界的认可，享有荣誉和尊严，包括彰显荣誉与尊严的权力、地位、待遇和形象。职业人士，靠手艺专长赢得尊重，也靠自己栖身的巅峰场之光环托举自己。能干的自然吃的多，谱儿摆得也比较大。这其实很正常。倒是表面上什么都不在乎的人可能野心更大，手段更隐蔽，表现更虚伪。理想状态下的职业人士，不靠投机钻营，也不靠乞求讨好，光明磊落，不卑不亢。该得到的当仁不让，不该得到的也不过分奢望。

一个希望吸引巅峰人士的企业，必须理解并欣赏"千里马"的实力与欲求，为他们提供发展的平台、升迁的契机、优厚的待遇、至上的荣誉，从而形成足够的激励，而不是把他们看作需要千方百计去控制和减限的成本项目。在帮助一代又一代的职业人士实现自己职业抱负的同时，企业才能构筑和保持自己巅峰场的地位与声名。孟尝君善待三千门客，曹孟德礼遇关公云长，突显的是尊重人才的示范效应。关键时刻各类巅峰人士的出现和"显灵"，也许可以抵消浪费在所有滥竽充数者身上的无效花销。

巅峰场通常也靠巅峰人士的业界地位和声誉所支撑。如果巅峰人士之雄心欲求不能够得到充分满足，他们自会寻求新的平台和出路。一个巅峰场既能造就和成全一个巅峰人士，也往往加剧了巅峰人士对巅峰场的不断升级的诉求，提升了其谈判能力。在职业天地里，小场子终究留不住大人才。然而，如果企业有能力成全巅峰人士之进取野心却不愿做出承诺，双方各执己见，则可能两败俱伤。企业收获的是无视人才和吝啬抠门的败誉，巅峰人士落下的可能是功高震主和极度贪婪的劣名。

通达眼界

巅峰人士，不仅胸怀雄心壮志，而且通常眼界通达、见识深远，能够冷静客观地判断行业趋势，准确透彻地洞察职场风云。不畏浮云遮望眼，常将聪慧对红尘。不盲目轻易地随波逐流，从而不被过分的浮躁和无端的焦虑所袭扰；也不偏执顽固地故步自封，避免陷入不合时宜的抱残守缺之困境。平和自信，安守本分，学习提高，与时俱进。因为专业精良，所以敢于自信；欲求职业巅峰，因而不断求新。简言之，眼界通达，是通晓现今和未来巅峰场何在的基本前提。

眼界通达，具体表现在常识稳健（Common Sense）、智识丰沛（Wisdom Galore）以及学识精进（Continuous Learning）。前者有益于对于事物的基本性和总体性判断。后两者有助于职业专长的发挥应用与保持增进，

浩言管理
感悟与构想

取决于经验积淀和持续学习。

　　首先，常识，指的是对事物的惯常性现象及其背后基本性规律与模式的理解和把握。作为已经被前人验证过的道理和逻辑，常识虽然不一定完全像公理定律一样铁板钉钉、屡试不爽，却也在某种概率和置信区间内可以被认定为常态或者通例。常识稳健，可以避免职业人士过于偏执偏激和异想天开，帮助人们透过现象剖析本质，也意味着富于平常心，尽量平和通达地用事情本身的逻辑看问题，而不是偏颇狭隘地诉诸自己的偏好和主观臆测。

　　其次，智识，指的是由于阅历和经验的积累而逐步体味和感悟到的深刻见识、智慧结晶。智识，既可高屋建瓴，亦可精辟入微，有助于职业人士把握大局、明晰方向、甄选方略、了然进退。智识丰沛，是精英人才与一般职业人士或者初出茅庐者之间的一大区别。比如，精英人士熟谙职场竞争惨烈之实，不会抱怨世态炎凉并天真地奢盼没有权力争斗的企业和没有各类纷争的职业。他们善于宽容、坦然和忍耐，在危机压力和失败挫折之际，从容镇静，行为不走样，动作不变形。

　　最后，学识，指的是通过不断的学习而建立的知识储备、知识体系、持续学习的习惯以及学习与吸收知识的能力素养。学识，可以增进常识和智识。常识和智识，也可以看作学识的一部分。这里我们主要强调的是有意识地持续学习的意义和功效。通过持续学习，不断更新自己的知识，提高自己的能力，是职业人士保持手艺精尖和与时俱进的基本功。这种学习及学识，既包括对职业技术领域本身的跟进，也包括对时局动态、行业趋势、企业前景、职业模式与人事变迁的晓畅和预知。

　　眼界通达的职业人士，首先要尊重职业常识，这是他们职业规范的体现。在此基础上，需要避免过分囿于自身职业和行业的常识与专长，要具有更加宽广的胸怀和气度，增进有关社会大系统的更高层次的常识，尤其是要学会欣赏专业领域之外的世理与规律。任何职业和领域，无论多么关键和重要，都不过是社会的一个组成部分。一个企业内，不同的职能间的合作与协同，是共同实现组织目标的必要前提。职业精英，必须在坚守自身职业尊严的底线之上，善于与其他领域精英合作共谋。

任何一个职业，出于自身安全稳定和长期发展的本能，都有某种貌似保守的固恒机制。一个基本的常识，更是一种智识，就是反潮流应当是偶然特例而不是家常便饭，因为在通常情况下反潮流是行不通的。职业人士，常规游戏中的精英，并非边缘草莽之辈和改朝换代的革命者，首先要承认现实，才可能在现有行规框架允许的范围和尺度内逐步推动和促成现实的逐渐改变。作为巅峰场的企业，在甄别和吸引巅峰人士的当口，也要考虑现有游戏规则下精英与未来新锐精英之间的平衡。

小结

需要再次强调的一点是，在规则相对明确、职业化程度较高的职业和行业里，我们所描述的巅峰人士才最为如鱼得水。这种行业或者职业，通常是正规军进行阵地战的所在，从业人员的资质和表现通常比较容易考察和鉴别，从业人员可以在业界相对自由地流动。虽然我们主要以企业为例探讨巅峰场，但本文的讨论和描述也许能够适用于诸多类型的组织和机构，比如，世界著名的歌剧院、顶尖的研究性大学、传统悠久的非营利性医院、追随者众多的职业球队，抑或声誉卓著的咨询公司。

而且，这里描述的巅峰人士的特性，大概也会或多或少地适用于职业化程度并不是特别高的行业。因为文中所谓的精英与巅峰人士都是针对某个具体的参照系而言的。小池子里也会有大鱼。比如大家所熟知的海底捞公司，在那个价位的餐馆里，它的服务水准以及给员工的待遇可以说超出了人们的预期。他的平台就是那个圈子的一个相对的巅峰场。其各类员工在可比的范围内就比其他同类人员更具有本文描述的 PEAK 特性。你如果硬要将他与五星级餐饮名店中的精英翘楚比，就是别有用心了。

一个巅峰场中的盛宴需要一大批巅峰人士互相帮衬、交相辉映，而不是少数武林高手单打独斗、曲高和寡。知道什么样的人才可能成为巅峰人士，从而能够更好地吸引和保留巅峰人士，是意欲成为巅峰场的企业所必须具备的基本功。人力资源管理最为至关重要的任务，便是选对人。看准了对象，提供平台和激励，成全其职业精英的地位，满足其进取雄心，展现并保持其巅峰状态，从而使企业本身不断处于巅峰状态。这是最为成功和精彩的企业在它们成功和精彩之际所展现的共性。

然而，选人虽是企业最为重要的任务之一，但也仅仅是之一而已。也许，没有任何因素能够在所有情况下单一地决定企业的成败。即使是一帮最精英的职业人士，也会被不当的战略、错位的境遇、贻误的时机以及悲催的运气所击倒。但这并不意味着一伙平庸的人在其他条件相同时会有更好的表现和成绩。也许，正是因为一个企业靠了运气抑或努力所赢得的优良业绩和巅峰地位，才吸引了巅峰人士的聚集。在良性循环下，这种巅峰人士的聚集，无疑也给巅峰场之持续存在襄助一臂之力。

一个最大的启示，就是巅峰人士在作为巅峰场的企业或组织中通常所受到的礼遇。通达进取的职业精英不仅得到最为优厚的物质待遇，而且充分地满足了其职业荣誉感，从而最终精彩地实现了其人生价值。一个企业或组织如何对待为自己做出承诺了的"前巅峰人士"，也会产生深远的示范效应，影响未来精英对企业组织的承诺。正像阿瑟·米勒在《推销员之死》中所写的，"人不是水果，你不能吃完了果肉就把核儿吐了"。如此，善待员工的企业文化，就会愈发地显得重要，甚至不可或缺。

以人为本，不是说辞。主人翁精神也不是口号。没有主人的待遇，不可能有主人的心态和行为。职业组织,如律师事务所、会计师事务所、咨询公司等广泛地采取合伙人制度不是没有道理的。巅峰人士既是员工亦是主人。为企业,也是为自己。巅峰场本身也是由巅峰人士所拥有和维护的。这种机制,更有助于激发和利用职业人士自发自励的特性。当然,不是所有的精英人士都适合某个具体的巅峰场。因此,良好的退出机制也是保证职业精英能够在业界寻求最适合自己的位置所必需的。

企业存在之目的多种多样,为了造福社会,为了国家富强,要成就自己,去实现梦想。其实,企业的存在,虽然必须有外在的功能及合法性,但主要不是为了组织之外的人群和机构,而是为了组织内部参与者的福祉和利益。从人性和人情的角度来看,身边的人比不认识的人重要。说得极端一点,企业的存在最终不是为了股东,甚至也不是为了客户,而是为了企业中的同道者。为客户服务,为股东赚钱,最终是为了成全自己。企业要有人情味儿,首先得对得起同道者。

如此,延揽并成就巅峰人士,并不只是实现企业使命和愿景的手段,它本身也许就是一件有意义的事儿,甚或一个终极的目标与偏好,更是一种无尽的奢侈与殊荣。与多才有趣、通达进取的职业精英为伍,潇洒走一回,当是一种值得追求的人生境界。让甘于贫穷的人甘于贫穷,让痴求理想的人痴求理想,让无私奉献的人无私奉献。而一个理性平和的从业者,职业、专业、敬业,不卑不亢,不虚不妄,为自己谋福利,为社会做贡献。这本身就是在实践一种理想。

析社会责任

良心中性
良心与市场
论企业的社会责任
贼绝对是市场经济
赝品的价值

良心中性

良心可遇难求，手艺公道自有。期许良心中性，径取手艺可也。

常言道，做人要有良心。每个人活在世上，按道理说，都是靠自己的手艺吃饭的。从事某种职业，而不是靠良心谋生。良心不是一个职业。良心和手艺是两码事，虽然它们通常被人们搅在一起。芸芸众生在从业的时候，可能良心博大深厚，也可能起码的良心都没有。

但通常的情况下，真正的职业人士，其良心状态似乎应该是定位为中性的，既不额外施恩、行善示好，也不缺斤短两、欺侮糊弄，丁是丁，卯是卯，清楚明了。也就是说，没有所谓的"良心"，不一定就有"不良心"或者"坏心"，而是只有平常心。

某些职业人士可能良心大好，比如医生可能对付不起费的病人减免费用，教师可能为学生免费辅导，律师也可能在有些时候由于公益或各种原因免费帮人打官司，艺人会义演，球星会义赛。但这种"好人好事"毕竟属于特例，不应该是要求所有从业者的日常标准。

相反，有些商家可能良心丧尽，坏事做绝，比如卖注水肉的，卖假烟假酒的，卖假奶粉的，卖阴沟里"清洗"过的麻辣小龙虾的，卖"瓶装"自来水的，卖纸箱馅儿包子的。

所谓的良心中性，意味着既不高尚，也不卑鄙，既不吃亏，也不占便宜。产品与服务质量稳定一致，明码实价准确清楚，照章收费概不例外。

浩言管理
感悟与构想

只认钱，不认人。支付一分工钱，提供一分服务，不多不少，合乎标准。见钱眼开，公平实在。没有多余的善心，也没有无端的恶意。

其实，职业人士在从事职业活动的时候所流露出的良心中性，并不能作为判定其本人良心好坏的依据。这些人很可能在其他方面良心尽展，出色喜人，比如为社区艺术团体捐款，为指导街道儿童足球队奉献时间。

同样，巴菲特移交给比尔·盖茨的慈善基金会360亿美元，嘱其托管发散，比尔·盖茨也是四处散财捐款，世人很难说他们没有良心。但巴菲特在谈判生意的时候，该强硬决不眨眼。盖茨在卖软件时毫不犹豫地往死里赚。让盖茨交出视窗源代码比让李玉和交出密电码还难。打死我也不说！

再看那些卖圣经的，虽然是给上帝打工，也是该收多少钱照样收多少钱。该赚钱赚钱，该慈善慈善。不能把赚钱本身当成慈善。

如果盖茨在自己的主业上该赚的不赚，也并不会有多少人说他有良心，他也不大可能有资格和本钱去搞什么慈善。

作为消费者，最好不要把任何职业当成所谓的良心职业。这种不切实际的期许到头来很可能是害人害己。

当一个职业的从业者的积极性和主动性被外部过分的良心期许所遏制时，其产品与服务质量必定遭殃，最终不利于消费者的长期利益。

打个简单的比方，某个地区的政府可以强制推行一项"爱心奉献"早餐工程，规定一份标准早餐的价格不得超过2元。这时候你拿到的油条很可能像大号筷子，而碗里的豆浆只不过是豆腐味儿的水而已。

不要做上帝，也不要做奴隶，就做付费得益的顾客。同样不要把任何职业的人当作上帝的良心使者来看待，也不要把任何职业的人想当然地当作伺候你的奴隶来使唤，只把他们当成明码标价、收钱办事的生意人就行了。

良心中性

　　这是市场经济成员（不管是买方还是卖方）应该具备的基本常识和心态。

　　就像传说中的某个职业乞丐一样，胸前挂一大牌子"我是乞丐，我一次只要一块钱"。善心大发的人要是给他十块钱，他会找给人家九块钱。这就是职业人士的做派。

良心与市场

有人说，医生是一种良心职业。言下之意，救死扶伤，理所应当。当医生就要有超乎寻常的爱心、耐心、同情心，无私奉献的使命感，至高无上的人道主义情怀。这倒也不能说没道理。然而，对于许多持这种观点者而言，好像医生一旦提钱，就很庸俗、腐败，应该在良心上自觉过不去，甚至应该遭到严厉谴责。大概有不少人想当然地认为医生最好都是志愿者，才对得起这一"良心职业"。

这种说法从根本上忽略了一个基本事实：医生首先是一个职业，而且是一个技术含量极高的职业，是要经过长期专门的学习实践以及严格的审查考核才能从业的。这种进入门槛很高的职业，其产品与服务通常是收费不菲的，这是一个不争的事实，而且大家对许多这类职业似乎也没有特别的抱怨，比如律师事务所、咨询公司、著名大学、投资银行、古玩鉴定等，毕竟不是关乎所有人群的日常生活。

而医疗服务恰恰关系到每一个人，属于人们生存的基本需求。因此，大家认为能够享受基本的医疗保障是天经地义的，甚至有人认为医疗服务最好是免费，或者应该低于吃炸酱面的花费。需要搞清楚的是，使人们能够花费吃顿便饭的钱就能看得起病的责任并不在于（或者说并不主要在于）作为医疗服务提供者的医生，而在于一个社会或者社区中的具体公共福利约定和制度安排，也就是说，医疗服务的付费者。

这些付费者可以是政府机构项目、社会保障体系、福利事业、慈善团体、公司雇主、保险公司等。这些机构和组织，作为医疗服务的付费者，可以通过各种方法和手段来支付和抵消医疗服务的费用，使得所有的公民或者社区成员都能够自己仅仅支付一少部分的实际医疗费用而得到某些通常性的、最基本的医疗服务。而许多新疑难慢杂症的治疗，注定是属于奢侈性治疗，难以被包括在内。

医术和医疗服务，是有一定价钱的。医生的任务是最大限度地提高自己的医术，从而能够更加胜任地为患者治疗。根据医术的价值照章收费则是理所应当。跟所有技术含量高和进入门槛高的职业人士一样，医生通过自己的劳动最大限度地获取报酬是理所应当、天经地义的。医院，从法律上讲，作为医生的雇佣者和组织者，代表着医生的利益，而不可能是患者的"良心银行"。

给定医疗服务的市价，确实会有第三方付费者（出于良心和慷慨）按照市场付费，从而使得本来无力负担某些基本医疗服务的患者可以享受服务。而强迫医院降价（或者医生降低报酬），使自己的服务物超所值，是违反最基本的经济规律的，并注定导致"强制抑价——劣质服务—变相涨价"的恶性循环。医院本身不是慈善机构，医生也不是志愿者。因此，作为消费者，最好不要把任何职业当成所谓的"良心职业"。这种不切实际的期许到头来很可能是害人害己。

同理，使上不起学的学生能上学，使买不起房的人可以有房住，使买不起汽车的人能够比较方便地出行，靠的都应是第三方的良心与善行，而不是老师降低工资，开发商降低房价，汽车制造商低于成本卖车。第三方的良心可以佐助市场交易两方中处于劣势地位的人。而任何人的良心不可能也不应该左右市场。这一点在市场体制相对完善的经济体系中表现得尤为明显。例如，在美国，大学的学费、大多数地区的房价、包括医疗费用等许多产品与服务价格的狂涨，虽然遭到很多人埋怨，但这些职业本身也

浩言管理
感悟与构想

并没有被人期许为所谓的"良心职业"。

如果医生是医院的雇员，按照医生本身的职业道德，病人只要进了医院，不管是谁，就应该按照医院的规程和自己知道的最好办法进行治疗。亲疏一致，童叟无欺。病人是否付得起费用，应不应该入院，不是医生操心的事，是应该由医院决定的。根据一个社会或者社区的公共约定和制度安排，谁承诺让患者本人可以不付钱或者少付钱照样看病，谁就应该负责向医院代为付费或通过其他形式补偿。如果医生是私人营业，按道理说，在正当合理的法规范围之内，医生有权拒绝为不付费的患者提供医疗服务。一切按照市场规则运行，与有无良心无关。

在许多国家，医院是明确地区分为营利性和非营利性的。非营利性的医院的经费主要来源于政府、教会、慈善机构和个人捐款等。顺便说一下，现如今，即使是搞慈善，也是非常职业化的活计，而并不是靠志愿者的零打碎敲和纯粹基于良心的奉献。各类慈善机构，一如许多所谓的非营利性机构，其领导与工作人员也都是当仁不让，该拿多少钱，就拿多少钱，其薪酬意识与诉求同营利性组织中的职业人士相比可能丝毫不减。营利性医院则主要是依靠患者付费及其医疗保险费用支撑。有了"良心机构"支持非营利医院为大众提供免费或廉价的基础医疗服务，也就在很大程度上免却了整个医疗行业的"良心包袱"。其他的医生和医院可以专注于职业化地提供医疗服务。营利性的医院可以向经营企业一样追求利润最大化。

至少在美国，税法规定，一个个体经营者以营利为目的的生意，如果连续三年亏损，就不再被税务局承认是一项生意，而必须以一种"爱好"来对待，其亏损不能用来当作减税的理由。试想，一个很有良心的医生，职业技能平庸，有合法执照从业，但以行医为爱好，不计成本，不计盈亏，有时甚至倒贴，即使对待患者像春天般一样温暖，一高兴能跟患者聊

良心与市场

天一下午,又有多少人敢去光顾陪聊?很有良心的庸医可能给你看好多次病都不得要领,特努力,但看不好,甚至致使你病情加重,再免费送你几个疗程,你可敢受用?

如果一位医生医术高明,能够准确迅速地治疗,手到病除,即使他态度傲慢,不冷不热,或者冷淡,甚至恶劣,但只要比有良心的庸医水平高并卖力气,能把你的病治好,就是最大的良心。

冯骥才笔下的早年天津市井人物中,有一个名叫苏七块的骨科名医。凡来人看病,必先交七块大洋。有钱立马儿上手治疗,没钱连头都不抬。某次苏氏正打牌,有人来看病。病人钱不够,苏氏不搭理。患者疼得利害,牌友看不过眼,后院出门,绕到前门,偷偷叫出患者,与之七块大洋。患者复入摆上七块大洋,但见苏七块身手矫健,动作麻利娴熟,三下五除二,正骨,贴药,齐活。患者走后,苏将牌友的钱如数奉还,点破说,我看到你给他钱了,我不给他看病,不是没有良心,而是不能坏了规矩。这手艺就值这个价。

人们可能会说,一个医生要是手艺好、人品好、心肠好,那该多好?没错。是好。但是,仔细想想,所有职业中的这种人,比例究竟有多少?到底有多少还会仍然坚守在基层,伺候普通老百姓?一个基层的医生,在呼吸道传染病高发季节,一个晚班要看几十个患病儿童,三分钟打发一个,她哪儿来的笑容、好态度和施展良心的神功?你让她收费再便宜一点,基本上就得一分钟一个了。即使如此,不管她态度如何,只要实战经验多,能够迅速诊断、对症下药,你就谢天谢地吧!她也不需要你给她送锦旗。你也甭指望她像天使般微笑。而她也许是一个非常有良心的人。

对待任何一种职业,顾客应该关心的主要是该职业的人士能否标准规范地提供与所付价格相应的产品与服务。手艺是第一位的。从这个意义上说,手艺就是良心——职业良心。没有手艺,手艺不够,干脆不要开业,这是最大的良心。那些号称"专治各种疑难杂症""价廉物美""物超所值""即治即走"的江湖神仙可能连这种起码的良心都没有。他们当然根本就不是真正的职业人士，顶多是职业骗子。时下"中国制造"的名声在很多情况下正是败坏在这些既无良心又无手艺的骗子手中。

职业人士，靠手艺吃饭，训练有素，货真价实。只要遵从基本的行规与职业操守，非常职业地从业，就无须被额外的价值期许和所谓的良心所累。

论企业的社会责任

在下是一个小有艺术情结的人。有时候还要整些洋嗜好，比如迷恋歌剧。当年在美国东部教书的时候，经常驾车长途跋涉到纽约大都会歌剧院，给一些大小"星星"们捧场。于是，每年新年将至，或演出季出台前夕，总是能收到大都会歌剧院热情洋溢的精美信函，要我为建设有美国特色的资本主义歌剧事业增砖添瓦、捐助一二。信函如此热情，热情到让我蠢蠢欲动；热情如此洋溢，洋溢到让我每次都感到内疚，好像自己是一个没有社会责任感的人，因为我从来没有按照他们的请求，去给一个平均工资比我自己的工资还高的组织捐款。伦敦著名乐评家莱布雷希特（LeBrecht）曾经如是说：过去的歌剧院，是一帮富人吃饱喝足之后观看台上一帮穷人卖力地唱戏；现如今的歌剧院，是一帮富人忙碌一天之后去看一些比自己更富裕的人在台上倾情奉献。何况我连个富人都称不上，有时还得买站票。想到这些，我便不再内疚，开始平静下来，更加欣赏某位高人的名言：内疚其实是拿别人的错误惩罚自己。

有人捐钱，固然好，为艺术，为文化，为社区，也为了阔太太们有机会展示钻石项链和貂皮大衣。但使人有机会展示貂皮大衣这样的社会责任恐怕不应该落在我这号人身上。我做好本职工作，教书，做研究，大概是我对社会的最大贡献，是尽我对社会的责任。记得我们小的时候上学，流行做好事，助人为乐、拾金不昧什么的。但学生以学为主，如果天天想着拾金不昧，学生也就不再是学生，而是职业捡钱包的了。企业也是一样。

浩言管理
感悟与构想

企业首先是经济实体，没有盈利和生存，长期而言，一切关于社会责任的鼓噪卖乖皆为空谈。社会责任，或曰"额外的社会责任"必定是在做好本职工作之外的锦上添花，而无锦花将不存，何况雪中送炭的责任注定是政府的事情。企业不是政府，也不是非营利性机构，企业就是企业。作为经济实体，盈利是企业的天职，否则就是滥用社会资源，不管动机如何高尚，借口如何堂皇。

2006年岁末辞世的20世纪自由主义经济学巨擘弗里德曼教授，曾在1970年的一篇文章中如此说道："企业只有一种社会责任，仅此一种，那就是，利用资源，增加盈利，只要是在游戏规则之内，也就是说，通过公开和自由竞争而不是蒙骗与欺诈。"这应当是文献中对企业作为经济实体的社会责任的最为直截了当的表白了。无独有偶，在管理实践中，声名曾经丝毫不逊色于韦尔奇的原迪士尼老板埃斯纳，在主政派拉蒙电影公司的时候，更是赤裸裸地扬言："我们没有责任制造历史。我们没有责任制造艺术。我们没有责任制造宣言。赚钱是我们唯一的责任。"商家逐利，天经地义。可以说，在一定的法律与道德底线上通过经营活动盈利是企业作为社会一分子的首要责任。除了直接为实现企业盈利之外的任何活动都是企业的课外活动。

当然，当课外活动能够变相地帮助企业盈利的时候，企业是会毫不犹豫地参与进来的，无怨无悔，尽之能事。以此观之，自近年来起始的"企业社会责任"风潮，风行于各类财经媒体与企业家之言谈中也就丝毫不足为奇了。这首先说明企业家和管理者的自我保护意识和公关意识增强了，并不一定说明一夜之间企业的社会责任感突然增强了。就像去贫困地区工作两年，考研可以加20分。这时的"社会责任和奉献"是有经济价值的课外活动。因此，还是归结到弗里德曼的论断，这时的课外"社会责任"活动，其实还是为了实现企业的最终社会责任，即盈利。中国俗

论企业的社会责任

话说得好，无利不起早。

潮流来了，挡都挡不住。大家都满嘴的社会责任，你要是不整点儿社会责任什么的，就显得不时髦，不利于和谐社会。其实，作为一种获取竞争优势的手段，企业对社会责任的极力鼓吹（包括某些实质性的承诺）最终是符合自己的经济利益的，其实质都是对相关实体的一种公关与拉拢，要取悦政府、社区、公众与消费者，关注弱势群体，安抚利益集团，抵御阻力，平息事端，增进企业的社会合法性和公众形象。比如，效益好的企业可能会主动出资为本地的其他企业进行管理培训，提高当地企业的整体经营素质，既为自己的上下游企业和合作伙伴做出了贡献，也替政府分忧解难，为社区的建设和发展做出了贡献，从而名利双收。

当然，还是有些企业不开窍，比如某些垄断行业的企业。媒体稍有一些负面报道，就觉得自己其实也很委屈，还要辩解，结果必是越描越黑。其实想明白了，就踏实了。这些行业，只要公众不开骂，您就应该视为表扬了。千万不要自己再辩白什么了。和谐社会需要很多解压阀，今天轮到你，或者媒体恰巧对你感兴趣，你就奉献一把让大家出气吧！大家的兴趣终究会转移的。这也算尽一下该尽的社会责任和义务吧！当年的美国烟草公司菲利普·莫里斯曾经在烟草业上被美国政府控告并课以巨额罚款，一时声名狼藉。该公司于是展开凌厉广告攻势，吹嘘自己在其他业务上对社会的良好贡献，比如其卡夫食品与美国人民日常生活密不可分。意思是："我们也做过许多好事呀！难道你们不知道吗？"正是后院失火，不打自招。本来很多人并不知道卡夫食品属于菲利普·莫里斯旗下，知情后，对于烟草公司控股的食品公司之原有好感，大打折扣。

见了铺天盖地的有关"企业责任"的媒体报道，听了某些企业家的激情承诺，千万可别就认为我们的企业一下子高尚到比雷锋还雷锋了。这太难为他们了。有必要奉劝诸君，不要过于激动。其实，作为消费者和公众，我们实在应该以退求进，不要对不切实际的所谓社会责任有过高的期望，免得自欺欺人；我们需要的是商家造的汽车不用动不动就得在长安街上推，卖的酒应该不是往水里面掺酒而至少是往酒里掺水，明星们做广告代言干脆就直接夸某产品好就完了，千万别根本就没用某个品牌的东西就满嘴胡说八道地说"我只用××品牌"，把分内的事儿办好就谢天谢地了，就别掺和课外活动了。先把最低的敬业风范亮出来，再拔高不迟。

还要奉劝我们的企业家与管理者，不要被社会责任的美丽幻影冲昏了头脑，搞不清楚自己是谁。现在这些掌权的企业家大多属于那一代"有理想、有抱负"的人，通常胸怀祖国，放眼世界，"以天下为己任"，要"实业报国"，总之，有点大众英雄的情结。严重点儿的，还颇有些"亟拯斯民于水火，切扶大厦之将倾"那样"舍我其谁"般的霸气。我是企业的领袖，我是员工的救星，我是纳税大户，我是政府树的典型，我是社会的栋梁，我是本地的精英。当某些企业家感到"财气逼人"并觉得自己能够作为一方神圣而呼风唤雨的时候，飘飘然，以为自己什么都能搞定，包括政府，甚至感觉自己就是政治家。于是，各类神话开始披着"治国平天下"的"社会责任的神圣外衣"漂泊蔓延，一发不可收拾。

20世纪最伟大的作曲家之一斯特拉文斯基在回答别人关于他的职业的问题时这样说："我就是一个组合音符的人。"想清楚了，各位老板也就明白前面说的埃斯纳关于企业责任的话了。不管外人和自己人怎么忽悠，你就是一个搞企业的，仅此而已。这也挺好。因为，和谐社会的一个群众基础，就是谁该干什么干什么。

贼绝对是市场经济

在京戏名剧《玉堂春》的"起解"一折中,老狱卒崇公道一出场自报家门时,有这么一段念白:"你说你公道,我说我公道;公道不公道,自有天知道。小老儿崇公道。"可见,当争执双方僵持不下的时候,通常是希望有个独立的第三方能够主持公道。这个第三方可能是假想的某种存在,比如崇公道所说的上天,也可以是大家公认的权威机构和人士,比如法庭上的法官和官方的仲裁机构。因为仲裁机构和法官也可能受贿并营私舞弊,所以这类第三方也不是完全可靠的。剩下的招数似乎只有诉诸上天。说到对公道的判定,不禁想起一个相关的问题,那就是,如何判断商家产品的质量。

你说你的质量好,他说他的质量好,质量到底好不好,究竟有谁能知道?且看商家自己如何表白:

我们最老,因此我们有文化的积淀、传统的熏陶、宝贵的经验、工艺的诀窍。

我们最新,因此我们有进取的精神、时尚的风貌、技术的领先、不断的创造。

我们最大,因此我们有规模的优势、运作的效率、份额的领先、实力的雄厚。

我们最小,因此我们有清晰的定位、雅致的格调、快速的反应、操作的灵巧。

浩言管理
感悟与构想

我们是百年老店、中华老字号，我们是省部特优、国家免检、ISO 认证，我们连续多年获得多种奖励和荣誉称号。

不同的卖点，各异的旗号，多种宣传，无数广告，可谓真真假假，难辨孬好。

对于消费者来说，考察产品质量，什么标准最可靠？俗话说，不怕不识货，就怕货比货。最可靠的办法当然是自己亲自使用和比较。货比三家，便知谁好谁差。问题是，很多产品，由于成本、制度、习俗和产品特性等诸多原因，是不可能进行实际比较的。比如一个人不可能为买一个产品而货比百家，某些产品在购买之前不可能进行试用，某些产品和服务在使用多年后才能知道是否有用，等等。这个时候，就需要有一个商家和顾客之外的第三方来提供分析、鉴别、比较、认证、推介和指导。否则，质量好不好，就只有天知道了。

一般而言，第三方要比商家可靠，不拿钱的第三方要比拿钱的第三方可靠，贼们要比有名有姓的第三方更可靠。商家自己说自己好，那叫广告。第三方说你好，那叫称道。第三方拿了你的钱说你好，不管是名人形象代理还是明星代言促销，都是变相广告。比如某某名人说你得补钙，你下意识中就觉得她推荐的钙片确实好。第三方不从商家得到任何利益，相对独立地说你好，这时的称道才比较可信可靠，比如美国的《消费者报告》，就同一产品（比如洗衣机）独立调查不同品牌的各项质量指标，为消费者提供信息以利于选择和比较。当然，这些第三方，由于自身利益的驱使，也都有可能像徇私的法官一样失去其公正性或所谓公道。但是，要是贼都惦记你好，那你肯定真是好。因为贼最不讲人情，贼绝对是彻头彻尾的市场经济。

美国的国家汽车保险案件总署（NICB）等保险信息机构和警察机构每年都发布上年度被盗率最高的前 25 名汽车的厂家和型号。2002 年被盗

贼绝对是市场经济

率最高的前 25 名轿车车型中，丰田和本田的车型占据 20 席。其中本田雅阁的不同年度车型共占 11 席，而 1989 年、1991 年和 1990 年的丰田佳美分别高居前三名。盗贼偷什么车是有讲究的。当然，某些车被盗率高是因为它们好偷（容易被偷），但盗贼们偷车主要是为了出手。自然，出手的价格才是主要的参照系。丰田和本田被盗率如此之高，并不是因为这些车的防盗系统比别的品牌更糟糕。

相反，这实际上是最权威的认证，最公道的广告：偷你的车，是因为你的车质量好，性能可靠，出厂 10 年后，还在路上跑。只要它还在跑，毕竟是旧车，零件更新替换免不了。偷你的车，转手拆散卖零件，价钱比卖旧车整车价钱还要好。一般而言，一款车的车型在三年到五年之间是相对稳定的（比如丰田佳美 1989 到 1992），这几年间同一车型的车之间零部件也是可以互换的。像丰田佳美连续三个年度的车都上榜更是从另一方面印证了盗车卖零部件的说法。据 2015 年公布的信息显示，本田雅阁在过去 7 年连续高居被盗率最高车型榜首。过去 25 年制造的、现在仍然处

143

于正常使用状态的雅阁车,其数量多于其他任何品牌处于正常使用状态的车辆。

为品牌,你可以雇影视或体育明星来做形象代言人,夸你的车好。为促销,你也可以赞助一支球队,为他们独家提供指定专用车辆。为扬名,你可以赢得或买得当年很多奖项。但过不了几年,你的车可能就早早地进入了钢铁回收厂,盗贼即使想偷,都没机会。再说,偷了卖给谁?明星们是就事论事,让夸就夸,拿了钱就收场。盗贼们可不看你原来是否获奖,他们只看现在的市场。贼给出的信号,应该说是一种市场承认的褒奖。由此可见,要判断产品的质量,明星的言论不如贼的行为可靠。

当然,贼的所作所为,在某种程度上,也是一个不完善的指标。首先,一个主要的问题是时间的滞后。被盗的事实应该是发生在购买之后。购买之前,顾客仍然没有可靠的指南。顾客实际上是根据某种产品过去的质量和销量(因为前几年的产品被盗率高而得到的名声和新车本身当时销量就高这个可能性)来推测该产品今后的质量。所以,在用被盗率为质量指标时,时滞越短,越有效,因为质量变化的概率和幅度都可能相对很小。其次,这种指标主要适用于大众耐用消费品而非引人注目的奢侈品。第一,必须有足够大的样本空间,比较被盗率的高低才会有意义。第二,这种消费品的丢失,不会引起各方面很大的注意,容易出手。比如,你家紫檀木太师椅的被盗,跟故宫龙椅的失窃,便不可相提并论。再比如,伪造学历者,大多找一些小有名气但又不是大家都非常关注并相对了解的那几个顶尖的名校。这样做,可以降低被识破的概率。

在事前判断产品的质量,消费者必须依赖某种第三方的信息来帮助判断。如前所述,第三方,不管从商家那里得没得到利益,都会有行为不公允的可能。如此,第三方本身的可信度和消费者对第三方的信任度,便成了消费者判断产品质量的关键。比贼更有效和说服力的第三方应该是那些

贼绝对是市场经济

满意忠诚的铁杆儿消费者。他们不仅自己满意,而且主动说服亲友同事选用使他们满意的那些产品。他们是这些产品的"传教士""编外推销员"。这不是传销,因为他们分文不取。比如,当年苹果计算机的忠实用户们,他们爱自己的"苹果"如朋友一般,希望别人也能享受到与自己心爱的"朋友"交流的那种独特的亲密感情与喜悦。用户说你好,比贼更直接,时滞更短。但是,问题是,每个人接触到的用户数目必定有限,某些顾客盛赞某个产品质量好,很可能有个人的独特偏好在作祟,不如贼所代表的市场信号更全面、真实、稳定、可靠。当然,贼也可能是用户。据说,当年美国某位专门抢银行的惯犯曾经给亨利·福特致亲笔信,盛赞福特T型车的质量坚实可靠。该车作为他打劫后的接应,曾使之屡试不爽。您瞧,说来说去,还离不开贼了。

不过,既然又说到贼,还得补充一点。某些产品质量好,顾客是不愿出去瞎嚷嚷的。比如,你们家的防盗门好,你大概不会逢人就说,我们家防盗门真好,好几年了都没被盗过。你怕贼惦记。卖防盗门的厂家,大概也不会上赶着与贼叫板,做广告自吹他们的防盗门最令盗贼恼火愤恨。同样道理,没有哪家计算机公司或网络公司,包括微软在内,敢吹嘘他们网络系统的防火墙是世界上最牢不可破的。谁敢这么做,全世界的黑客高手立马儿会给他一点颜色看看。

对于凭经验和试用可以辨别质量的产品,只靠广告和明星代言而没有质量的保证是长不了的。对于那些即使在使用之后质量仍然难以辨别的产品,没有广告和明星代言同样是长不了的。笔者旅美先后达20年,发现一个令人纳闷儿却又颇有道理的现象。那就是,20世纪末,日本产品,从汽车到摩托车,从电视到音响,从照相机到复印机,从微波炉到电冰箱,在美国市场上,无不攻城略地、强霸市场。但到百货店的化妆品柜台,日本品牌几乎无处可见,无人知晓。这与日本产品在其他领域的异常

浩言管理
感悟与构想

火暴，形成了鲜明的对照。对于技术含量高、质量容易被辨识的电器等产品而言，好不好，一试便知。质量是基础，广告和促销只是锦上添花。当然，这里的质量，指的是适用、可靠。对于文化取向非常强、质量不太容易（或甚至无从）被辨识和比较的化妆品而言，日本产品的机会就显得极为缥缈。

统占美国市场的美国和欧洲品牌之所以强盛，靠的是近百年的广告投放和一代又一代的超级名模做形象代理，不断打造和强化其品牌优势。这里，日本企业的质量战略大大失灵。斥巨资，拼广告，并不是日本企业的强项。而这类产品的关键成功因素恰恰是广告，是形象，是感觉，是神秘，是文化素养，是个性展示，是审美体验，是生活品质。对这种产品的消费是如此的个性化和多样化，很难清楚地借助某种质量指标体系来考证不同产品质量的高低。所谓个人口味不同。在这种产品市场中，即使是那些貌似独立的第三方，比如各类美容和时尚杂志，也不过是变相地扮演一些为某些大的化妆品品牌树碑立传、推波助澜的角色。那些签约代理各大品牌形象的名模和巨星们就更不用说了。连我这么大的明星都用这个品牌，你们老百姓还敢对此品牌有微词吗？我的形象就是质量。时尚就是质量。感觉就是质量。追随明星就是质量。虽然您当不了明星，您可以使用明星们也用的东西呀，多掏点儿钱，您也不在乎，是不是？

我们不得不折服于广告的力量。

必须指出的是，有些领域（比如与生命安危相关的领域）的广告是应该经过第三方认证机构或监管部门严格审核或限制的。通常，这些领域里，顾客判断产品或服务质量的信息也很有限。仅凭产品和服务的提供者的广告很难判断真伪高下。因此，具有权威性的第三方的认证和许可更显得有价值。然而，时下某些医院的不实广告却充斥各类媒体，令人司空见惯、见怪不怪。某些医院声称什么疑难杂症都治；某些医院闭口不谈对症下药,大肆鼓吹"不用手术,不用开刀",什么15分钟解决问题,什么随治随走。似乎看病比逛公园都轻松。

诸多名人一会儿补钙,一会儿补锌。某些明星竟然在几年间为同种产品的不同厂家和品牌做形象代言人,一张甜美的脸被不断地借来借去。真让人怀疑她们是否了解该品牌产品的质量,或者压根儿就没用过这些品牌。建议打假机构如王海者做些跟踪调查,看看这些明星们是不是像他们说的那样天天补钙,喝的是不是他们声称最喜欢喝的那种被他们代理的酒,看的是不是他们代理的所谓最值得信赖的电视机品牌。如果他(她)在广告中声称"我每天都使用……"而事实远非如此,那么他们的行径简直就是欺诈。

在一个成熟的民主社会和市场经济中,信息是双向流动的而不是单一导向的,社会势力的影响是相互的而不只是一方强加给另一方的。有游说,就会有反游说;有营销,就会有反营销(Counter-marketing)。反营销的目的就是挫败和抵消某种营销活动的企图。揭露不实广告和劣质产品的真相也是反营销的主要功能之一。

明星做广告本身无可厚非,但做事要诚实守信,这是正派人的基本准则,和你是明星与否无关。当然,消费者也不能迷信。明星会唱歌,会打球,会演戏,会拍电影,并不是说他们是医生或其他领域的专家。

昔日NBA篮球巨星查尔斯·巴克利曾经在某个耐克广告中如此开诚布公地调侃道:"嗨!我只是个篮球运动员,不是人生楷模。我扣篮确实很精彩,但这并不意味着我要培养你的孩子!所以,还是请你回到现实中来。"

没错,还是请你回到现实中来。

赝品的价值

坏人装好人，往往比真好人还好。好人也有绷不住的时候，必须发泄。而那些必须时刻伪装成好人的坏人，则需要经久一致地伪装，得端着，一直假扮好人，丝毫不能暴露自己是坏人。一个坏人如果一辈子装好人，他就是真好人！

——作者题记

赝品的价值

《红楼梦》里有一个名句："假作真时真亦假，无为有处有还无。"如果赝品能够以假乱真，从艺术角度来看，其感染力与影响力，应该说与原作是等同的。甚至可以说，有时候，赝品比真迹还真，还原本。为什么呢？

假设在一个方块内，王羲之写"之"字，有若干种有章可循的范式，如果现代人根据高度精准的计算机模拟来捕捉和提取这种范式或者规律，然后根据这个范式编程指挥机械手操纵毛笔，可以制造出标准的王羲之字体，屡试不爽，绝对纯真。

即使是王羲之本人用同一个范式书写某个"之"字，在不同的时候，也会与其所谓的标准范式（最常见、最具有代表性，或者与统计中心值最接近的形态）有所偏离。

也就是说，王羲之不可能每天都是王羲之，或者是最具典型性的王羲之，而高仿真可以保证仿出来的王羲之每天都一致性地是某种特定的王羲之，或者每天都是同等程度地接近某种具有代表性的王羲之的东西。

笔者偶尔在琉璃厂等地逛游，发现大部分启功、范曾、刘炳森等人的书法赝品一看就是垃圾，没有生气，形似都达不到，更遑论神似。

但有些高手弄出来的东西，已经雌雄莫辨、真假难分。比如，曾经看过一个模仿启功的对子，写得比真启功还启功。形似神似，而且笔道更加娴熟舒展。因为这个对子的启功真迹已被收进启功的某个册子，因此有所比较。

这样一来，人的感觉是，看见册子上的真迹，你也会怀疑那是假的。布局不是各个得当，笔道不是字字通顺。其实，即使是传世经典，都会有某些瑕疵。所谓艺术是"带毛边"的，即是如此。没有这些瑕疵，或者

浩言管理
感悟与构想

独特的偏离与发挥，王羲之也不再是书法家王羲之了，而只是一个类似复印机的印刷匠了。

如此，一些匠人如果专注于模仿某大师的某类作品或者某部作品，如果他们本身造诣和修行上佳，又同情和理解大师的初衷，则有这么一种可能性，那就是，该工匠可能比大师在这部作品上更"像"大师，更具有该大师的范儿和气场。

艺术价值是一回事儿，收藏价值则是另外一回事儿。真迹和所谓的赝品，行市差大发了。真迹靠的是文物价值。现在某些个头版的黑胶唱片可以被炒到数百美金一张，就是这等道理。

在下是听音乐的，不是收藏古董的。不信那个邪。更邪乎的是，很多东西，尤其是古董，真假难辨。真假全靠几个老头的眼和嘴。打眼的事儿和串通的事儿每天都在上演。商业利益远远高于艺术价值。

现在的拍卖行如果拍一张你的画。你说那是赝品，不是真迹。你作为画家本人说是没戏的。人家鉴定机构出个权威专家鉴定，说那就是你画的。你能咋的？

据说，广西某地有个国画集散地。有很多作坊都用流水线作业从而实现标准化效应和规模经济。一幅经典的国画，比如花鸟，在100个桌子上的100个宣纸上同时展开。一队画师流水行进于宣纸间，每个人只画一部分。

假设分工可以足够细，细到某个画师的任务就是只画鸟屁股，一天100个，一个月下来，这位画师就是全世界画鸟屁股的权威！而且这队画师里大家都是专家：花蕊专家、鸟翅膀专家、树枝干专家……这就是专业分工的力量。

赝品的价值

  主题创意是大师弄出来的经典，而每一张画出来又各有不同。这就叫"主题与变奏"。如今，听说某"画坛巨匠"也是这样批量生产绝世精品。可见，项目管理的真经已经在华夏大地生根开花。执行力超强呀！

  古典音乐里，模仿的例子亦是屡见不鲜。比如，主题与变奏，说白了，就是变着法儿地临摹与歪曲。勃拉姆斯歪曲海顿，拉赫玛尼诺夫歪曲帕格尼尼。克莱斯勒还弄了一个用"塔提尼"的风格在"阔瑞利"主题上的变奏（Variations on the Theme of Coreli in the Style of Tartini）。

  简直就是用柳公权的笔法、黄庭坚的意境，去模仿岳鹏举抄写的诸葛亮《出师表》。穿帮跨界。超越时空。

  好在这些人谦虚。还知道致敬巴赫，玩味塔里曼等前辈。就像金鸡奖还让田华老同志领终生成就奖时来一段诗朗诵。艺术，讲究的是传承。老老实实弄高仿真的赝品，恐怕比无端意淫的所谓自主创新要强多了。尊重前辈，也是自重。从更广泛的意义上讲，马勒不就"临摹"过舒曼和贝多芬吗？如果肖斯塔科维奇接受了阿尔玛的邀请完成了马勒十部交响曲，那样的话，作品会更马勒呢，还是更肖斯塔科维奇呢？是马勒的赝品吗？

当然，这不是简单的临摹，而是再创作。说得不好听点，贝多芬在真正成为贝多芬之前的两部交响曲，顶多也就是海顿或莫扎特的赝品。

普罗科菲耶夫，不也专门弄一个"经典交响曲"（Classical Symphony）吗？明目张胆地从海顿"抄"到勃拉姆斯，甚至前探塔里曼、维瓦尔第、亨德尔。也就是说，在专职玩现代派之前，咱也让各位爷看看，毕加索还是会一笔一画地把鼻子画成鼻子的。

这个普罗科菲耶夫第一交响曲要是拿到古典时期，也应该会有一席之地的，虽然它禁不住洋溢着一些现代气息。问题是，到了20世纪初期，作曲家已经不再用这种方式写作。

就像现在去看一幅明清时期的画，你不仅要看题材、技法，还要看用的纸张和笔墨等多种因素，才能判断到底是那个时期的作品还是后人临摹那个时期的作品。普罗科菲耶夫的这个假"经典"真真地在20世纪里不断上演，成为交响曲文献中的一个主要"景点"。没人关心它是真经典还是仿经典。中国的鲍元恺也有仿古的意思，很正宗。但无论中外，大多数人现如今都去搞所谓的"自主创新"了。新到不知所云。

音乐可不是绘画。前些时刘小东的画在纽约被炒得甚至要高过当年的家家唐伯虎、户户宣德炉。有人捧，有人炒，就好。只需要一个买家就行。

而音乐，听不顺溜儿，观众就不听。当年布列茨执掌纽约爱乐，凡是演勋伯格等作曲家的现代东西，都叫人把音乐厅的门锁上，阻止观众中途退场。人家下次干脆就不来了。大多数受众不可能是先锋派，或者感觉是越新越灵。人得觉着舒服、愉悦、清爽，或者忧郁、幽怆、悲悯，总之，得被打动。

说到此，想到企业管理的困境。大家天天都在嚷着创新，但确实没见多少创新，更别说什么自主创新。据说，大家都在热火朝天的要打造"中国式的管理模式"，构建"中国式的管理理论"。甭着急。先学徒，练好基本功再说。

在你还没有成为你想成为的"大师"之前，先循着真迹，学着弄点儿赝品，或者干脆给那些真品复制商们做外包也是锻炼和提升的好机会，绝对比不知所云、似是而非的所谓"自主创新"强。

其实，很多貌似愚笨的中国企业家已经在这样做了。比如，国内现今某著名时装品牌的老板，当年就是合法地给阿玛尼的二三线品类做外包的。

集书评序言

《管理大师忠告》序言
《赢》：还真是硬道理
《蓝海战略》：与其甩脱对手，不如拥抱顾客
《管理大未来》：大而无当之老生常谈
读黄宗羲《原君》有感

《管理大师忠告》序言

读书类似美食。有些书就像正餐，大部头，营养多，不可或缺；有些书恰如点心，小而精，味道鲜，开胃解馋。这本书不是牛排，也不是宫保鸡丁，而是驴打滚儿、沙琪玛。

本书编译收集的是有关商务活动的一些名人名言。古今中外，包罗万象。它的蓝本是英文著作 Business 中列出的有关条目。为了忠于原书的结构设计并照顾到读者阅读的方便，本书保留了每句名言在原书中的章节和顺序。

流传于世的名言、格言、谚语和警句等通常是人类文化史和思想史上的灿烂结晶。它们往往言辞精辟地阐述了某些发人深省的道理，敏锐犀利地剖析和揭示了某种现象；有些是孜孜不倦的老生常谈，有些是震聋发聩的忠告警示；既谆谆教诲，又狠狠批驳；或激赏褒扬，或揶揄讽刺；意韵久远，耐人寻味；诙谐幽默，贴切形象。可谓云蒸霞蔚，璀璨斐然，波澜壮阔，洋洋大观。

当然，任何话语都不是孤立的。所以，挑名言、摘警句的做法，无论怎样辩解，都免不了断章取义之嫌：或无限夸大，或区别遴选，厚此薄彼，以偏概全，引喻失意，李戴张冠。但是，名言能够流传并经时历久，就说明它们毕竟有自己独立存在的理由。口出名言的名人们也大都不是省油的灯，多为恃才傲物、指点江山的狷介之士。语不惊人死不休的道理他

浩言管理
感悟与构想

们大抵是谙熟于心的。所以，他们的言语本身如果没有浓重的色彩，是不会被从章中断出来的。

在翻译的过程中，遵从了如下几个原则。首先，忠于原文本意。某些条目，意译可能更符合中文阅读习惯。但是，为了原原本本地介绍某句话，还是采取了比较精确的译法，尽管稍微有点绕口。其次，人名的译法尽量采取音译。但是，那些已经约定俗成和广为流传的译名仍然被照旧采纳。由于译者水平和阅历有限，必定存在不足之处，甚至常识性的错误，在此一并致歉。最后，书中并没有给出每一位作者的介绍。这似乎是一种缺憾。但细想来，也未尝不可。非常有名的不用介绍，比如爱因斯坦的名字后面没有必要加上著名物理学家或者博导什么的头衔。不太有名的，解释似乎也用处不大。用一句偷懒的外交辞令：我们相信读者的眼界和知识面。

吃点心，或吃零食，一般应在正餐之间。这样能够开胃，使正餐得到更好的消化，也能在没有时间吃正餐或不能按时吃正餐时打点一番。这本书不仅仅是驴打滚儿、沙琪玛，它更是一场点心盛宴。不过，这里是自助餐，各取所需。这些名言之间经常逻辑互相矛盾，同一个人在不同时期和环境下的名言也可能互相矛盾，不同名人的观点之间更可能是针锋相对、互相攻讦。你可以对那些你反感的视而不见，对你喜欢的仔细品尝。能同时吃不同口味和相互不合的口味是要有魄力和容忍度的。这就要看个人的修行和肚量了。

对于那些要做报告、写文章和写书的人来说，这本书也颇有用处。这里准备的是辣椒油、胡椒面、酱、醋、糖、盐。简言之，这本书提供的是调料。调料运用得得当，你的佳作便会精彩纷呈，味道好极了。但是，你要是像美国人那样做菜就会发现自己不知所措，因为美国的菜谱会清楚地标明食盐 2 克、橄榄油 50 克等。而我们中国的菜谱一般比较艺术化，比较写意，比如葱姜适量、明油少许。

实际上，吃点心也是这个道理。千万记住，是适量、少许。

您得悠着点儿。

《赢》：还真是硬道理

在众多成就卓著的企业家和管理者当中，写自传乃至著书立说者应该说是为数不少，不管是亲自捉刀，还是由枪手代笔。然而，真正能够奉献出历久不衰的传世佳作者则是凤毛麟角、屈指可数。在近现代，至少有三位职业经理人的此类著作堪称世间典范：法国矿业工程师暨经理人亨利·法约尔的《一般管理和工业管理》（英文版，1916）、美国新泽西贝尔电话公司总裁切斯特·巴纳德的《经理的职能》（1938），以及美国通用汽车公司总裁阿尔弗雷德·斯隆的《我在通用汽车公司的岁月》(1963)。

最近，由号称 20 世纪后半期最负盛誉的职业经理人所推出的一部管理论著，很可能成为继上述经典之后的又一个新的典范。这就是美国通用电气公司前掌门人杰克·韦尔奇以一字为题的得意之作《赢》（中信出版社 2013 年中文纪念版）。

应该说，法约尔和巴纳德的论著颇具理论高度。其共同的特点是（从公司最高层管理职务退休后）试图用学者的眼光去反思、审视、提炼和升华他们对管理实践中规律性东西的探询、感悟、思考和把握。其著作闪烁着实践理性的光辉，非常具有纲领性的指导作用。法约尔对管理功能和过程的经典定义（计划、组织、指挥、协调、控制）以及对一些基本管理原则的阐述（比如命令统一原则）影响了一代又一代的管理学人和实践者。

巴纳德对组织作为社会合作系统的经典定义和诠释（正式或非正式组

《赢》：还真是硬道理

织）以及对经理人重要职能的界定（比如保持企业内外系统的平衡）对管理学以及其他社会科学之研究影响深远。

相对而言，斯隆的近乎自传体的论述（更确切地说是关于通用汽车公司的传记）则是主题清晰，观察仔细，亲切生动，夹叙夹议。他对大企业的战略制定、组织设计、控制协调等功能与机制的描述仍然值得今天的管理者学习借鉴。该书最近的版本（1987，中文版2005）由彼得·德鲁克以"必读"为题倾情做序。比尔·盖茨曾经信心十足地声称，如果你只读一本有关商务的论著，那么你应该选斯隆的这本书。

杰克·韦尔奇的《赢》应该说更接近斯隆的路数，主要以他在通用电气的管理经验为背景，精彩而明确地阐述了高层企业管理面临的挑战和应对方法，以及企业与个人在为"赢"而追求和奋斗的过程中需要顾及的问题和思虑：纵论商战风云，畅谈世事人生。沃伦·巴菲特，一如比尔·盖茨对斯隆之追捧，对杰克·韦尔奇的《赢》毫不吝啬地给出了如下的荐语："有了《赢》，再也不需要其他管理著作了。"

《赢》，果真如此神奇吗？

对于商界人士抑或大众而言，喜欢韦尔奇可能不需要什么具体理由，因为这家伙太伟大，而又有自知之明。但对于一般读者而言，喜欢《赢》这本书总得有一些道理。也许，韦尔奇本人就是理由，"赢"本来就是硬道理。

韦尔奇的书大概根本不用什么广告，或者类似书评等的变相广告，就会非常畅销。以此推之，给《赢》写书评的人，大抵是欲借韦尔奇为自己扬名；拿《赢》说事，实际上是为了伺机贩卖自己的某些观点和看法。在下也不例外。这本书能不能像前面提到的三本一样成为传世经典，尚需时日检验。但我要强调说明的只有两点：一是韦尔奇在本书中非同寻常地率直或坦诚。二是关于赢这个主题。

浩言管理
感悟与构想

韦尔奇用了一章的篇幅专门讲"坦诚"（Candor），并且在本书中将坦诚发挥得登峰造极、淋漓尽致。

首先，韦尔奇信奉坦诚。人总得信点儿什么，这是一个人穷其一生立身行事所倚仗的持久的支点。"坦诚将把更多的人吸引到对话中""坦诚可以推动速度的加快""坦诚可以节约成本"。一句话，坦诚容易帮助人们有效力和高效率地实现目标，完成使命。战略家最负使命感，作为战略家的韦尔奇信奉坦诚实在是理所当然。虽然他自己也清楚地意识到完全坦诚有时会有悖自然，但他认为坦诚是值得做的事情。

其次，韦尔奇实践坦诚。他花大力气在通用电气推行坦诚之道。他相信坦诚是可以做得到的。"要普及坦诚精神，你就必须激励它，表扬它，时刻谈论它。你自己要活力四射，甚至夸张地把这种精神展现出来，证明给大家看。"他信奉一种理论，就用自己的行动（并带动和感染大家的行动）去主动证明这一理论的有效性。于是，这种理论便成了某种自我成全的预言（Self-fulfilled Prophecy）。韦尔奇是一个伟大的"理论实践者"。

最后，韦尔奇文风坦诚。直白机敏的韦尔奇，讲话本来就言辞铿锵、掷地有声，如今更是从心所欲不逾矩。加上其现任妻子（《哈佛商业评论》前主编）的文笔润色和风格定位，本书读来更是春风化雨、沁人肺腑，就像是你二舅跟你边喝二锅头边神聊闲侃，透着亲切，显得真诚，敏锐犀利，切中要害，率直笃实，汪洋恣肆。能量游走于字里行间，充满质感地燃烧；激情跃然纸上，荡漾得毫无遮掩。任何一息尚存的灵魂都会为之震撼。

韦尔奇至少在两处直白无误地告诉大家在"钱"的问题上不要自欺欺人。他告诫经理人，任何奖赏，无论如何有效，都代替不了金钱的奖励。"世界上最糟糕的事情莫过于，那些讨厌的家伙一边挣着大钱，却一边大放厥词，说钱对于那些正在找工作的人来说不重要。所以，我不会像他们那样做。而且我会告诉你钱当然很重要——非常重要。"

无独有偶,中国30年不倒的"常青树"企业家鲁冠球几年前在接受杭州市政府给三位杰出企业家颁发奖金的时候也同样率直地说,发钱最好,企业家要的就是钱。这种赤裸裸的坦诚实在可爱。跟着这样的老板,大家就是来吃肉的。跟着那些大谈"奉献"的所谓正人君子们混事儿,只喝口汤恐怕还得被要求做心存感激状。

比起那些在玫瑰色的浪漫温情幻境中梦呓"工作生活双丰收""爱情事业比翼飞"的卖乖者们,韦尔奇所表现出的是令人窒息的真诚,一针见血,刀刀见红:"你的老板最关心的事情是竞争力。当然他也希望你能快乐,但那只是因为你的快乐能够帮助他的公司赢利""绝大多数老板都非常愿意协调员工的工作和生活的矛盾,如果你能给他出色的业绩。这里的关键是'如果'""公司手册上面关于工作与生活平衡的政策主要是为了招聘的需要""即使是最宽宏大量的老板也会认为,工作和生活的平衡是需要你自己解决的问题"。

赢,是有代价的,是要有所牺牲的。因此,赢,是一种选择,每个人必须自己作出的选择。

书中印证韦尔奇坦诚的率真表白可以说是俯拾皆是、贯穿始终。他毫不掩饰自己对精英主义的尊崇和赞赏。比如,他坚定地认为企业使命的确立是高层管理人员的职责,不应该也不可能授权给他人。

他旗帜鲜明地鼓吹强权(近乎独裁)决策的必要性。比如,招募和提拔忠诚的追随者,清理并去除反抗者,即使他们有不错的业绩也在所不惜。

韦尔奇有自知之明,从来不认为自己无所不能,或者成事全靠自己奋斗。比如,他几次谈到运气的重要性。

他不怕被指责为"政治上不合时宜"(Politically Incorrect)。比如,他

浩言管理
感悟与构想

直言反对为提高妇女地位而设置任何硬性的聘用配额，而是提倡用能力和业绩说话。

他雄辩地声称没有什么"平等的并购"，只有头脑发热的 CEO 们不合情理的希冀。

他自言"永远不会"参与政治，因为喜欢解决问题的他发现在政府里一些问题可能永远无法解决。说白了，在政府机构，他永远不会拥有像在通用电气那样近乎为所欲为的权力。

现在让我来谈一下"赢"这个主题。

首先，我要厚颜无耻地推介一下我的同主题著作（马浩，《竞争优势：解剖与集合》，初版 2004，修订版 2010）。该书的开篇首句便是："战略的精髓在于取胜。"书末一章的作者题记是："企业乃取胜的载体。"我在书中强调的优势本位企业观，其哲学精神和功利目标就是一个主旨："赢"，或曰"取胜"。因此，看到杰克大作的名称，不禁大呼精彩。对于搞战略管理的人，这岂止是对口味，简直是意合神投，滋润心扉。

> 你必须去统治而赢，要么就遭奴役而输。受难或胜利，当铁案或当锤夯。
>
> ——歌德

> 赢者总是显得那么无可挑剔。
>
> ——莎士比亚

关于"赢"这一主题，我尤其赞赏的是韦尔奇一再强调的"不要把自己打扮成受害者"，心中永远要有"赢"。这倒让我想起《教父》中的那句名言："拒绝被涮"（Refuse to Be A Fool），或者按本山大叔的说法就是"拒绝忽悠"。

拒绝长期参与失败的游戏，果断地放弃那些没有可能"赢"的营生，用"赢"的心态和视角去看问题，做工作。"取胜是一种思维定势，一个

《赢》：还真是硬道理

内在的、鲜活的意志状态；取胜是一种世界观，一个系统的、一致的处世哲学。"这是一种积极向上的哲学，这是一种重视业绩和成就的哲学。他要求一个人总是要选择在有可能赢的空间中发展，选择你的赢能使大家看得到并非常认可的那些事情做。韦尔奇就是这样做的。韦尔奇就是这样赢的。

比如，一个企业的某个部门按照实际情况（竞争压力和内部实力等）应该亏损20%，一个优秀的管理者通过努力可以使亏损减少到5%。这时候，这位管理者还是很难以赢者的身份出现在大家和上司面前。如果他长时期总是替别人收拾残局，上司在考虑最优秀的业务的领军人选时，很难会首先想到他。另外一个部门按照实际情况应该赢利20%却实际只赢利15%。这应该说是管理者的失职，但该部门的管理者仍然很可能被看成是赢家。

西谚说，不要与猪斗，你们都搞得很脏，猪很喜欢，但你却声名扫地。世界上的事，往往就是这样，雪中送炭并不一定被人记起，锦上添花往往奉若甘饴。总是与一流的人才在一起，和一流的团队、在一流的工作条件下纵横驰骋，赢的机会会很多，不赢才是没有什么道理。

谈到赢，战略家韦尔奇职业习惯般地以价值和使命开题。没有价值观和使命感，赢不赢都无所谓，为什么赢也无从谈起。然后，韦尔奇揭示了缺乏坦诚是商业界最卑鄙的秘密。同斯隆一样，韦尔奇强调绩效考评的重要性，并着力阐述为什么推进区别考评要不遗余力：透明度、公平、效率。

韦尔奇不但鼓励大家去赢，而且主张经常不断地庆祝胜利，从而为再赢提供激励。最值得一提的还有，他谆谆告诫大家，即使碰上再糟糕的老板，也不要把自己当做受害者。只有你自己妨碍你去赢。

从人员招聘到员工管理，从领导力、变革到危机管理，从公司战略制

浩言管理
感悟与构想

定和实施到职业生涯选择与设计，公司如何赢，个人如何赢，韦老板侃侃而谈，直抒胸臆，指点江山，游刃有余。

如果说在该书的前 19 章，韦尔奇都一直底气十足的话，到了第 20 章时的韦尔奇已经是强弩之末，花在雾里。面对五花八门的各类问题，无论韦尔奇如何精彩、深刻、幽默，有见地，都只不过是一家之言而已。坦诚地说，最值钱的还是和通用电气有关的韦尔奇。

也难怪，酒喝到这般境界，天聊到这个时辰，剩下的韦尔奇可能也只能是你二舅，而不再是众人追捧的超人 CEO 了。

《蓝海战略》：与其甩脱对手，不如拥抱顾客

我在《竞争优势：解剖与集合》中曾经作出如下基本判断：如欲获得或保持竞争优势，一个企业可以做的无非是这样两类活动：一是提高自己，二是打击别人。前者注重创新，后者注重遏制。当然，二者可以同时并举。创新，可以在现有市场的竞争中进行，也可以通过开辟新的市场而实现。同样，打击对手，可以在现有市场中展开，也可以通过市场创新而实施。值得一提的是，这种市场创新，虽然有打击对手的功效（而且经常是无意的或间接的），但其出发点其实仍然是为了更好地提高自己为顾客服务的能力。

在一个特定的市场中，一个企业可以铲除对手，收编对手，或者与对手长期僵持。而现时大家所关心的所谓"甩脱对手"的说法似乎令人费解。如果对手已经被甩脱了，它还能被认为是对手吗？同在一个市场中，又怎么可能将对手甩脱呢？商战不同于体育竞赛。在体育竞赛中，甩脱对手就会脱颖而出，赢一次。而商战则是有连续性的，通常没有固定的终点。因此，只要对手不死，就无所谓什么"甩脱"，只是对手在某一轮的竞争中暂时没跟上而已。

当年的微软可以铲除或收编对手，一家独大，坐享垄断利润。而在双头垄断、寡头，以及更多企业共存的市场状态中，更常见的则是僵持。可口可乐和百事可乐在软饮料行业争斗了一百年了，谁甩脱谁了呢？常言说得好，不是冤家不聚头。是对手就会狭路相逢，能甩脱的都不是对手，至

浩言管理
感悟与构想

少不能称为真正的对手。最精彩的竞争往往是一对一的竞争。这里，强劲对手之间的较量和比拼通常可以逼迫双方选手共同提高自己的水准。没有真正对手和激烈对抗的游戏通常黯淡无光。

其实，在某些市场中，对手可能是永远甩不脱的。更进一步而言，一个企业可能主要是为对手存在而不是为顾客而存在的。没有对手也就没有游戏。这些游戏或竞争注定是对抗型的，要有厮杀，有回合，有输赢，类似于零合博弈，比如打篮球、踢足球，有身体接触，对抗性强。而有的游戏或竞争则有可能是非直接对抗性的，没有直接的接触和碰撞，与其说是与对手竞争，不如说是与自己竞争，比如体操或跳水，更多的是提高自己的可能，很少有直接干扰和打击对手的机会。再说，没有直接对手和直接对抗，倒也无所谓甩脱。

而真正意义上的甩脱，实际上是"遗弃"，你自己主动离去。与其说是遗弃对手，不如说是遗弃现有市场，去创建没有（或少有）竞争对手的新市场，去下"蓝海"，至少是在现有市场中开垦新的利基或细分市场。

有些企业喜欢激烈的群体运动（如篮球、足球），以经常打败对手为荣。有些企业喜欢能够发挥个体特长的项目（如体操、跳水），自己关门单练。我体会，我们现时在受《蓝海战略》一书感染下所推崇的"甩脱对手"的思路，应该更靠近体操和跳水等项目的注重自我完善、不断积极创新的精神。

然而，让习惯了火热激战的企业去"甩脱"对手，正像让习惯打篮球的人去练体操一样，不但要成功地洗脑，还要从头恶补基本功，恐怕是吉少凶多。在激战中呈强势的企业，不会轻易自动放弃欺侮或吃掉弱势对手的快感，不会去想什么甩脱。弱势企业，之所以弱势挨打，很可能是迷恋于篮球比赛的精彩而又没有足够的竞争力。它们倒是可能想甩脱对手、

《蓝海战略》：与其甩脱对手，不如拥抱顾客

鹤立鸡群，而更强大的对手则是甩而不脱、得意洋洋。同时，这些弱势企业通常也缺乏练体操的兴趣和实力。所以，实践"甩脱对手"，练体操、学跳水，最好还是从娃娃抓起。新企业没有传统的顾忌，往往容易通过自己的创新，冲击以往的思维定势，走出传统惯性的误区，打破现有市场的格局。

苹果计算机公司的前高级经理 Guy Kawasaki 曾经在其《革命者的规则：资本主义宣言》一书中提出"跳到下一个增长曲线，而不是在现有曲线竞争"的说法，应该说道出了"甩脱对手"的神髓。在19世纪和20世纪之交，美国东部曾有人将河流中的冰大块砍伐，运往澳大利亚，减去运费和损耗，仍有赢利。于是，伐冰成为一个产业。对手间竞争的焦点是如何高效率地砍伐和运输。这些伐冰的人显然是不会去发明制冰技术的。河里有现成的，为什么还要造呢？当制冰技术广为传播之后，伐冰业便偃旗息鼓了。而制冰业对手间竞争的焦点则是如何高效率制冰和配送。制冰的人并没有发明电冰箱。我们这么有效率地制冰，哪需要个人家庭自己费工夫呢？同理，电冰箱厂也不会发明生物技术，从而使得现在需要冰冻储存的东西可以在常温下储存。每个现有企业都习惯于在现有曲线上竞争，娃娃企业开辟新天地，启动下一个曲线。

不言而喻，甩脱对手是不容易的。但是，"蓝海"航行也并不是不可能。甩脱对手的实质是自己的产品创新和市场创新。这一点无疑是需要肯定和褒扬的。但是，我想进一步强调的是，问题的关键不在于是否有对手或直接面对对手，而在于通过创新更加准确有效地满足客户需求。所以说，与其甩脱对手，不如拥抱客户。

其实，创新的实质目的是更好地为客户服务，提供卓越的价值。企业最终应该盯住的是客户而不是竞争对手。战略专家大前研一曾经在20世纪80年代在《哈佛商业评论》撰文，规劝大家"回归"战略的本质：千

浩言管理
感悟与构想

方百计为顾客提供最需要的服务。比如，当时美国市场上的咖啡壶千篇一律，对手厂家你争我抢，比的大多是表面上的文章。你的可以定时开关，我的可以自动调节浓度。你的5分钟烧好，我的3分钟一壶。你的表面磨光闪亮，我的外观愉悦温馨。但是，你去问这些厂家的设计师们，人们为什么要喝咖啡？就咖啡壶本身而言，什么功能和工序决定咖啡的味道？几乎没有人能够准确地回答。再访问咖啡酿制专家后才知道，原来咖啡壶对水的处理那一环节对咖啡味道的影响最大。如果厂家竞争的着眼点是如何使其咖啡壶酿制出的咖啡比别的厂家的壶煮出的咖啡味道更好，而不是各类表面上看似高级的功能，那时的创新才是真正有用的创新。

20世纪80年代，日本电器风靡美国市场，惹得美国脱口秀《今晚秀》的主持人如此自嘲："美国市场上最好的烤面包机大多是日本造的，而令人懊恼的是日本人根本就不吃烤面包片。"至少，日本人知道美国人怎么吃。日本人也的确爱琢磨。比如，把西瓜种成方的（容易运输），织出带脚趾孔的袜子（讲究品位），给大鼻子美国人设计出杯口上有凹口的杯子（细心关照）。有些"创新"，虽然荒唐可笑，甚至无聊，但其意图却总是在为顾客着想。

日本企业退潮，韩国企业来了。同时，与日韩企业的崛起和经济腾飞相伴，威廉·大内（Z理论的"始作俑者"）和大前研一等日裔作者与《蓝海战略》的金昌为等韩裔学者，也都在管理学领域交出了世界级的答卷。随着中国企业的走出去，我们的管理学人会有什么说法向世人交代呢？总不能老是《易经》《孙子兵法》吧！

《管理大未来》：大而无当之老生常谈

国人叙事状景，甚是喜好宏大。恰如前些年基辛格博士的 *Diplomacy* 被译成《大外交》，这本 *The Future of Management* 的译名也被夸张为《管理大未来》，也许是因为作者之一曾经有过类似的著作被译为《竞争大未来》。如此"大"之，终究难以掰扯清楚到底是书大、作者大，还是书中描述的事体大，抑或给人的感觉大。总之，崇大、攀大，大概是国人的积极误读与自作多情。就算西文作者本人原本意欲大之，也通常不敢如此明目张胆。

实话实说，Gary Hamel，是一个悟性极佳、洞察力极强的作者。游走于世界一流的管理学者与实践者之间，自然会看到一些有趣的企业，接触到一些有趣的人，听到一些有趣的观点与事情。加之思维敏捷，文笔优美流畅，写出来的书，好看可读，并不奇怪。在当今大师满天飞的年代，称之为所谓的大师也不算什么稀罕事儿。然而，大师攒一本书，是否就注定是巨著呢？！未必。此书亦不例外。

看了一本书，听说一些新观点，知道一些新案例，受到一些新启发，足矣。如果一本书能够搞定乾坤，要么著者是天才，要么读者是蠢材，或者二者同时成立。当知，看一场梅兰芳的新戏，并不一定就窥知京剧大未来。但这并不影响欣赏梅老板的那场戏。仅此而已。以这种心态来读书，则像戏迷看戏品戏，书也就被摆在了适当的位置，其主要价值在于认知感应与审美体验。如此，此书尚值一读。

浩言管理
感悟与构想

如果谁搞个现代京剧《梅兰芳开创京剧大未来》，恐怕很搞笑。而更搞笑的是这种搞笑本身已经被认为是严肃的艺术创作。未来的京剧界是什么样呢？京剧，好在仅就旦角而言，就有四大名旦及张君秋，并非一枝独秀。未来的管理是什么样呢？是否家家学谷歌，人人仿"全食"（Whole Foods），是否就是作者所极力提倡的那一种所谓的未来呢？作者如此地自信，恐怕给译者（或出版者）往"大"上走背书了默许。

写一本书，提倡一种观点、说法，甚至理论体系，至少要介绍其概念基础、前提条件、适用范围。而这种写法，是畅销书所不屑的。畅销书首先要强调"传统的"或者"现有的"管理理论和方法统统都没用了，我们需要全新的模式云云。Hamel博士此书的开篇，恰恰就是这样可以预见地耸人听闻。很难想象梅大师会说"传统的皮黄已经不适应现代京剧要求了，需要全新的声腔体系"。

什么是"新腔"呢？接下来作者重申"管理创新"如何重要，并举例（Anecdotal Evidence）阐述如何创建"目标社区"和"创新民主机制"，同时强调要注重"时时进化创新"。然后，作者鼓励管理者"挣脱旧桎梏"、"拥抱新准则"，开启创新思维，引领创新潮流，管理创新2.0等等。按照保守的估计，再过二十年，再写"管理大大未来"时，这些标题也仍然不会过时。只需将2.0改成3.5或者C21D30之类的。

因为职业的关系，二十多年来，笔者比一般读者多读了几本与管理沾边的书，于是对管理方面著作的评判，就会自然而然地显得颇为苛刻。记得当年陈岱孙先生曾言，浸淫于经济学说史之研究既久，每当一种新的理论出现，总是情不自禁地在心里掂量，这一理论在学说史上究竟能占一章、一节、一段，还是只是一次提名。同样，一本书，在管理思想史上能否获得一次提名，应该是判断其存在价值的一个最基本的尺度。换句话说，若干年后，一本书是否还会有人研读。站在这种高度评判当下的管理

《管理大未来》：大而无当之老生常谈

畅销书市场，希望大家还是尽量慎言什么"经典""巨著"。

十几年前，曾经聆听赫伯特·西蒙博士在一次演讲中如此言道："现在的信息爆炸本身并不意味着有用信息的增加。相反，由于缺乏必要的沉淀与检索，我们可能会被日常的繁冗信息淹没。因此，也许我们没有必要读日报或周刊，年终读一下年鉴即可了。"说的也是，并不是说报纸每天印，你就得天天看，方才显得与时俱进。同样道理，并不是谁写了本管理方面的书，你就得去读。Hamel 与 Prahalad 教授当年有关战略意图（Strategic Intent）的描述可谓精彩，有关核心竞争力（Core Competence）的总结可谓扎实，反映了学界众多学者的研究结晶。而其后的著述则日益沉浸于自我营造的语境以及自认为先知先觉者的道义灵感。虽是如此，智者箴言，对许多初入道者而言，读来仍然会受益匪浅。

一本有分量的著作所必需的案头工作、调查研究、分析思考、整理编纂等，其工作量，少则三年五载，通常十年八年，多则数十年。按照这种标准来衡量，现在出书的周期可能已经短于当年日报新闻稿的准备周期。某些所谓的大师，一年能攒好几本书，而且自然是一本比一本新。两本书之间的实际距离（无论是从实耗工作量还是从内容而言）甚至短于早报与晚报之间的空闲。至少各类日报不会自鸣得意地标榜说我们今天印的东西比昨天的新。而管理大师们的著作，基本上是上午刚出了本演绎"全新管理宝典"的煌煌巨著，下午就又出了一本诠释"最新管理秘籍"的力作名篇。

如之奈何。大家都是一如既往、充满饥渴地翘首期待下午"最新管理秘籍"的问世，没人去追究上午的"全新管理宝典"到底有没有用。虽是如此，读者与写手都要有些必要的自尊和自律才好。

读黄宗羲《原君》有感

中午课间休息，到学校的地下书店逛游，买了《书法雅言》《曹禺经典戏剧选集》和《明夷待访录》。顺手翻读《明夷待访录》，中华书局版，通读《原君》一章，很是亲切。记得当年中学语文课本里面好像有此篇。对文中字句的记忆，早已模糊褪色，但其主旨大意仍然略晓一二。

在"管理决策"的课堂上，有时会谈及决策者的道德伦理坐标尺度，以及权力的合法性。因为涉及卢梭的《社会契约论》，就会情不自禁地想起中华传统文献中黄宗羲的这篇文章。一中一西，两种论述，都是有关社会治理或者统治秩序的制度安排和公共约定的。

世人有称，黄梨洲乃华夏历史上民主思想开先河者。此言不谬。其实，民本主义的观点，强调民本、民生、民为重等说法，早在春秋战国时期的文献就已初露端倪。然而，就此篇《原君》来看，黄的学说，不仅以民为本为重，注重民权，而且更为独特的和更重要的，是强调人作为独立个体所与生俱来的天然权利。观点犀利，辩理明晰，论据充分，有叙有议，洋洋大观，自成体系。

"有生之初，人各自私也，人各自利也，天下有公利而莫或兴之，有公害而莫或除之"。黄梨洲假设，人类社会有一种初始状态。在此状态下，人皆是自私自利的"自然人"。黄对这种初始的自然状态之假设，与卢梭的观点可以说非常相通，但要比卢梭的《社会契约论》早约一个世纪。关于自然人的假设，也与西方哲学中盛行的"理性人"假设契合。

读黄宗羲《原君》有感

人是怎么成为"社会人"的呢？人们之间的关系又是怎么界定的呢？整个人群如何自我治理从而正常运行呢？答案是：社会契约，制度安排。必定有人出来，不以一己之私利为动机，使天下受其利，使天下释其害。黄之前有言"先天下之忧而忧，后天下之乐而乐"，黄之后有语"毫不利己，专门利人"。果真如此吗？

黄宗羲之高明之处，在于一针见血地指出，这种先公后私、因公废私、大公无私、只公不私的行为，是不正常的，是违反人性的。"好逸恶劳，亦犹夫人之情也"。如果人要是不虚伪的话，就会直白露骨地说，"人不为己，天诛地灭"。亘古恒常之理。其他皆是忽悠。古今中外，莫不如此。哲学，宗教，道德，伦理。

许由、务光，至诚不虚伪，被尊为圣贤。其实只是正常、自然本真而已。尧、舜无奈，挺身而出，又抽身而去。偶尔被天下所累，最终回归自然。禹，也许原本不愿做秀，然而还是成了行为艺术家。再往后，行为艺术家盛行，于是造就了一个又一个"以天下为己任"者人才辈出的时代。延绵不绝。

"后之为人君者不然，以为天下厉害之权皆出于我，我以天下之利尽归于己，以天下之害尽归于人，亦无不可"。所谓大盗窃国，诚如是也。普天之下，莫非王土。六合之中，莫非王臣。"始而惭焉，久而安焉，视天下为莫大之产业，传之子孙，享受无尽"。以公谋私之心，昭然若揭；化公为私之举，大肆盛行。

任何上赶着当君王的都是不自然的，有悖于人之本性的。此乃公理。黄梨洲坦言："然则为天下大害者，君而已矣。"如此，君主是祸根，是万恶之源，不得不防。然而，冷眼纵观历史，大家看到的事实，通常是无人愿防，无人敢防，无人能防。偶尔有防，终究防不胜防。

有这么个寓言，老鼠家族开会，一个老鼠说，为了整个老鼠家族的生

浩言管理
感悟与构想

存和利益，应该给猫在脖子上挂一个铃铛，这样，猫一来，老鼠们就能提前预知而安全逃遁。问题是，谁去给猫挂铃铛？嗟夫，猫常有，而挂铃于猫之鼠不常有，甚或没有。偶尔有，可能被尊为勇士，也可被认为愚鲁，大抵通常是后者，更可能是被认为是与猫暗中勾结的鼠中奸细。鼠辈亮眼，非人能及。

黄梨洲设问："向使无君，人各得自私也，人各得自利也。呜呼，岂设君之道固如是乎！"说的也是呀，没有君王，都是自然人的状态下，大家都各得其所，有了君王，反倒作茧自缚，不是吃饱了撑的吗？！问题是，黄梨洲或者卢梭假设的，社会契约缔交之前的所谓自然人状态，真正存在过吗？

你可能一生下来就是奴隶了。这是问题的症结所在。恰如某位西哲戏言，"人人生而平等，只不过有些人更平等罢了"。从思想到行为，人也不是完全独立、完全自由、完全理性，不可能按照一个理性人的假设和规范行事于世间。于是，想到现代博弈论的有些说法，貌似有理，其实很扯淡。比如说，你从人群中拿走的东西不可能比你带来的东西多。

你从人群中拿走的东西真的不可能多于你带给人群的吗？如果大家都不傻的话，应该如此呀。想想看，没君，我们大家分一个大小既定的蛋糕。有君，我们大家要分的蛋糕反而小了。谁干呀？！问题是，人倒是不傻，但都怕事儿。君王，天下，国家，军队，警察，监狱。于是，蛋糕越分越小。

傻事儿，每天都在继续。当然，有君王的地方，就意味着大家愿意有君王，不仅容忍，甚或崇拜。什么样的人群，配什么样的治理结构和统治者。本来，大家都各扫门前雪，有人声称要帮大家扫街上的雪，甚至要替你扫你门前的雪，你就信了，从了，认了，忍了，不在乎了，无所谓了，习惯了。

读黄宗羲《原君》有感

可见，个人理性和群体理性是可以找到合适的均衡点的。看样子，博弈论倒也不是完全扯淡。要看其假设的条件是否成立。不是现在世界上还有那么多王国呢吗？即使是君主立宪，也是君主立宪，而不是宪立君主呀！细思量，难道"宪"本身就根本不"君"了吗？还有什么民主、共和、合众、联邦？！

有人会说，多行不义必自毙。水可载舟，亦可覆舟。事实是，载舟多于覆舟，自美多于自毙。这一点，太史公尤为明鉴：或曰"天道无亲，常与善人"。然而，善人积仁如伯夷、叔齐者，无端饿死。暴戾恣睢如盗跖者，竟以寿终。"余甚惑焉。傥所谓天道，是耶非耶？"用现在的话说，什么上天呀，历史呀？哪有公道的第三方呀？！

天理，人欲，大义，良心，纲常，吃人。黄宗羲，说得透，问得绝。本来，泄露天机，要折阳寿，而黄梨洲活了86岁，这还是在17世纪，够硬朗的了。黄宗羲乃明末义士，虽屡辞清廷重邀，拒绝为官，也能寿终正寝，真奇人也。人生在世，都是演员，没有专职导演，都是选手，没有职业裁判。君、臣、民，思考者，皆是过客。也许，独善其身，或可亦兼济天下。黄梨洲之言之为，不亦精彩乎？

观职业人士

职业人士的职业风范
性感·架子·跨界
教授是一个职业
敬业是一种境界
卖烧饼

职业人士的职业风范

如果按照梨园行四大须生、四大名旦的说法给企业界也编排一下的话，在下记忆里，20世纪80年代最为耀眼的四位企业家当是马胜利、禹作敏、步鑫生、鲁冠球。如今这老四大须生里还在台上戳着唱的就只剩下鲁老板一枝独秀了。30年不老的常青树，堪称特例，必有其过人之处。追捧褒扬之众无数，溢美夸耀之词甚番。笔者在此撷取三出戏码，勾勒鲁老板舞台风采。此三出戏已然广为人知、竞相传颂，而其背后主旨意蕴之一似乎鲜被提及，那就是，不卑不亢。

在商界打拼，应酬通常是难免的。而多少年来，鲁老板几乎每天按时回家吃晚饭，准点看新闻联播，除非出差不得已，不在外面过夜。一旦大家都知道你这习惯，也就自然而客气地避开了陪谁不陪谁、出面不出面的棘手问题，免却了各类孤傲不敬抑或势利算计的指责。俺就是这么个做派！

记得杭州市市委、市政府某年曾以每人300万元重金奖励三位为杭州经济发展做出突出贡献的企业家。别的企业家可能会要政策，要自主权，要各种自己所急需的东西。鲁冠球在电视台接受采访时简直不啰嗦，说，给现金最好，企业家要的就是钱。一点儿不藏着掖着，真性情，忒自然。俺就是这么个念白！

鲁冠球很早就有意识地培养子女接班。几年前，谈及此道，鲁老板直言不讳地说，当自家孩子跟别人能力相当的时候，肯定首选自己孩子。当

浩言管理
感悟与构想

然，关键是自家孩子确实要有能力。没什么虚言假套，也不留想象空间。不必再唠尊重职业经理人的闲嗑，也无须掰饬举贤不避亲的老调。俺就是这么个唱法！

作为一个群体，企业家们通常会被视为不甘寂寞并敢于挑战常规的另类，他们早年可能饱受白眼歧视、嘲笑讥讽以及盘剥刁难，功成之后又会引致红眼嫉妒、敲诈勒索甚至仇视愤恨。作为单独个体，企业家风光之际，可能大红大紫、一时无两；落败之时，注定暗自神伤、独饮凄凉。

君不见，从改革开放的样板到经济犯罪的典型，转眼之间，就可能锁定在同一个人的身上。有了成就，难免飘飘然。有了地位，始谈责任感。于是，企业家开始膨胀各种抱负，包揽各种包袱。有人说，胸怀天下，企业家要肩负起应该承担的社会责任。也有人说，在商言商，企业家要学会自我保护。

其实，做企业的人，一旦言谈行事出了自己的势力范围和能力专长，无疑越俎代庖，大多附会牵强，恰如任何其他业余人士一样。企业家不仅是一个族群，也是一个需要特定专长的职业。说白了，企业家最好把自己看成一个靠手艺吃饭的职业人士。无论是声名远扬的英国管家，还是纽约高档餐馆的侍者，不管是社区内技艺精湛的理发师，还是大学校园内特立独行的教授，职业人士总要有职业人士的操守和气场。而职业人士的典型风范和标准做派，即是不卑不亢。

不卑不亢，讲究的是从容自信。自卑和自傲，都是不自信的表现。不卑不亢，意味着既不困囿于卑微、卑贱、卑鄙、卑劣，亦不沉溺于狂妄、傲慢、骄奢、淫逸，更不诉诸卑亢交错的孤傲、轻侮、暴戾、乖张。

不卑不亢，是一种自然本真的状态。无论江湖、庙堂，抑或道义、文章，得志时，无须放言舍我其谁，恃才傲物，妄自尊大，丧失了敬畏之心、感恩之情；失意时，不必感叹世态炎凉，怀才不遇，妄自菲薄，丢却了平实之态、宁静之状。

不卑不亢，意味着通达靠谱。通达的人，讲究常识，尊崇世理，不肆意妄想，不无端癫狂。靠谱的人，职业专注，手艺精良，不跨界忽悠，不业余张扬。当今时代，我们所缺乏的，正是笃诚敬业、职业专注的精神。

有人担心，过分褊狭地强调所谓职业主义，只会催生造就一帮精致的自利者，会导致大家对民众、社区和国家公共利益的漠视和侵蚀。也许不无道理。然而，放眼望去，时下到处泛滥的，是学无专精的业余人士，在诸多行业内以及我们的公共空间里做非常业余的事情。摇旗呐喊，狂妄嚣张，信口开河，乐之不疲。无论凭借什么貌似高尚的旗号和华美的声名，如果业余主义甚嚣尘上，常识注定会显得灰头土脸。

企业家就是做企业的，要用自己的专注敬业去提升自我，带动员工，创造财富，嘉惠社会。无论是趾高气扬地烧钱摆阔，还是低眉浅笑地求人撮饭，偶尔为之可能实在不得已，而习以为常则注定是企业家的硬伤。还有，切勿骚弄起明星式的身段，更不要觊觎各类公知们的排场。

通达靠谱的企业家，自当从容自信、率直本真、笃诚敬业、不卑不亢。跟通达靠谱的人在一起，你自然会更加沉静、平和、踏实、本真。然而，话说回来，鲁老板这样的角儿，是不可能批量生产的。但至少我们还算是见识过。这就给我们点燃一丝希望。正应了范文正那句名言："噫，微斯人，吾谁与归！"

性感·架子·跨界

二十多年前在得克萨斯读书时，一天，一帮中国留学生在一起闲聊，话题是东方人和西方人对所谓"性感"的不同认识。通常来说，这种既没有来由也没有结果的聊天，参与的人和讨论的事儿往往如过眼烟云，悄无声息地散落于记忆的死角。

然而，这次聊天中一位访问学者的一句话却让人至今难以忘怀。这位老兄当时年过五十，对我们这些二十来岁的毛孩子的各执己见，全不理会，也不批判，而是愣头愣脑地问："美国人说的这个性感，是不是就是'男人像男人，女人像女人'的意思?!"

大家先是本能地质疑这种似是而非的描述，后来又不禁异口同声地说："对，没错！"这些在各个学科中出类拔萃的博士生们并没有职业病似地去批判那位老兄定义模糊、循环论证什么的。

男人应该什么样？女人应该什么样？这类问题，本来就没有整齐划一、完全正确的答案。但大家都觉得这位老兄的解释既朴素直白又诙谐乖巧，形象生动，入情入理，机智狡黠，憨厚可爱。

有女人味儿的女人性感；有男人味儿的男人精彩。

当时那年代，国人对于"性感"二字在公开场合尚不善于启齿，尤其是上了岁数的人。我想，要是在国内讨论上述问题，那位老兄恐怕是不会主动发言的。

那时候，大家讨论的问题都比较具有社会性，比如说，国家干部应该

性感·架子·跨界

放下领导架子，实实在在地当人民的公仆；知识分子，应该虚心学习，而不应该自命不凡，大摆知识分子臭架子。其实，仔细想想，所谓架子的问题跟性感问题其实也相去无几。

什么是架子？简练准确地说，架子就是标准职业形象。每一个行业都有自己的规矩、范式和精神特质，有自己的具有代表性的行为标准和形象定位。

这种架子或做派通常是该行业最顶尖、最精英和最具有代表性的从业者在职业活动中自然流露的或刻意凸显的。其基本功能是将自己行业的特质和定位昭示于众，或者，在更高的一个层次而言，表现职业荣誉感。

唱戏的一出场，唱念做打，一招一式，讲究的是做派。飞行员上岗前穿行于机场厅堂，表现的是自信、亲和与干练。律师帮你打官司，你希望他思路清晰、能言善辩、精明强干。医生为你做手术，你希望看到医生严

浩言管理
感悟与构想

谨自律、老练沉稳、精准善断。

正所谓，卖什么吆喝什么，干什么像什么。职业人士在从事职业活动时所端的架子、流露的派头、散发的气场，恐怕没人会有多少歧见或反感。

很多人对知识分子的"架子"颇有微词。知识分子到底有没有架子？严格而言，知识分子，是一类人，而不是某种特定职业中的一群人。然而，他们又有共同的职业特点：工作内容知识含量比较高，从业人员受教育程度比较高。知识分子是有自己的架子的，并为之骄傲、自豪或窃喜。

知识分子到底应该不应该摆架子？如果这种架子体现的是知识分子的职业形象和特质，那么，知识分子就得责无旁贷地端这个架子，不管别人喜欢不喜欢。

没有这种架子的人就应该说不是真正意义上的知识分子。想端却端不好，或者不敢大张旗鼓端的那些，都是业余知识分子。

我们对官员架子的看法就更苛刻了。大家对盛气凌人的公仆甚为反感。其实，当官员也是一种职业。公务员要有公务员的样子。当领导要有当领导的做派。领导需要有号召力，领导需要权威，当然，领导也需要亲和力。

仔细想一想，说一个领导平易近人，前提是先有架子，然后是自然地放下架子。让你觉得没架子，其实还是有架子。当你的一般预期觉得他本来不该平易近人的时候，他却出乎意料地平易近人，这才是让你惊喜、值得称道的。如果原本就该平易，或者一直就非常平易，根本就不是近人，也无所谓近人。他就是一般人，不需要近，难道让他自己近你自己呀？

领导有领导的责任，领导有领导的架子，如果这种架子是职业的需要，我们要尊重和欣赏这种架子。我们希望我们的国家领导人在国际交往中有架子。我们希望我们所在组织的领导在跟其他组织打交道的时候有架子、有气派、有尊严。当官就要有当官的样子。

李雪健演艺生涯早期曾经主演过一部电影《钢锉将军》。其中有这样一个情节：市领导为了接近群众决定取消自己的轿车而走路上班，已经退休的"钢锉将军"依然快人快语、刚正果断，看到报纸报道后，大概是如此评论道："胡闹！只要市领导能把市里的工作搞好，为老百姓办实事儿，别说坐轿车，我们宁肯让他坐火箭。"

说的倒也是。两袖清风，但无领导能力的人，再没有架子，也不能称为好领导，只能说是个好人。为民谋利，努力办事而不损公肥私，架子大一点，也未尝不可，职业和责任使然。

像男人的男人和像女人的女人，可谓性感；对架子拿捏得体的人干什么像什么，可谓职业。一个职业有一个职业的存在理由和特点。跨界学习，必须慎重，不在于模仿、比赛，贵在比较、借鉴。

为了增强企业的经营业绩，企业家和咨询者们绞尽脑汁，渴望从别的领域获得启发和灵感，甚至妙药灵丹。什么企业要有狼性和羊性，向军队学管理，向游骑兵学管理，向圣经学管理，等等。

在各种跟风和时髦的管理方法运动中，企业领军者必须清楚地把握这样一个根本点：企业首先是企业，必须要像管理企业一样管理它。可以向其他类型的组织和实体学习，但企业毕竟是企业，不是动物园，不是军队，不是教堂。

同样，最近几年，美国的大学教育体系也不断受到强烈的冲击和挑战。有些人主张要像办企业一样办大学，完全以雇主市场为导向。有些人主张把学生当顾客，做好服务，满足愿望。更多的学生则期望大学课程能够像脱口秀和情景戏剧一样容易理解和欣赏，教授要当主持人和传教士，对待学生还要像保姆一样。

当各种新奇的主张和想法甚嚣尘上之时，很少有人会去想，大学就应

浩言管理
感悟与构想

该有个大学样！难道用办大学的办法来办大学不正当，非要用办别类机构的办法才算高明吗？

说到大学就不能不说教授。教授也是经常被指责为有臭架子的知识分子们。是不是教授除了臭架子，还有其他什么合法的架子，或者干脆就不应该有什么架子？

媒体很是喜欢叠贩一些其实很畸形的所谓逸闻趣事。20世纪80年代季羡林教授因穿着随和而被刚到北大报到的新生当成工友并要求为其看行李，第二天开学典礼才发现"工友"坐在主席台上，是个副校长。

这个教授是没啥架子。然而，我们真的希望我们的教授都打扮得像工友吗？

这种报道究竟想要传播什么样的一种观念？教授都要像工友一样骑着破自行车在校园里晃悠才算教授的正当职业形象吗？如果教授没有应有的架子，我们怎么知道这个教授是否是个真教授呢？

干啥"像啥"，前提是得要有标准"是啥"。

没见过教授应该啥派头的话，看看胡适的做派和气场，或者看看早年的季羡林啥样。

教授是一个职业

知识分子圈里，大家有时爱讥笑老派德国学者的迂腐，以及他们的太把学术当回事儿，或者说过分的职业荣誉感。比如，一些德国学者在称呼自己时恨不得把所有的头衔都挂上 Herr Professor Doktor（某某博士教授先生）云云。连一时失业、没有教职的博士们，也会称自己是教授，因为在他们看来，教授是他的行业，就像别人称呼自己是铁匠、木匠、鞋匠，或者是纽伦堡的名歌手、歌唱大师一样，提起来就洋溢着某种职业自豪感。

浩言管理
感悟与构想

而在我们这里，虽然称呼自己是博士后、教授、博导的大有人在，但也有不少人，教授行业之外的人，在大学里，比如政府学院和商学院等系科，教过几次课，或者搞过几次讲座，然后就出去言称自己是某某大学的特聘教授或者荣誉教授。听说过各国著名大学给非学者人士颁发荣誉博士的，还没有听说过谁给哪位并不是教授职业的人士颁发荣誉教授的，更没听说过教授头衔就像"学雷锋标兵"或者"挽救失足青年模范"称号一样可以发放给各类先进人物了。

本来教授也应该是非常职业化的一个职业。只是这年头，教授的门槛儿实在跌到谷底，尤其是商学院的教授——兼职教授、客座教授、访问教授、特聘教授、临床教授、企业家教授，正式聘的加上自己封的，难以计数。其实，大学里只教课不做研究的老师，尤其是企业家（多半是退休企业家）兼职的老师，在国外一律称为讲师。

没有该行业最终学术学位和学术成就的人也根本不敢自称教授。就连那些有博士学位但是由于特殊才能被聘任的，并不按主流派学术规范进行研究的人员，也只能被称为研究人员或者是高级讲师，比如以所谓"第五项修炼"著称的彼得·圣吉。而我们国内的商学院大都非常乐意给某些企业家以某种教授的头衔，好像还要做歉疚状曰：我们也就只能做到这样了，您千万别嫌跌份儿。

还要怎么样呢？兴高采烈地或者毫无所谓地顶了教授头衔的企业家们倒是不把自己当外人，可没有听说过哪位企业家给教授们兼职 CEO 或兼职董事长的位置。在中国的历史上，即使是行里的专家大牌如鲁迅先生者，人称大师、宿匠、斗士、青年人的导师，为了能在多个学校兼职讲课等诸多原因，没有应聘某个学校的教授，而是甘愿来回奔波，去作讲师，也并不自称教授。在国外，一个成功的校友或者本地商人，可以捐出至少5 000万美元买断一个美国前20名的商学院的命名权，但没听说过谁把荣

教授是一个职业

誉教授的头衔当作捐款的条件。

每个职业，再不受人尊重，也有自己的规矩，以及对从业人员的资质要求和进入门槛儿。

原索尼老板大贺典雄，古典音乐爱好者，曾经允诺捐资100万美元给纽约爱乐，条件是由他指挥一场音乐会。纽约爱乐如此回复：钱可以收下，但纽约爱乐从来不陪业余指挥家玩儿。在从政前就是哈佛大学政府学院教授的基辛格博士，卸任后想回哈佛任教，也被拒绝，原因是他的名声、经历和未来职业目标已经不可能再使他成为一个以学术为主要立身之本的哈佛教授了。职业和业余之间注定是有区别的。

当然，有人会说，跟身价过亿的成功企业家学管理不比跟纸上谈兵的教授们坐而论道强吗？为什么商学院不能请企业家当教授呢？教授和企业家各有所长，这里我们不讨论优劣高下。要是只跟企业家学就可以，MBA或EMBA学生没必要到商学院来，直接到商务俱乐部和高尔夫球场就行了。也可能有人说，要进入商界并迅速发展，MBA这块牌子也是进入壁垒，我们上商学院就是为了这块牌子，交些朋友，跟教授没什么太大关系。如果真是这样，教授们可能自作多情、高看自己了。

其实，商学院也不是不需要企业家来讲课，而是应该欢迎他们来，只是不要动不动就把教授的头衔当水果糖送出去了。企业家是实践者，不是教育者。实践者和教育者毕竟是两个不同的职业。所以，正像教授不是企业家一样，企业家也不是教授。如果一个人本来就不是教授，怎么可能会成为兼职教授或访问教授呢？我们的商学院是否也该停止制造更多的业余教授了？

在极端的情况下，某些教授可能通过咨询和自己创业变成成功的商人。某些成功的商界人士也可能通过获取从业资质（比如研究性大学颁

浩言管理
感悟与构想

发的博士学位）而成为教授。只是，你要想清楚自己主要是吃哪一路的。当然，某些成功人士几乎是同时既当教授又管理企业，搞得都非常出色。这是神人，非一般职业人士可比。

每个行业都应该有自己的职业标准和职业荣誉，就像过去的每个工种都分不同的级别，凸显自己行业的特性。没必要大家都一律官本位、学本位，或者以其他行业的标准来代替自己行业应有的本位。这样一来，我们也就可以少制造或少关注一些令人啼笑皆非的说法和现象，比如教授级高工、博导级总会计师、运动健将级播音员、副师级说相声的、正厅级调研员、院士级市长或者博士级省长了。

科学界的职业化毕竟是有其自身方法论的规范等作为基础。艺术界是不是就见仁见智，口味不一，不分你我，皆可参与？非也。和梨园行一样，音乐、美术、电影、戏剧，哪一行的门槛儿都丝毫不低。比如拍电影，光凭漂亮和本能演技，已经不够，还有很多的门槛儿要迈，很多明的暗的学费要交齐。君不见每年电影学院数万人报考的壮观场面？电视歌手大奖赛，群众喜欢你固然好，关键是专家肯定你。瓦格纳《纽伦堡名歌手》一部歌剧唱四个小时，主要传递的就是一条信息：歌唱大师行会里的人说你唱得好，你才有戏，你才属于这里。

前些年音乐界曾杀出一个刀郎，红遍大江南北。刀郎唱片的发行量可能高于某个音乐学院历届声乐毕业生唱片发行量的总和，在音乐产业的地位相当于商界企业家中的大腕儿了，中央音乐学院抑或中国音乐学院是不是应该给刀郎颁发一个兼职教授呢？看来，音乐学院到底还是比商学院更有十足的底气。

刀郎没上过什么音乐学院，没参加过什么大奖赛。虽然很火，但严格意义上讲，他还是个票友，没交过学费，没迈过门槛儿，没拜过师，但是已经从业，而且斩获颇丰。所以，职业音乐人圈子里的专家也就不大可能承认刀郎的从业资格和身份。当然,如果"业余"也能受最终客户的欢迎和认可,那么这种业余就可能成为一种新的职业状态,对该行业现有"职业"的定义进行颠覆,或者是补充和拓展。

然而,不管是职业还是业余,刀郎自然有权利唱,观众当然有权利听,专家也有权拒绝捧场。

敬业是一种境界

在市场经济中学"游泳"这么些年,"赚钱"二字似乎已经遍布我们所有人的脑神经末梢儿,而"敬业"二字却离我们的记忆和生活越来越远。赚钱,给人以刺激和压力,逼迫人去想点子,去折腾。而敬业,则给人以寄托和支撑,使人致力于业务专精,并引以为誉。敬业的人可以赚大钱,得大荣耀,也可以潦倒残生,困顿不济。赚钱,可以依靠在某一领域的兢兢业业,也可以通过投机取巧,善用灵气。敬业,是否存在或者普遍,在很大程度上取决于人们所生活的环境、人心、民俗、市风,或直截了当地说,有多少投机取巧的可能性。

在一个相对稳定的经济体系内,在行业发展前景广阔、职业生涯稳定的情况下,敬业的现象将会更加普遍并受推崇。有本事的人受人尊敬,业务差的人难以有成。在社会经济转型和游戏规则急速变化时期,在行业不断变迁调整波动的时候,瞅机会、抖机灵、捞浮财的现象就可能会占据上风。这时的较量,主要集中在眼界、灵活性、应变能力和运气上。聪明伶俐、活泛机敏本身可能就是资本,而沉下心来,一门心思钻研一行手艺的所谓敬业,就很可能会被认为不合时宜。

在人心浮躁、世风喧嚣的年月,即使有人想去敬业,也会感到身不由己,迫于赚钱养家糊口的压力,不断在各种可能迅速发财暴富的行业或准行业中寻觅,跳来蹦去。而敬业固守者反倒可能沦落得自视甚低,也容易被那些心眼儿活泛之辈瞧不起。这样一来,无论哪个行业的人,包括许多

敬业是一种境界

行业赚了大钱的人,也都会觉着自己比别的行业赚得少,世界对不起自己。于是更加上火、烦躁、焦虑、着急。

敬业,确实是一种境界。在于人为,也在于天时、地利。那么,给定天时地利,让我们从人为说开去。敬业至少有三大表现:痴迷、手艺、自律。

爱一行,干一行。敬业的前提是对一个职业的喜好、挚爱甚至痴迷,并且在极端的情况下,不给报酬,倒贴钱财,也非常乐意。

世界女子花样滑冰冠军关颖珊在其运动生涯中,自5岁开始每天坚持训练,通常是穿着全套滑冰衫睡觉,以便第二天一大早就能立刻进入状态,迅速投入训练中去。俄国著名小提琴家文格洛夫4岁开始拉琴,一天到晚除了拉着玩具鸭子游逛,就是练琴。别人看他小孩子每天太辛苦、可怜、单调,而他自己觉得幸福无比。

当一个人迷上一件事的时候,就容易献身投入,对某种活动或专业的喜好和痴迷也会逐渐形成习惯性的常规,表现在行动中,融化在意识里。敬业便成了一种自然状态,无须刻意显露。侯宝林先生相声里说的大鼓演员马增芬每天早上练口腔体操"六十六岁刘老六……",就是曲不离口,艺不离手。马勒弥留之际,其最后遗言是"再也听不到莫扎特了"。而以诠释马勒著称的指挥家霍润斯坦临终的遗憾是"再也没机会听《大地之歌》了"。二者对音乐挚爱之深,可见一斑。可谓忠于职守,直到永远。

敬业者的痴迷、执着和投入,也可能表现在常规之外的某些独特事件中。于魁智不满十岁进沈阳京剧院学戏,后来在沈阳已经成为主演,但他发誓要进中国京剧院,成大气候。这位当今中国京剧文武老生第一人,初进京时,举目无亲,头一晚上是在火车站候车室板凳上度过的。不迷不疯,不会这样。

罗伯特·德尼罗在拍《愤怒的公牛》时,为了达到表演真实自然,

浩言管理
感悟与构想

找到角色的准确感觉，在拍完男主角（身材健壮的拳击运动员）前半部戏后，利用停机数月的时间，每天半夜猛吃鸡蛋面条，使体重狂增60磅，再演主角退役后的故事。拍完片子后，又迅速把体重练下去。这不能不说是敬业的一个极端案例。还有，在拍《美国往事》时，为了形象地表现剧中他的对手（另一主演詹姆斯·伍兹）扮演的人物在衰老之年仍然保持的浮华风范，德尼罗建议伍兹把牙齿全部漂白一遍。剧组不愿支付这笔额外费用，德尼罗慷慨解囊，自掏腰包2 000美元。伍兹问他为什么非要这样做。德尼罗答，你出彩，我们都露脸。

干一行，精一行。敬业的实际表现是从业者的手艺出众、技术精湛，乃至能操旷世绝活。从卖油翁、庖丁解牛，到当代神枪手许世友，业界高手的技艺达到出神入化的地步，常为世人称颂，惊叹不已。

俗话说："三百六十行，行行出状元。"执大业者，经天纬地；雕虫小技，平中见奇。当年看过一个电视报道，说空军某伞兵师整体实力雄厚，单兵技艺精良，从师长到炊事员，人人会跳伞，各个能作战，不禁肃然起敬。据说，杜月笙早年在上海滩水果店当学徒的时候，就练得一手好刀法，削果皮一线到底，果肉不露刀削痕迹。日后呼风唤雨如是者当年也并没有看不上此类所谓的小手艺。

汪曾祺先生曾以《马·谭·张·裘·赵：漫谈他们的演唱艺术》为题忆北京京剧院五大头牌，其中一段回忆赵燕侠在"文化大革命"期间轶事：一次大家开会学习，房间拥挤，某人需要赵起身让道才能通过，赵头也不抬，刷地一下，侧身飞腿过顶，让那人过去。戏不让唱了，功夫不能丢了去。

不仅行业体面的人敬业，乞丐和盗贼等地下活动也日益职业化，其中某些从业者的敬业程度也会让人大吃一惊，因为盗贼也得练功，而且必须身怀绝技，才能屡试不爽，这包括从练习用手指夹湿肥皂开始。

敬业是一种境界

小偷在练，警察也不能闲着。当年郑州名捕"何秃顶"，全国公安战线一级英模，便衣抓小偷，绝活一整套。各路神仙到郑州，一见"老便""何师傅"，立刻收招儿。不长眼的和自认技压群雄的立马领教老何的厉害。仅按1969—1979年十年间有据可查的，就有来自28个省市的2500多名扒窃分子在他手下栽过跟头。小偷圈里盛传"谁不够哥们儿，出门叫他碰见何秃顶！"老何对小偷从不留情，更别说受贿，誓死要把抓小偷事业进行到底，癌症缠身也不在乎，白天上街抓小偷，晚上枕头下压着手枪睡觉。这样敬业的警察让人放心。

精哪行，吃哪行。敬业之所以能够持久下去，很重要的一个内因是敬业者的自律。也就是说，敬业者要认真卖力，充满虔诚地，全身心投入地干自己擅长干的事情，并且珍视自己的手艺，只练那些擅长干的活计。

顾客是衣食父母，每个行业的从业者都要靠顾客吃饭，要对他们保持尊重甚至敬畏。这就意味着商家要足斤足两，童叟无欺；唱戏的要亮出绝活；打球的要肯卖力气。每天都会有至少一个新的观众来现场观看某位名角儿演出，会有一个新的球迷慕名来看某位明星献技。每次演出和献技，就算是只为这么一个观众、一个球迷。有了这样的心态，名角儿、球星，就会有卖劲儿出彩的动力。要对得起顾客，不辜负观众。否则，砸了牌子，吃饭都成问题。北大一位深受学生欢迎的同事曾对我说，如果哪堂课结束后学生们的掌声不热烈，他心里就犯嘀咕，过不去。把每次上课都当回事儿，这就是教师中敬业者的自律。

当然，敬业的最高境界是献身。春秋时代法官李离，因错判公案，不惜以身护法，拔剑自刎，谢罪天下，其笃诚足以警示后人。戊戌变法失败，谭嗣同本有机会出逃，但自甘选择就义。"不有行者，无以图将来；不有死者，无以酬圣主。""各国变法，无不从流血而成，今中国未闻有因变法而流血者，此国之所以不昌者也；有之，请自嗣同始！"革命党人

浩言管理
感悟与构想

之敬业，此乃至高境界。还有秋白之死，亦是可歌可泣。

敬业者往往信念坚定，不随意摇摆，少为外界风浪所动，愿意为自己所钟情和信奉的事业献身，无怨无悔。有时，这意味着无人喝彩，坐冷板凳，甚至永远没有出头之日。如此，职业就成了一种事业、一种信仰、一种使命，是一个人生命的意义和存在的价值。于魁智戏校毕业后在人才济济的中国京剧院跑了三年龙套。其间，与他同期的一些同学纷纷跳槽、转行、出国，但他最终还是坚持下来了，如今名满天下。所以说，要想人前显贵，必定人后受罪，这可是梨园的老例儿。

敬业者的自律还在于有自知之明，而不是自感无所不能，不是什么活都接，什么钱都挣。20世纪最伟大的女高音之一萨瑟兰在选择角色时，总是按照自己的嗓音条件考虑。像《图兰朵》中那样的高难唱腔，她只在条件相对宽松的录音棚里尝试过，而从来没有在舞台上演出。因此，她的自律帮助她延长了自己的舞台生命。现在的歌手们，别说照顾好自己吃饭的本钱了，歌还没唱好，就已经想去拍电影了。

又说到电影，德尼罗出演和导演电影，碰到喜欢的本子，自己赔钱拍也认；碰到不喜欢的本子，给大价钱也不拍。这恐怕就是敬业者的执着。有些前辈同行认为他应该演莎士比亚或其他正剧，而他喜欢演些有性格的市井人物、黑帮大亨、流氓恶棍，偶尔客串下喜剧什么的。斯科西斯曾邀请他在某部影片中出演耶稣，他想来想去，最后以无法体验生活为由拒绝了他的老搭档。知道自己是吃哪一路的，从心所欲不逾矩。这也是一种自律。

敬业者如德尼罗、于魁智，可谓大红大紫，荣耀至极。敬业者如李离、谭嗣同，则落得身首两离，令人钦敬惋惜。而更多的敬业者则是默默无闻地耕耘，波澜不惊地生活，忙忙碌碌，平淡无奇。为中国纺织业献出青春的那些"万米无疵布"挡车工们便是这样一批值得受人尊敬的人。

敬业是一种境界

我有一位朋友在波士顿某学校教数学，曾经在芝加哥大学读过一年的金融系博士生课程，课堂上也见识过芝大商学院几位诺奖得主的所谓大师风范。但是他发现自己并不真正喜欢金融。尽管有毕业后六位数工资的诱惑，而且凭他的聪明才智足以拿下那个学位，但他最终还是又回到了自己的数学领域。不能说他不需要钱，因为他酷爱音乐，有钱可以多买些CD；也不能说他酷爱数学，或者非常出类拔萃，并且发誓要作出某种成绩。在大家眼里，他只是一个很普通的教数学的人而已。我想，大概在数学领域里，他才真正感觉到自己是自己。说他不识时务，似乎是对一个敬业者的侮辱。说他非常敬业，好像理由又不够十分充足。说他无可奈何，但他确实还有其他出路。可能有时见异思迁、想入非非，可能有时举棋不定、彷徨犹豫，也可能真是随遇而安、平心静气。我只是这样猜测。但事实是，他仍然一如既往地守在自己的专业里。不知为什么，我好像在他身上隐隐约约地看到了自己。

卖烧饼

我父亲有个本家二大爷,曾经在濮阳城里支摊儿卖烧饼。如果买主称赞他的烧饼好,并且再评论几句如何好,他一高兴就会不收钱,白送人家。当然,在我这位二大爷所处的年代,还没有范伟,要不他也会像范伟那样握着顾客的手说:"知音呐!"

如果哪位买主敢说他的烧饼不好,他会立马把人家已经买到手中的烧饼夺回来,并一脸不屑地把钱退给他,嫌他不识货,也可能会像范伟那样说:"你这人咋这样呢?!"

做烧饼,也是手艺活儿,需要费心思琢磨,花工夫侍弄,不可轻易小瞧。我想,我二大爷有理由骄傲。所谓的职业荣誉感,对手艺和玩意儿的尊崇,说的大概也就是这个。

假如您到某家传统久远、做工精细、口味地道的饭馆儿吃饭。一盘宫保肉丁端上来,盘边小条上写着"2号厨师为您主理"。把工号告诉您,是对自己手艺的信任、对您的尊重,也欢迎您监督。

宫保肉丁,不是什么大菜,但工夫可大了去了。肉丁儿切得那叫匀实,红椒出落得那叫鲜亮,青葱片收拾得机灵细发,花生炸得饱满金黄脆嫩,川椒精神抖擞,红油似黄泛橘,装盘摆放浑然一体,入口品尝麻辣酸甜香。

说的邪乎点儿,您别介意,一盘家常菜,您能吃出2号厨师付出的心血、倾注的爱。下次再来，如果您吃了味道不一样，请您仔细看看小条，肯定不能是2号厨师。否则，面子往哪儿搁呀？！还妄谈什么职业呀，荣誉呀，哪儿敢呢？

不光厨师留名，手艺人一般都会把自己的名字留在作品上，一来作为标识，二来也透着自信、负责。比如，弄金石图章的好手都会题个边款，宜兴做紫砂壶的工艺美术大师们也会把自己的名字嵌在壶身和壶盖某处。据说，当年给皇上进贡的物品只能有"万寿无疆"之类的吉语，而不能有工匠的题款。即使如此，也有某位制壶大师不怕冒死的风险，巧妙地将自己的名字嵌在了壶的某个部位。

手艺、名声、传世，比姓名本身还重要。这也不能不说是职业荣誉感的一种终极体现。当然，现在是放开了随便题，是个人都敢留名，于是滥了。突然想起有一阵子大学生还流行戴校徽。"呦，你是大学生，还是××大学的！"校徽很是让某些大学生们骄傲了一阵。现在谁再在胸前戴个牌儿，上面即使写着"博士后"什么的，大家也会觉得他有病。

当然，这并不妨碍诸多教授们在各种场合孜孜不倦地告诉大家并强调自己是"博导"。还有，海归教授们似乎也不忘不厌其烦地随时提醒大家自己是"终身聘用教授"，生怕别人说自己是在国外混不下去了才回国招摇撞骗一把。

笔者查了一下自己的有关资料（虽然不一定是自己整出来的或授权的），也免不了"终身教授"什么的字眼。于是，自做脸红状。荣誉感荡然无存。一个字，俗！

当然，有些现在被认为体现职业荣誉感的东西，当初也可能是来自某种不愿让人提及的忌讳。比如，一个职业的制服，或威严，或漂亮，往往就有提升职业荣誉感的用途。法国军服袖口几颗铜扣闪亮，据说是拿破仑

浩言管理
感悟与构想

为阻止士兵们用袖子擦鼻子的不雅陋习而设计的，而那领带也是为了吃饭擦嘴方便罢了。

咱这儿也一样，何冀平的著名话剧《天下第一楼》里有这么一个细节：烤鸭店"掌柜的"怒斥甚至要辞退两位伙计，只因为他们在地摊儿上听"不登大雅之堂"的落子小曲儿，而不是到戏园子里"体面"地看戏："咱开饭庄的不能叫人瞧不起！"不能被人看不起，这就是职业荣誉感背后的隐痛。

一个行业的正规化、职业化，尤其是从业人员的敬业和忠于职守，是职业荣誉感的基础，得有功夫，有手艺，有范式，有规矩。

而职业荣誉感，对于懂行的人来说，才更容易被理解，被欣赏。在陈凯歌当年导演的《霸王别姬》中，袁四爷在给"霸王"评戏的时候说："按老规矩，霸王回宫，要走七步，而您只走了五步。如果霸王威而不能持重，那不成了江湖上的黄天霸了吗？！"碰到行家里手，"霸王"也没脾气，只能酸溜溜地奉承遮掩："四爷，您是梨园大拿呀，文武昆乱不挡，六场通透……"

霸王有霸王的威风，唱戏有唱戏的规矩和做派。中国戏曲的行头更是提气增色的物件。穿上戏衣，勾了脸，你就是霸王，你就是关公，你就是老包，你就是大元帅，立刻入戏，精神起来，活灵活现，流光溢彩。

如上所述，最能欣赏演员职业荣誉感的是那些懂行的老观众、铁杆儿戏迷。其实，职业荣誉感是一种共享互动的过程。演出现场，激情澎湃的观众们也不约而同地加入共创辉煌的队伍中来：角儿出场要有碰头彩，唱到精彩处要使劲儿拍巴掌喊好，高潮处更是要把好大声叫起来；演员越卖力，观众越热烈，戏迷越捧场，角儿越精彩，台上台下，情绪高昂，轮番鼓励，互相抬爱。这时候的职业荣誉感才会被淋漓尽致地体现出来。

在西方文艺演出也是一样。歌剧院里，一段咏叹调下来，大小是个人物，就会有人喝彩。多明戈就曾经号召观众，不管唱得好坏都使劲喝彩，一段唱下来，全身心地投入，好长时间都缓不过来，观众多鼓几下掌，也给演员以机会喘息，好准备下一段更玩儿命地再来。

同样，一部演绎甚佳的交响曲结束后，可能会有近十分钟的再三喝彩。大批观众数十年如一日固定地观看演出，是他们使一个又一个的音乐季连年出台。

笔者于2000年岁末曾在民族宫观看李云迪获肖邦大奖后进京献艺肖邦《第一钢琴协奏曲》。虽然乐队伴奏水平有限，但李云迪的演奏确实情绪饱满、技艺精湛，初显大家风范。然而，一曲终了，喝彩者寥寥，掌声稀拉得使他几乎一次也返不了台。只有几个激动的年青乐迷，又跺脚，又吹口哨，大加捧场。

笔者身边一位自感很有风度的中年人对他身边同样自觉良好的一位女人评论道："这些都是艺术殿堂的败类。"我倒是很想知道，按那位艺术殿堂里的绅士的说法，观众应该怎样表现？是像木偶一样面无表情地鼓掌，还是应该呆若木鸡、噤若寒蝉？依我看，吹口哨的那几个乐迷比那帮拿赠票来附庸风雅的木鸡寒蝉们强多了。

当然，这位世纪初的新星，现在已然主要游走于娱乐界了。2015年某次在韩国首尔跟澳洲爱乐合作，弹的还是肖邦《第一钢琴协奏曲》——当年的获奖作品，每年都演的曲子。第二乐章走着走着竟忘记乐句了，不得不引得指挥停下乐队，重新开始。如此，艺术界的观众们流言蜚语，倒也无甚奇怪了。不敬业，就撒吧。只跟琴童们或者流行明星们耍

浩言管理
感悟与构想

就行了。

没人捧场，无人喝彩，无论怎么强打精神也荣誉不起来，人家架子端着给谁看呢？所以说，职业荣誉感，除了增强自信心这一内在动机之外，主要是要表现给周围相关人群的，需要正反馈，需要有人在乎，引人注意，受人青睐。

比如说，看那边，机场大厅，一群空姐，婀娜多姿，靓丽风采，三五结伴，不慢不快，制服合身，玉体轻摆，目光从容，自若神态，粉黛略施，香气袭来，一双双精致的小皮鞋此起彼伏、咯噔咯噔地踩在明亮的地板上，驻足瞩目的人越多，咯噔得越厉害。这就叫派。

顾客往往要求从业者敬业；而真正的敬业者通常对顾客也是有要求的。黄宗羲在《柳敬亭传》中把柳氏说书的技艺绝伦描绘得惟妙惟肖："子言未发而哀乐具和乎其前，使人之性情不能自主，盖进乎技矣。"未曾开言，早已入戏，人心震慑，不能自已，靠的全是玩意儿啊。真是与凤姐"粉面含春威不露，丹唇未启笑先闻"有异曲同工之妙。一句话，都是人物。

而张岱的《柳敬亭说书》描写的则是柳氏的身价和派头："一日说书一回，定价一两。十日前先送书帕下定，常不得空"，而且"主人必屏息静坐，倾耳听之，彼方掉舌。稍见下人咕哗耳语，听者欠伸有倦色，辄不言，故不得强"。

想听书得排队，提前下贴来请。一天就说一次。价钱没商量。必须认真听，你交头接耳，打瞌睡，爷我还不伺候了。说书的也有架子和规矩，有尊严的考虑。

纽约曼哈顿55街有一个小门脸儿汤铺，据称是情景喜剧《宋飞正传》里"汤纳粹"的原型。该店业主夏天关张，遍访世界，寻找珍奇原料，尝试各种做汤的灵感与配方。其汤很容易令人上瘾（笔者在常去纽约听歌剧的年月曾经去尝过一味，并未来得及上瘾）。

他对顾客的苛刻程度肯定在我卖烧饼的二大爷之上。在门口排起长队的顾客，进店走动说话都不得喧哗，点汤要快，不能磨蹭，态度要严肃。"汤纳粹"绝不跟你嬉皮笑脸，给你多少，都不要争执。惹恼了他，永不让你进他的店。但他要是高兴，可能会塞给你个香蕉、苹果什么的，算是随汤奉送。谁要是拿到汤后又问"怎么不给我一个苹果"，那你买好的汤也得被收走倒回锅里。一天就卖一定数，绝不多做，卖完就关门。

谁的手艺能这么受欢迎，以至于顾客必须忍气吞声才能享受到，那他就是大潇洒、大荣誉。就像某些法国餐馆，桌上没有任何调料，厨师做出来的就是正宗完美。自己再调味，简直是亵渎。

无独有偶，顾客也有自己的荣誉感。也有非常敬业的顾客，比职业球员还迷球，比职业演员还迷戏，并且很可能用极端强加的方式，要求从业人员尊重他们作为"粉丝"的情感和期许，并重视从业者自身的职业荣誉。再大的明星，不卖力就会有人喝倒彩，给你点儿颜色看看。

在极端的情况下，对于平庸的从业者，或不再敬业的明星，有些执着的观众、粉丝和其他当事人等，甚至能跟你玩儿命，跟你急。伍迪·艾伦曾经导过一个电影《百老汇上空的子弹》，剧情大概是：某黑社会保镖，他爹年轻时曾因嫌一位男高音太糟糕而将其枪杀，而这位保镖本人在剧中也把老板的情人，一个糟糕的女演员，给亲手干掉，因为他不能容忍一个糟糕的演员毁了他由于阴错阳差而参与创作和策划的一部话剧。

而德尼罗主演的一部重拍的老电影《球迷》中，一位痴狂成病态的美国棒球迷，无情地将自己原先崇拜但后来发现不那么敬业的偶像永远地

浩言管理
感悟与构想

请出局。您瞧,过于被人在乎反倒令人窒息,甚至招致生命危机,恰如荷塞之于卡门。

也许,这些极端的案例,是敦促各类从业人员要虔诚敬业,对得起顾客,并对手艺、行业和衣食父母保持某种敬畏的终极外在压力。

说精英人才

地主与长工
士兵与将军
猪也可能会飞
蹩脚的转身与华丽的败局
多明戈与帕瓦罗蒂

地主与长工

"我们给他的工资过高了,但他确实值这么多(We Are Overpaying Him, But He's Worth It)。"当年美国米高梅(MGM)电影厂的"高老板"(Samuel Goldwyn)如此评价某位当红演员的身价。

既然值这么多,怎么又说是"过高了"呢?如果是过高了,不就不值了吗?殊不知,这句看似矛盾的话,正是恰中要害、入木三分,着实道出了评判资源价值的真谛。

对于一个需要雇用资源的主体(无论是个人还是组织)来说,资源所创造的价值大小本身并不重要,对资源的偿付价格高低本身也并不重要。重要的是二者之间的差距。最有价值的资源注定是那些价格低于其所创造的价值的资源。这种资源能为其雇用者带来价值盈余或超额利润。

也就是说,不管一个雇主对某项资源付多低的价钱,只要这项资源对雇主的贡献大于所支付的价格,它就是有价值的资源,因为它给雇主带来了盈余。反而言之,不管某项资源所创造的价值如何之大,如果雇主所支付的价格恰恰等于这项资源给雇主创造的价值,那么它就不能被认为是有价值的资源,因为它没有给雇主带来盈余。

一分价钱一分货。我们常常用这句话来比喻价值和价格的正比关系。如果某项资源值多少钱就付多少钱,那么企业用什么资源都无所谓,因为它们没有为企业带来价值盈余。这些资源对于企业来讲都是一般资源,而不是有价值的资源。

两分价钱三分货。这时候，资源便是有价值的。虽然价钱贵了一倍，但价值产出增加了两倍。关键的是雇主得到了一分的价值盈余。如此说来，有价值的资源可以被这样来描述：即使雇主支付高于现行市场价若干倍的天价，雇主仍然从该资源得到价值盈余。这里，价格与价值不成比例地增长，价值增长的幅度高于价格增长的幅度。

说到这里，不禁想到旧社会地主对人力资源管理的某些做法，比如员工的选聘。某些地主在选长工的时候，一个重要的指标就是饭量。一般的信条是能干力气活的人大都能吃。能干就能吃，能吃就能干。当然，也有能吃不能干的可能。但这种可能性，相对于不能吃但很能干的可能性，要小得多。地主一点儿也不傻，多吃几个馒头费不了多少成本，而多几倍力气的"好把式"干活时很可能一个顶俩。

欲挂"千顷牌"的地主们肯定是找饭量大的长工。当然，也有小富即安的地主，又要马儿跑，又要马儿不吃草。他们关注的焦点是如何减少长工的饭量或者去雇饭量小的长工，而不是怎么样让长工更好地为他们创造价值。

雇千里马还是雇小毛驴儿，反映的是对人才的态度以及不同的经营理念。

千里马因为绝对价格较高，雇的时候也就容易多考虑对它的价格付出，而较少考虑它的价值创造潜力。即使千里马能带来数倍于其价格的价值贡献，它的价格本身也会让那些用惯了小毛驴的雇主血流加快、心跳过速，本能地望而却步。小毛驴因为绝对价格便宜，雇的时候也就容易不去想那么多。可能越图便宜，得到的实际价值越低，往往价格高于价值。

比如，某些喜欢便宜货的人老爱买菜场最后剩下的搓堆儿菜，五块钱买的剩菜买回家择出来不如三块钱买的新鲜菜多，而且白搭工夫。还有人爱买快熟透了的降价西红柿，怕以前买的烂掉，就猛劲吃，结果新买的被剩了两天,又要烂掉,赶快接茬儿再吃。如此,周而复始,忙碌于即将熟烂的西红柿间,乐此不疲。

有的企业和它们的员工永远吃肉,有的企业和它们的员工永远喝汤。有的宁肯要鲜桃几只,有的不在乎烂杏一筐。

从企业经营管理的角度来看,企业所雇用的资源是否对企业有价值,取决于这些资源是否能为企业带来盈余。或者说,某些资源可能比一般资源有超额的价值贡献,但问题的关键是这些超额价值如何在资源拥有者和资源雇用者之间进行分配。

以土地资源为例。某地主有两块土地可以耕种。某农场向地主租用这两块土地种玉米。假设这两块土地的大小和形状完全相似,农场方面的各类投入完全相同,劳作者费的力气和心思也一样。但是,第一块土地共产出价值1 000元,第二块土地共产出价值1 200元。其中,200元的差值是第二块土地的超额贡献,而不是农场的贡献。如果把它看成级差地租,那么它应该归于土地的所有者。这样,两块土地对于农场来说价值都是一样的。农场作为资源的雇用者,没有得到级差地租的任何部分。

但在现实中,每块土地的实际生产率是很难界定的,即使是地主本人也不可能完全精确地指出级差地租的实际大小。假设地主知道第一块地相对贫瘠,认为它值1 000元,而第二块地相对肥沃,值1 150元,这时,第二块地的价值盈余200元中的50元便落入农场的腰包。很显然,第二块地对农场来说更有价值,虽然它的绝对价格高于第一块地。

我们现在可以看人力资源管理中另外一个重要问题——薪酬定位。请问:迈克尔·乔丹在芝加哥公牛队打球时,他的工资是否过低、过高,还是正好?

不懂球的人当然想不通为什么打球的人能挣如此大钱。对于普通老百姓而言,他的工资简直太高了,高得离谱。但是,如果这些人知道乔丹直

浩言管理
感悟与构想

接和间接创造的价值是多少，他们一定会为乔丹打抱不平的。乔丹拿到的工资和所有收入肯定小于他给所在球队和NBA（美国职业篮球联赛）以及相关商家创造的价值和财富。否则，乔丹对于任何人都没有什么价值。

乔丹之所以有价值，就是因为老板虽然付给他的工资比其他一般球员高若干倍甚至几十倍，但他仍然能够给他的雇用者带来巨大的价值盈余。可谓千分价钱万分货。

当然，如果我们相信市场是有效率的话，我们应该说每个人的工资都是付得正好，乔丹也不例外。因为，他无法算清楚他究竟创造了多少价值。另外，如果没有他所在的NBA平台和其他资源，单靠他自己能够创造的价值是多少，也很难算清楚。所以，差不多就行了。

自己赚钱，也给别人机会赚钱。这也可能是有价值资源的一个特点吧！这些资源从不在每一次都把属于自己的（或自己创造的价值）完全彻底地拿干净，而是给雇用者或者合作者留有盈余。长此以往，雇用者和

地主与长工

他人在第一时间想到的必定是这些资源。于是，这些资源也就不会断了档期。

在与企业交涉的过程中，资源所有者也可能完全占上风。比如，当某些人力资源可以一手遮天、功高震主之时，他们就会对自己所创造的价值进行更全面和彻底的索取。在某些职业服务领域，比如咨询公司、广告公司、会计公司、律师事务所，尤其是小的公司，明星雇员掌握关键的客户资源。在有些情况下，他们与客户的紧密关系是在个人层面，而不是在公司层面形成的。如果这些明星出走，客户很可能会随之而去。这时候，公司不过是明星雇员的"壳"和"托儿"。公司从他们那里得到的更多的是要挟，而不是价值盈余的贡献。无怪乎，这类企业往往采取的是合伙制，力图将个人的利益和公司的利益校准在一起。

于是，雇员也是老板。地主也是长工。肉烂在锅里，价值盈余归谁也不必分得太清。

如果从资源本位的角度来看企业经营管理，一个企业的赢利与否或者赢利高低在很大程度上取决于它的资源特质。在上述土地的例子中，如果农场派两名管理者分别管理两块土地的耕种，假设其他因素完全相同，那么第二块地的盈利率要高于第一块地的盈利率。但第二块地相对较高的利润率是土地（资源本身）的贡献，而不是因为第二个管理者更善于管理。

也就是说，由于企业恰巧拥有比较有价值的资源而得到较高的利润率是理所当然、情理之中的，并不一定说明管理者的天分超常。相反，拥有比较有价值的资源却不能实现超额的利润率简直就是管理者的失职或无能。

一个企业要获得有价值的资源，可以依靠运气，也可以依靠管理者的远见和在复杂并且不确定环境下的判断。能够鉴别并获取和使用有价值的资源，也是管理者的一项必修课和基本功。

士兵与将军

在北京等大城市，挤公共汽车曾经是一项技术含量非常高的力气活儿，尤其是在上下班的高峰期或者主要线路上的末班车。没有好身板儿和拼搏精神是难以如愿的。光说这等车人的心理活动就很耐人琢磨。没上车的人往往不顾一切，千方百计往上挤，心里还不住念叨着：售票员可千万别关门，着什么急呢？我这儿还没上车呢。于是大嚷道，嘿，前边的哥们儿往里走走。

一旦他有幸上了车，即使车厢中间还有空地儿，他也不愿再给那些还没上车的人腾点地方。听见车门在身后合上的同时售票员对车外嚷"上不来了，等下趟吧"，他马上就开始不耐烦起来，心想，司机你快开车呀，我还急着回家呢，你这儿就别磨磨蹭蹭地耽误工夫啦。

您瞧，车里车外可真是两个不同的世界呀。没上车，惟恐车走，把自己落下；上了车，惟恐车不走，慢一秒都难忍。也难怪，位置不同，考虑问题的出发点也就截然不同了。

过去的开国皇帝们，在成事儿之前，信奉的都是"王侯将相，宁有种乎"和"皇帝轮流做，今日到咱家"；成事儿之后，马上自诩"真龙天子，奉天承运"，并严厉警示："君王卧榻之侧，岂容他人酣睡？"自己安排黄袍加身的赵匡胤，得天下后，头一桩心腹事儿便是如何避免他的部下"以其人之道，还治其人之身"。通过"杯酒释兵权"，赵匡胤借机打发了昔日患难兄弟，清除了潜在的模仿者和替代者。

士兵与将军

刘秀登基,曾与开国元勋、兵马大元帅姚期约定在先,姚不反汉,汉不斩姚,以束缚执掌兵权的姚期。通过赠姚家"免死牌",刘秀换得了姚家的忠心为臣,明确地界定了君臣关系。曹操则更直截了当地声称:宁肯我负天下人,不让天下人负我。即使我没当权,我也可能负别人;我当了权,别人就更别想负我了。

刚挤上汽车的人希望司机甩下那些没上车的人,马上就走,因为他已经不与那些没上车的人为伍了。刚打下江山的皇帝心想,总得坐一阵子吧,哪能轻易就让风水轮到别家呢?没得天下时,盼着风水转;得了天下,风水到我这儿就先别转了。由此可见,从挤公共汽车的老百姓到执掌江山的天子、权臣,大家分析问题的出发点往往是自身,那个独特的"我"。利益使然,这很正常。大家都这么认为:我哪能跟别人一样呢?!

其实,不只是中国人如此,外国人也不例外。比如,美国NBA篮球巨星查尔斯·巴克利在20世纪90年代退役后,曾一度想步入仕途,以共和党的身份竞选其家乡阿拉巴马州的州长。从小在贫困中将巴克利抚养成人的奶奶对他的选择很不理解,她说:"查尔斯,你怎么能代表共和党竞选呢?难道你不知道他们是专门替富人说话的吗?"这时,查尔斯·巴克利先生是如此回答的:"奶奶,您忘了,我现在是富人了!"

做生意的人,大概也是一样。当学徒的,盼望的是当师傅,是早日替代自己的师傅,甚至取代老板,自己当老板。一旦当了师傅,期盼的是最大限度地使唤自己的徒弟,并且对徒弟留一手,使徒弟永远不能成为自己的直接竞争对手。老板更是对伙计们严加防范,以免被员工炒了鱿鱼。可想而知,那些炒了自己老板鱿鱼而当上老板的人,对下属的防范当然就更加谨慎了。否则,如果风水天天转,不成了走马灯了吗?哪来的什么百年老店、基业长青?

在竞争规范比较成熟的市场,对于核心员工,一般的就业合同(或者

浩言管理
感悟与构想

大家公认的行规）都会有条款限制将来可能的同业竞争，以保护雇主的利益；同时，也要求雇主企业保证这些员工就业位置的相对稳定和待遇丰厚。也就是说，掌握企业核心机密的员工或其他重要员工，在离开企业若干长的一段时间内，不能在同一行业为对手工作或自立门户与原雇主竞争。

这种条款和约定，在某种程度上缓解了同业间人员流动过于频繁、恶性竞争、"乱拳打死师傅"的混乱局面，保持了行业的相对稳定性，并对从业人员的职业操守，以及雇主与雇员间的相互约束和忠诚度有良好的促进作用，非常类似"姚不反汉，汉不斩姚"的约定。

当然，那些通过炒老板鱿鱼而当上老板的雇主，也会千方百计地防范那些野心勃勃、渴望取而代之的下属。君不见，畅销书中有多少是帮助老板给员工洗脑，吃定心丸的。各种招数，五花八门。"忠诚胜于能力""态度决定一切""与公司共命运""没有任何借口"。这种刻意的强加，赤裸裸，昭然若揭，简直就是"只许州官放火，不许百姓点灯"。难怪，那么多企业老板大批购进这类书籍，保证他们的下属人手一册。

如果风水根本就不转，那不成了死水一潭，没有活力了吗？不用过于担心。好在，任何时候，总是有人会躁动，会有野心，不管成事儿与否，总会听到"王侯将相，宁有种乎"的某种回音。

"不想当总经理的员工，不是好员工。"

那是不是不想当总统的公民，也不是好公民呢？其实，都是"不想当将军的士兵，不是好士兵"这种说法惹的祸。这句貌似有理的信条不知道无端地惹起了多少没有来由的激情和画饼充饥般的虚幻梦境。其实，士兵和元帅需要的是不同的素养和技能。不想当将军的士兵，很可能是非常优秀的士兵。一心想当将军的士兵，很可能既不是好将军，也不是好士兵，只是不安分地做白日梦的士兵。

士兵与将军

没有足够的资质和才能，最好还是老实做一个好员工，有自知之明。而某些人，既有资质，又有野心，这些以自己意志行事的人，是很难被洗脑的，他们要想当将军，你想拦可能都拦不住。比如，你若问曹操如何评价"不想当将军的士兵，不是好士兵"的说法，他很可能会说："别人当什么我不知道，反正我是当将军的！"

师傅只有在徒弟不跟自己竞争的情况下，才会将自己的全部手艺传给徒弟。否则，出科的徒弟，便是大敌。所以，"好士兵要立志当将军""好员工要有当CEO的雄心"这类口号最好还是在军校和商学院里卖。那里的教官们和教授们通常是只说不练，没人跟自己的学生直接在实战中竞争。

而在正规的军队和企业里，将军和总裁是在某些有限的人群范围内选定的。不是每个人都能行的。王侯将相，可能无定种，但在人群中的分布肯定不是均衡的。与其侥幸企盼奇迹，不如顺其自然。能当将军就当将军。该当士兵就当士兵。

除了那些极度谦虚或随遇而安的人，也许每个人，至少在年轻的时候，都可能觉得自己是块儿将军料，想试一把。有没有机会，那得看你的资质、意志和运气了。如果谁都随便想试就能试一把的话，那就不叫领兵打仗了，那是玩电子游戏。

猪也可能会飞

据说,每个人来到这个世界上都是有原因的。这个原因就是一个人的使命。依照这种说法,每个人都是人才,在某方面擅长和有用的人。倘若世人皆以一己特有之才而立身行事,整个世界则应该是人才济济,佳贤云集;人尽其才,物尽其力。

让人纳闷儿的是,这世上偏偏就会存在人才稀缺。这又做何解释呢?

如果按照上述思路分析,要么是某些人没有认清楚自己的使命,要么是某些人不喜欢或不甘心自己的使命,要么是某些人干脆就不相信什么使命。于是,就出现了人不尽其才的状况:一方面,人才短缺,雇主找不到合适凑手的人才;另一方面,很多人都觉得自己是个人才,却没有得到充分发挥和利用。

这个现象背后的一个关键症结就在于很多人都想有幸成为所有人都愿意成为的那种人才,想拼命成为自己不可能成就的那种人才,而就是不愿意成为自己可能成为的人才。于是,遂有万马齐喑之状。龚自珍曾经大声疾呼:"我劝天公重抖擞,不拘一格降人才。"龚大学士实在是冤枉天公。其实,选择不在上天,而在于个人。天公本降多格才,无奈此才欲彼才。

也难怪,草总是邻居家的绿,生活总是别处精彩。为赋新词强说愁,岂知功夫在诗外。我们喟叹生不逢时,我们感怀炎凉世态。我们嫉恨平庸却又不得不囿于平庸,我们不愿无奈却总摆脱不了无奈。我们在不甘寂寞和渴望奇迹的浮躁中亢奋、企盼,高呼着"王侯将相,宁有种乎""我就

猪也可能会飞

不信我这辈子发不了财"；我们在时光不再却又难以追悔的自慰中踟蹰、徘徊，低吟着"平平淡淡才是真""三十以后才明白"。

同时，长大变老的我们也少了些"少年壮志当拿云"的慷慨，不再动不动就提"有一朝得遂我凌云志，我定要斩尽奸邪镇朝纲"，而是多了些岁月沧桑的感慨，"我这辈子算完了，以后就看我儿子（女儿）了"。于是，又像上了发条似地为下一代早出人才、快出人才而奔波：逼孩子学钢琴、学美术，上各类补习班、夏令营，学别的孩子们都在学的时髦东西。多学本事，本身并没什么错，关键要看是什么材料。人的精力毕竟有限，好钢要使在刀刃上。

人贵有自知之明。人才更需要高人指点。

早一天明白，早一天成才。就是说，根据自己的特点和长处成才。

"你如果想当军人，你要成为一个将军；你如果想当僧侣，你要成为一位教皇。"毕加索的母亲在他年轻时曾经对他这样讲。毕加索对自己职业选择的解释却是这样："而我想当一名画家，于是我成了毕加索。"他没有去做一个不可能成为将军的士兵，也没去做一个没有希望成为教皇的僧侣，他按照母亲的指点和对自己的独特理解和把握，成了一个享誉世界的画家。

子曰："故天之生物，必因其材而笃焉。故栽者培之，倾者覆之。"因才而育，蓬勃自然。有悖天性，适得其反。于物如此，于人何异哉？

西方谚语说得更是简单直白：猪也可能会飞，但肯定不如鸟飞得漂亮。当然，话也可以倒过来说：鸟也可能脚踏实地，但肯定没有猪来得自然。

君不见，古往今来，愣是有人硬着头皮要与天意对着干。要么为了成全自己而不自量力、愚公移山，或者自相矛盾、北辙南辕；要么因为嫉妒他人而盲目攀比、见异思迁，不惜东施效颦、邯郸学步。后果注定多是悲惨。

浩言管理
感悟与构想

我劝世人重抖擞，因时就势做人才。所谓天生我材必有用，其实是说，只有每个人在最大限度地发挥其竞争优势的时候，他才真正是个人才，是他所能够成为的最有价值的人才。上天青睐那些知道自己特质和长短并充分发挥自己特质的人，因为他们清楚地意识到了自己的使命。

知其不可为而为之，可堪称道的只是奋发努力的精神境界；识时务者为俊杰，建功立业贵在人才的尽情施展，知其所能，专其所长，精其所专。

篮球巨星迈克尔·乔丹曾在其篮球职业生涯巅峰时期出走NBA，去寻儿时的棒球之梦。这时的乔丹，和三流的队友们穿梭在三流棒球队的赛场上，风采不再，平庸有余。只有在重返NBA篮坛后，他才找回昔日英雄的感觉，真正是个人才、天才。

猪也可能会飞

龙游沟壑遭虾戏，凤入牢笼被鸟欺。殊不知，沟壑很可能就是某种思维的定势；牢笼很可能就是某些意识的误区。人才走错了门，便是庸才。

隔行如隔山。即使是训练有素的职业经理人也不太可能在自己不熟悉的领域内横刀立马、傲视群雄。美国著名投资家沃伦·巴菲特曾经说："当一个素来难以驾驭的产业的名声和一个战功卓著的经营者的名声遭遇时，一般而言，结果应该是产业的名声保存得完好如初。"可见，有些浑水是蹚不得的。人才，也是有通行范围的。有些经理人适于锦上添花，能够出色地执掌优胜企业；某些经理人最宜雪中送炭，非常擅长于快速扭转烂摊。某些人能治理小企业，某些人玩得转大企业。

如此说来，对于一个人的人生和职业设计来说，每个人都应该先仔细看看自己是什么材料，有什么特长，在哪方面有竞争优势，可以称得上是个人才。尽早地认识自己和发现自己是首位的，然后才是在此基础上的塑造自己、推销自己，以及施展和发挥自己。

20世纪著名的经济学家约瑟夫·熊彼特在年轻的时候曾誓言要成就三个欧洲之最：最好的骑士、最红的恋人、最优秀的经济学家。也许，只有在经济学界，他的成就才是世界级的，为后人景仰，饮誉至今。毕竟，他在经济学领域倾注了毕生的心血。他的选择是明智的。

人们在选择职业时，要考虑最大限度地实现自己的价值。雇主在招募员工的时候也要考虑才能与岗位的匹配。

美国康涅狄格州曾经发生过这样一个故事。该州警察局要通过系列考核来招募一批监管高速公路的巡逻警察。先进行笔试，后进行身体素质和其他实战考核。笔试得分前10%的应试者自动被淘汰，其他人进入下一轮。前10%中有人不服，到联邦法院控告该州政府在招募员工时的"歧视"行为，但被驳回。

为什么这些应试者考分高却反遭淘汰呢？

浩言管理
感悟与构想

  法院的裁定是：警察局的做法和理由顺理成章。因为每天在公路上巡逻或隐藏在某些地段拦截超速行车者是很枯燥的重复劳动和非常危险的营生，需要警察勤恳踏实，忠心敬业。而根据以往的经验，那些考试中分数较高的人，往往过于聪明伶俐、机敏活泛，很难长期在这份工作上恪尽职守。而警察局需要的恰恰是那些不但能胜任并喜爱该工作，而且能够长期以此为职业的人。所以，警察局有警察局的道理。

  长颈鹿可以很容易地伸着脖子吃树上的叶子，小白兔则不能；小白兔能够很轻松地随地吃草，长颈鹿则不能。连小孩子都知道，不同的动物有不同的竞争优势，应该各自扬长避短，利用强项，避开劣势，从事自己最擅长的营生。离开自己的最佳环境，做自己不擅长做的事，都是不自然的。如果大家都能成为自己所能成就的最好人才，则各类人才脱颖而出。

  听起来有些宿命论，而且还拿那么多不同的动物说事儿。人能跟动物比吗？其实，人最大的弱点可能就是认为自己最聪明，无所不能。

  天行健，君子以自强不息。不断发现自己和认识自己，提高自己和完善自己，成为自己能够成就的最佳人才。

  可这话又说回来了，君子不跟命争。信不信由你。

蹩脚的转身与华丽的败局

在商业世界，至少存在着三类常见的动物：实业干将、贸易能手、投资专家。这三种动物都可以笼统地被称为企业家，只是创业和经营的专业与领域不同。就像大家习惯于推崇和渲染企业的成功转型一样，媒体对企业家本人的不断转型亦是关注颇多，一时间"华丽转身"之类的溢美之词不绝于耳。

好像做贸易的自然会干实业，干实业的自然会懂贸易，或者做贸易及干实业的自然善于投资。这就未免有些夸大其词，忽视了"隔行如隔山"的古训以及各类专家必备的独特功法。老实说，真正的华丽是梦呓，而实践中的转身往往蹩脚，其结果则通常是败局。纵观30年来，成功转身的企业家没几个。别说转身，成功活下来的也没几个。30年不倒的著名"常青树"大概只有鲁冠球一人。没见他怎么转身，偶尔晃悠两下，也是稳健低调，远非华丽。

按照一般的规律，任何专家，在自己的专长领域以外说话，基本上都是信口开河；而在自己的专长领域以外游走，通常是盲人瞎马。不否定某些天才有极端过人之处，兼具多种领域之专长，跨界行事如鱼得水，与时俱进，成功转行。比如范蠡为官至高，变个脸就是陶朱富贾，还能领着西施跨国旅游。而此种人才，可谓旷世罕见。通常的情况是，一个人能有幸在一个领域里成为专家就已经非常万幸了。

干实业的做贸易容易把猪当孩子养，看不清市场的瞬息万变。做贸易的搞投资，可能短期内投机见效，但缺乏长期投资的眼界与性情。无论是做贸易的还是做投资的，亲自去干实业、搞经营，都可能会缺乏对细节的关注和内功的滋养。干实业的搞投资，猛然发现以钱赚钱可以如此轻松如意，不必起早贪黑穷忙活。于是，要么自废武功，流于钻营；要么经不起诱惑，铤而走险，最后难以善终。

和谐社会，就是谁该干什么干什么，而不是谁想干什么干什么。什么叫该干？外部机会允许，自身能力擅长。每种动物最好做自己最擅长的游戏，这样不仅有助于个体竞争优势的发挥，而且有助于整个社会福祉的增进。企业家的实质就是梦想加折腾。要知道自己终究要干什么，穷毕生之努力而孜孜以求。不妨以此两种维度为线索来看一看这三种动物的异同之处。

梦想的异同

首先，看梦想。无论是实业型、贸易型或者金融型的商业帝国，所有企业家的终极目标大概都是打造商业王国，以便青史留名、流芳百世。从这一点来看，三者是相通的。然而，具体而言，实业家对于商业王国的诉求可能更为强烈一点，尤其是希望通过某种产品与服务的提供，给人们带来便利。

比如，日本岐阜的飞弹牛肉或者更加著名的神户牛肉，其卓越品质来自对优质肉牛的选择、对养牛过程与手段的精心设计，以及按照设计标准严格进行的精心喂养。把设计与制造高级牛肉当成事业来干，当成梦想来追求。

再比如，同仁堂常年坚持使用药品的手工炮制工艺。诸如此类用产品品质说话的实业家，其梦想不包含投机取巧，不会奉行"只要卖出去就行"的信条。

投资者梦寐以求的终极目标,则是连续超高的投资回报率。对于所有金融家或者投资者而言,投资回报率是考量其成功与否的最终标准。

不管你是干实业种橘子还是做贸易倒卖原子弹,无论是长线还是短期,只要能在规定的期限内给我一定的预期回报,我就把你当作投资对象或工具。这大概是职业投资者的逻辑。对于数字和比率的敏感,往往重于关心事情本身的意义。

比如,一个以产品质量卓越为荣的实业家,很难容忍自己的产品没人买而且要赔本赚吆喝倾销。而一个基金经理则可以毫不脸红地,甚至非常骄傲地面对高额亏损与负盈利率,只要同期别的基金比其亏得还要更多。如此,数字本身就是排名,比率自己就有意义。

贸易者的梦想,是在限定的时间内将买方与卖方带到交易场所并按照贸易者撮合的条款成交。在美国房屋中介公司流行的一句话是,"什么事儿都得先让位于合同的成交"。古董拍卖行恨不得一件物品每天被转手交易若干次,每一次都收取巨额交易费用。

对于职业做贸易的人,不会为所交易的货品本身之价值所动,从而自己留存或收藏,而是把在规定的时间内成交作为唯一的目的。无论货品如何高值或者低贱,只要有卖有买,双方成交,则是贸易成功,抽头费用搞定。从易货贸易到金融型的交易,手段和过程日益复杂,但基本道理皆是一样,通过买卖的价差或者提供中介服务获益。从这一点来看,搞贸易与做短期投资的理想非常相近,都有些许投机的可能并且都面临必须及时交易的压力。

然而,仔细想想,如果一个人有很多梦想,也就无所谓梦想。真正能成为梦想并愿意终身为之奋斗和付出的追求,不会太多。因此,有多少人把弄实业、搞贸易、做投资真正当成梦想,还是值得怀疑的。一生中成功地实现全部三种梦想的人物似乎亦是鲜有耳闻。Jim Koch 放弃投行优厚待遇去做啤酒 Sam Adams，是家传渊源和个人兴趣。Jeff Bezos 放弃投行去做亚马逊网上书城，是因为投行只是一个职业而并非终生梦想。转型的前提是已经有型，或者初步有型。如果二人都已经做到了投行大佬，不知还是否有心境、能量或者学习的机会去做这种转型。

Gilbert Kaplan 在纽约创立了 *Institutional Investor* 杂志以及投资信息服务从而致富，之后，以业余指挥和马勒专家的身份，满世界指挥马勒第二交响曲，因为马勒是他的挚爱，指挥马勒的交响曲是他的人生梦想。他指挥过的乐团包括大名鼎鼎的维也纳爱乐和伦敦交响乐团，而且他指挥当年的中央乐团实现了马勒第二交响曲在中国的首演。为了梦想而转身，可能奢侈，可能悲壮，但至少还是值得称道的。

折腾的招数

尽管如此，但如果光有梦想，没有能力为实现新的梦想而行之有效地折腾，也是白搭功夫。请看上述 Kaplan 的自律。他只学会了指挥马勒第二交响曲，就只是指挥马勒第二交响曲，并没有要成为职业指挥家。毕竟，冰糖葫芦不能当饭吃。

同样，我们很难想象，松下幸之助会热衷于搞房地产或者投资银行，或者本田先生会突发奇想地要打造金融帝国，抑或乔布斯会放弃对伟大产品的追求而去搞什么风险投资，奖掖后进。

不仅难以想象他们会擅改初衷，也难以想象他们的才能和禀赋会使他们干什么都如鱼得水，弄什么都深得要领，虽然他们都是自己领域内的经营天才。思维定势和运作习惯决定了他们的专长，同时也造就了他们的局限。

不要说跨行经营或者跨界运作，就是在同一个行业的不同领域，也需要不同的眼界视野和技术专长，折腾的手段不一样。唱青衣的很难客串花脸。一度转行的迈克尔·乔丹，打棒球顶多是末流三线。

再比如，同是搞投资，做基金的、做投行的和做风险投资的，各有各的路数和特性。巴菲特在当年 IT 行业如日中天的时候也拒绝投资与互联网有关的企业，因为他觉得那些业务无法合理定价，并开玩笑说自己由于无法理解比尔·盖茨的业务，但出于友情买了 100 股微软的股票。

即使赚了大钱要回馈社会，巴菲特也没有自己改行专职搞慈善，亲自管理各类善款和公益项目，而是把自己 360 亿美金的资产交给盖茨名下的慈善基金，由职业人士打理。会赚钱的不一定会花钱或者散钱。

做实业的，其折腾的核心与要点是：打造优质的产品和服务，在满足顾客生活中的某个具体需要方面出类拔萃、卓越领先。乔布斯对产品设计的极端执着以及审美诉求，是苹果公司创新的一种源动力。

本田先生对发动机的挚爱促使他不停地尝试与折腾，千方百计去提高和改善发动机的性能，不断寻求发动机研发与使用的各种商业前景。迪士尼先生的求索，紧紧地围绕着公司自己创造的卡通形象，由电影电视、图书出版，到主题公园、商品版权，力求给人带来欢乐憧憬、魔力梦幻。

从这个角度来看，这些亲力亲为的实业家都是手艺人，凭自己的骄人创造傲行于世，靠某种具体的专项本事吃饭。手艺人练的是手艺专绝、活计精湛，最看不起的是投机取巧的"下三滥"。

做贸易的企业目标永远是市场。折腾的核心与要点，根据定义是"买卖"：把某种货品在一定的时间内卖给尽量多的人，把最差的产品以可以接受的价格卖给愿意买的人，或者把某种货品尽量卖给出价最高的人，并从中获利。盖茨的微软貌似高科技企业，其核心竞争力其实就是一个字——"卖"。大家想一想，帮助微软赚大钱的东西哪一样是微软自己发明的？什么东西能够大规模地卖，就抢先买断，然后狂卖，最好是实现垄断，至少能够形成准产业标准。

金融家和投资者能够长盛不衰，除运气外，靠的是对投资对象的了如指掌和精准判断，包括从固有价值、市场定价到升值潜力等诸多方面。投资者折腾的核心与要点，是准确地发现适合的投资对象，在市场定价低于其固有价值的时候果断出手买入，长期持有，追求高额回报。

投资者在短期可能具有贸易者的特点，投机套利。金融家在长期而言必定是要争当伯乐，在关键的时间和地点出现，适时发现，积极扶持，甚至耐心培育千里马。如此，投资者操练的功法与技能，是对做实业的或者搞贸易的企业家的理解和欣赏、分析与判断。

有人说，自己做过企业的人最知道做企业的人，因此，他们搞投资，比如风险投资，似乎顺理成章。也许这有一定道理，但千里马不一定能做伯乐。做马与相马是两回事儿。千里马通常只知道自己那点事儿。实际中的千里马又很可能有多种多样，唯有专业伯乐最为识货，全面了解行情。

总而言之，三种动物需要的是三种不同理念支撑的有不同侧重的折腾。一种动物很难三方面都行。

什么都能玩得转儿？难！

其实，转型的困难，不仅体现于个体企业家与管理者身上，也体现于企业和社区。由于路径依赖，每个企业和社区都会在某种程度上困囿于其创立初期以及某些重要历史节点上留下的烙印与痕迹。每个企业都有其不同的构建基因、文化传统、制度记忆、经营理念和管理逻辑，因此，真正成功转型的企业并不多见。

当年美国著名的西尔斯百货公司曾经大肆染指金融业，从信用卡、投行、保险公司到税收服务,五花八门,不一而足。然而,理货与理财两种不同业务的理念与经营冲突,最终导致该企业在理货和理财方面都是高不成、低不就。

像通用电气那样既做实业又做投资的超级企业联合(Conglomerate),依国际惯例来看玩得转的成功者是屈指可数,并非常态。而通常情况下,更多的企业不过是一个什么业务都做的大杂烩而已。即使如此,这些业务往往也是在不同的一把手主政时期逐渐收入公司业务版图,并且由不同行业的专家在一线做主管,而不是一个创业老板先做实业,再事投资,见机行事。

折腾不动的企业家、风光不再的大老板,以及寿终正寝的企业,转型之外,还有一个明智的选择,那就是自动退出历史舞台。与其勉为其难地强求转身,与不是一代人的那些更专业、更敬业的新秀们去竞争,不如保持自己的前辈尊严以及在收官阶段的优雅姿态。

当然,在各自专心敬业、搞好主营业务的基础上,偶尔的相互交叉与借鉴也不是完全没有可能。有些企业,随着其行业饱和或者市场衰落,利润越来越低,因此投资与主业不相关的领域,为的是积极主动地避免坐以待毙,至少仍然在做实业。

有的企业,也许由于资金充裕,为了防止资金闲置,提高资金收益率,偶尔进行主业以外的投资尝试,也许有些道理。还有一些企业,为抓住投资机会,或是分享中国经济成长的果实,或是预备企业未来发展所需的现金流,适当进行某些热点投资,也算无可厚非。但需要提醒的是,分享总归是业余,主业一定要清晰。

还有,每一个稍微有些历史传统的地域与社区,要想转型别样,也都会步履艰难,面临根本上的挑战。比如,纽约的金融区、旅馆区和剧场区等都是有意规划与自发形成,都有上百年的历史,如果它们强迫自己转型，无疑等于自戕。

同样，北京的中关村，自20世纪80年代起就是以大小商铺倒卖电脑及配件起家，也曾经一度弥漫着"贸工技"的思路或者臆想，30年一路走来，却未见提升多少技术含量。直到现在，海龙、鼎好、硅谷、太平洋，车水马龙，交通堵塞，大商小贩，不过是一片连一片的大卖场。

在这种做买卖的氛围和气场里，产品倒手马上就能赚钱，做贸易的人有多少人还有心思去弄技术呢？好歹还算是个大卖场，不过向哪儿转身都难。

扪心自问：上帝为何如此眷顾你？

说到最后，除了梦想注定了要转身，以及自己的能力适合转身后的折腾，其他的理由总显得不够充分。是不是因为有了钱就意味着一定会投资或者就必须去做投资？不一定，最好是交给专业投资者来干。自己有钱，不一定会投资获利。自己天生丽质，并不意味着知道如何教别人美容。

如今，在实业家、贸易者和投资人之间的转换有时是出于方便，可以顺搭；有时是出于喜好，可以玩票；有时是出于虚荣，可以攀比；有时是出于无奈，必须亲力亲为，以自己的努力去弥补市场发展和制度设计方面的缺陷，比如，许多人卷入资本运作在很大程度上是因为外部资金市场发育不足。

无论如何，这种随意的跨界游走，可能造就某些一时的便利，也可能造成大家都不敬业，或者都不职业。说白了，拥有自己的职业荣誉感至关重要，这也同时意味着尊重别人的职业荣誉感。否则职业人士便已不再职业。

郭德纲曾说绝大多数相声演员20年前都不是说相声的，比如可能是厨师，意思是说他们不是科班出身，而是中道转行。这话很有道理，切中要害，也许同样也适用于郭德纲本人。科班说相声的也不一定会演电影，谁都得悠着点。

号称管理天才的韦尔奇，退休后也没有去当政客，给政府管理添光增色，因为他知道自己的那一套管理方式在政界无法施展。

如果没有梦想，只像没头苍蝇一样瞎折腾，捞浮财，也无所谓转身不转身。有了某种像样的身段，才谈得上转身，以及转身的姿态是否优雅华丽。

无论是企业家或者管理者个人，还是企业抑或社区，不管是有身段还是压根就没身段的，躁动欲转者满眼皆是。既然已经选择了或者自然形成了某种身型，那就努力把这个型端好端正。

忠诚敬业，慎言转身，更勿贪图所谓华丽。每一个舍我其谁的想要华丽转身的企业家都需要冷静地问一下自己：上帝为什么如此眷顾我？为什么单单让我如此多能？

写到此，突然想到步步高的老板段永平。先实业后投资。做得都很精彩。毫无疑问，这种人毕竟凤毛麟角。搜索一下他的简历，浙大无线电本科，人大计量经济硕士。当年能有这种教育组合经历的没几个。

多明戈与帕瓦罗蒂

2016年年秋,我在开学典礼上致辞的时候,曾经强调当今时代60岁只是中年。不管我们是否清醒地意识到平均寿命的增长将会意味着工作年头的增多和退休年龄的推迟,如何规划和管理自己的职业生涯将是一个重大的挑战。

1994年,我博士毕业到罗德岛一家商学院任教。第一天上班到人事处,人家问我选择哪种退休金年金方案。我当时纳闷,兄弟我才28岁,咋就一竿子问到退休了?无奈,人家的退休金是有规划和选择的。这是我初次意识到职业生涯管理的重要性。

上周回郑州省亲,跟初中同学聚会,两位同班姐妹已然退休一年了。我问她们今后干啥。答曰养生。不出意外的话,还得再养三四十年呢!钱够花吗?有持续的现金流吗?有钱看病吗?除了养生,有足够的事儿干吗?如果今后时代人们的收入和消费成数量级的变化,招架得了吗?我难以想象。

未来的几十年你是想靠你那点儿退休金和自己的独生子女或者你四十来岁之后再生的二胎吗?当然,你是大款啥的,不用操心。"家里的金子堆成山,家里的银子用斗量"。这是我打小常听的戏词。即使这种人家也会有变故哇!

现在很多人移民国外,一是转移资产,求得保险,二是"为了孩子,为了蓝天,为了……"。这些都是至少有几千万资产的人。在美国买任何东西都得自己花钱。如果想着到美国退休的话，还是得再想想。投资也会折本。大款也会落魄。

生命不息，奋斗不止。要保持状态，保持心态，保持可就业性，保持与社会同步发展。看看 Robert De Niro 前两年跟 Anne Hathaway 演的《实习生》。

我在美国第一次买房的时候，我的经纪人是我们当地退休的市长。当然美国的小城镇市长也不算啥大官。他50岁从市长位置退休后领一份政府的退休金。估计钱也不多，而且闲着也是闲着，就又重返战场了，利用自己的人脉关系当房屋中介。

对于很多人而言，估计在一生中换几次职业是很正常的。有时主动，有时被动。当然，最好是主动，而且是有章法，高回报，很顺畅，可持续。有些行业是吃青春饭的，有些行业、工种或者岗位虽然不是青春饭，但也有一定的年龄限制。这就更要规划好职业生涯的转换和传承。

美国 NBA 球员打球时年收入可以上千万美元。但据说有很大一部分人退役10年后基本破产，当教练、当老板或者转行做生意成功的凤毛麟角。给我们北大国发院 BiMBA 商学院的体育商学院项目做个广告：奥运冠军们，来俺们这里学个 EMBA 啥的吧，你不一定能成李宁，但不会去犯 NBA 球星们的破产病哟。

说到职业生涯转换，还是有一些典型的案例可以借鉴的。不是所有的 NBA 球员都破产哟。迈克尔·乔丹有自己的球队和商业帝国。当然，乔丹也有失手的时候，比如去打棒球。

在我熟悉的世界里，一个最为精彩的案例，当属歌剧之王多明戈。多明戈早年出道唱男中音，后改唱男高音，一路唱了40年。最近几年，相对年老力衰，又改回男中音。来国家大剧院唱了好几次了。今天总算赶上一回，在国家大剧院看他演威尔第的《麦克白》。前半场唱得有点儿捏把

浩言管理
感悟与构想

汗。第四幕的咏叹调下来，全场鼓掌几分钟。大呼过瘾！被刺死前的一段唱，又是满场的喊好声不绝于耳，使得多明戈硬是在台上躺着死了好几分钟才被抬下去。

说多明戈是歌剧之王，实至名归。

从20世纪70年代初起，多明戈就与帕瓦罗蒂展开了近乎你死我活的较量，虽然二人后来欣然合作，与卡雷拉斯一起组成三大男高音。80年代，有一次帕瓦罗蒂的公关团队在多明戈的节目册里刊登帕瓦罗蒂最新唱片的广告，称帕瓦罗蒂是全球最伟大的男高音。多明戈硬是逼着旧金山歌剧院在演出前销毁所有节目册，否则终生禁演旧金山歌剧院。

帕瓦罗蒂唱得更有戏味儿（类似中国戏曲的戏，他自己最喜欢的是斯泰方诺那样耍得很有味道的唱法，而不是贝尔贡齐那种铿锵嘤铄的硬造）。帕瓦罗蒂主要出演普契尼、唐尼采蒂等作曲家的作品，偶尔也演威尔第的作品。多明戈演得则更像剧（Drama），从莫扎特到瓦格纳都敢招呼，自称不用排练可以随时上场出演70部歌剧的主角。

帕瓦罗蒂成名之后一辈子吃喝玩耍，体重曾经达380磅。即便这样还拍了个以骑马为题材的电影。最终享年71岁。笔者有幸在1986年和2005年分别在人民大会堂和首都体育馆观看了帕瓦罗蒂大师首次和最后一次访问中国的演出，并在纽约大都会歌剧院看过他十几次演出。直到帕瓦罗蒂去世前的一年，他还在唱。

帕瓦罗蒂的职业生涯管理很简单：我是唱戏的，一直唱到老。不能唱，就挂掉。哪有啥退休可言？！帕瓦罗蒂确实是注意保护嗓子，太重的角色就不演，比较知趣儿，这样职业生涯就足够长。当然，帕瓦罗蒂也有在斯卡拉演《阿依达》被喝倒彩的经历。这就更使他注意不过分挑战其嗓子的极限。某位意大利女影星说帕瓦罗蒂的嗓子被上帝亲吻过。帕瓦罗蒂则机智地回应说，那你浑身上下都被上帝亲遍了！

多明戈与帕瓦罗蒂

帕瓦罗蒂晚年常演的就是《图兰朵》《假面舞会》《爱的甘醇》《安德烈·谢尼埃》等比较顺溜的戏。一感冒就取消演出，搞得著名歌剧院的总经理们很搓火。也没办法。大家就是喜欢帕瓦罗蒂！我看了两次《图兰朵》。卡拉夫去猜谜前本该击鼓。台上晃悠不动的帕瓦罗蒂就老远处比划一下，由匪兵乙替他敲了。我是唱戏的，不是演剧的，你就只专注于听吧。

保护好嗓子，保护好本钱，这是帕瓦罗蒂给所有人职业生涯管理最好的教诲。这也是帕瓦罗蒂跟最早提携他的女高音"教母"琼·萨瑟兰那里学的——只演自己游刃有余的角色。这才是真正的职业人士。跟帕瓦罗蒂小时候共用一个奶妈的另外一个"教母级"的女高音弗雷妮就连《蝴蝶夫人》都从不在舞台上唱，只录过一次像。那得多在乎自己的本钱呀！

多明戈是好演员。今年75岁了，在台上还是有范儿。戏剧就是明星的艺术。看的是角儿！20年前在纽约大都会歌剧院看中年多明戈演《卡门》，卡门只是个下士，但一出场那派头就是副师级的，跟众人握手。大家不在乎。我们是来听唱的。虽然多明戈比帕瓦罗蒂演技好多了，但我们还是听唱。

多明戈被称为歌剧之王。帕瓦罗蒂早就是高音之王。帕瓦罗蒂过世的时候，作为一辈子的对手和"三高"合伙人，多明戈毫不掩饰地夸赞帕瓦罗蒂拥有令人羡慕的"一听便可识别"的男高音。

就精英人士的职业规划而言，多明戈的出彩之处，并不仅仅在于老年回归中音，延长舞台寿命。他在四五十岁或者更早的时候，就开始规划他的指挥生涯，并利用自己的知名度跟一些二线的歌剧院协商或者要挟，要让我来唱，最好也搭着让我指挥一两出比较容易指挥的戏。如此，他就开启了自己的第二职业生涯。早在10年前，他就同时担任华盛顿歌剧院和洛杉矶歌剧院两家的艺术总监。

浩言管理
感悟与构想

要知道，指挥是可以死在台上的。活到老，干到老。跟帕瓦罗蒂一个意思，卡拉扬、伯恩斯坦和肖蒂爵士都是在去世前一年还在指挥。法国指挥家 Pierre Monteux 曾在 95 岁时和伦敦交响乐团（LSO）签了 10 年的合同！

指挥通常长寿。斯坦福大学菲佛教授说权力导致长寿。指挥的例子当是一个明证。指挥多长寿。你也可以说有长寿基因的人喜欢当指挥。但更靠谱的替代性说法可能是菲佛的结论。有权导致长寿。

人权、财权、艺术权掌握在自己手里。聘谁、演啥、咋唱，一切都是指挥自己说了算，多爽呀！现在常来中国跑场子的迪图瓦曾经在蒙特利尔爱乐、法国国交、日本 NHK 和费城乐团夏季音乐节四个地方同时担任全职的艺术总监。权力可想而知。

多明戈老师是选对职业了。现在还能唱，实在不能唱就舞棒呗。

干自己喜欢干的事儿和擅长干的事儿。活到老，干到老。

赏人物翩跹

大师不是一个职业：悼德鲁克
学界贵族：悼钱德勒
乔布斯为我点亮一盏灯
真人真事三则
何秀顶

大师不是一个职业：悼德鲁克

2005年11月11日，彼得·德鲁克以95岁高龄谢世。一个令人敬重的老派绅士，一个敏锐犀利的资深社会经济观察家，一个富于洞见的商业评论神圣，一个影响广泛的管理论著作者，一个备受企业精英信赖和尊仰的导师，20世纪管理领域最重要的代言人，驾鹤西去，流下一个难以填补的精神空缺，一个不再拥有大师的时代。

蛟龙过后，只见一片汪洋。

德鲁克，生于风雨飘摇的奥匈帝国，受教于维也纳和英国，法学博士，在德国做过财经记者，在英国银行当过经济学家，在美国为英国报纸当过特约记者，被通用汽车公司邀请做过名噪一时的调研，在纽约大学当过讲师，再到加州克莱蒙研究院讲授管理学。将近75年的职业生涯，凡39部论著。20世纪40年代，推崇分权化管理，强调社区与人在管理中的重要性，50年代推断计算机在未来商业中的广泛应用，提倡"目标管理"的有效性，60年代预测日本和亚洲企业的崛起，暗示知识型工作者的诞生，1987年股市大跌后自称早就预料到这种下场（不是由于经济原因而是由于审美和道德原因），并在80年代积极主张企业家精神和创新，90年代警示社会"经理报酬超限"可能带来的不良后果，等等。

德鲁克相信管理是人文艺术，他的著作旁征博引，涉及艺术、文学、历史、哲学、宗教、伦理、政治等诸多领域。信手拈来，字字珠玑。俯拾即是，语句精彩。生动案例，形象比拟。鉴古喻今，透彻明晰。他永远在

浩言管理
感悟与构想

最前沿，为管理者指点迷津。他的洞见经常能帮助你证实你的直觉，为你壮胆鼓劲，为你撑腰打气。他的信息处理容量大，涉猎广泛而判断通常很准。你所能想到的，他都已经想到了；你还没有弄清楚的，他已经想明白了，并给出了相应的预测、对策和可能的教训与建议。拨开云雾见青天。他把自己的观察和思考，系统全面地写出来，不仅所讨论的主题关键、基础，而且解释得极其透彻可信，文风令人惊叹地简单和清新。

德鲁克的文字，如此基本和关键，以至于往往使人觉得就像空气一样不可或缺；如此实在，以至于读来就像呼吸空气一样自然，不易察觉地被滋润。但是，正是由于呼吸空气是如此自然的本能，这个事实被指出以后，我们反倒觉得没有那么震撼人心。很多事情，一旦被别人指明以后，反倒没有什么新鲜感，觉得老生常谈、平淡无奇，比如德鲁克之强调要善待员工、关注社区、目标明确、勇于创新等话题。我需要空气这个事实还要你来提醒？！当然。当空气过于污浊的时候或者呼吸功能不畅而当事人又无所察觉的情况下，谈谈呼吸空气，很可能就是治病救人。

德鲁克近年来在中国的名声，丝毫不亚于他在全球任何其他地方的盛名，很可能更为强大。因为他作为先知先觉者的发现和写作很对中国人的胃口，也因为全世界媒体对他的不可抑制的好感，比如许多善于绘声绘色地报道事情的媒体毫不吝啬地给德鲁克冠以"现代管理之父"的头衔。这也很对国人胃口。很像中国的很多大师经常称自己是"××之父""××第一人"。至少，他们也可以说，"我首先提出采用×××"。首先提出什么，当这种提出，需要比别人聪明伶俐，需要比别人更睿智敏感，需要顶着很大压力时，不能不说是一种社会性的贡献。但这种贡献既不代表理论上的建树，也不就必然给提出者戴上"××之父"的桂冠。

说德鲁克创造了现代管理学领域，等于抹杀了美国管理学会于1936年就存在的事实，等于无视法约尔、泰勒、巴纳德和现代工业心理学界先

大师不是一个职业：悼德鲁克

驱们，以及包括西蒙等组织理论学者，对管理学奠基做出的重要理论贡献。说德鲁克是现代管理咨询业的缔造者，等于说麦肯锡创始人马文·鲍尔自1933年的努力都是白搭工夫。如果说众多的咨询公司靠包装改造并叵贩德鲁克的各种先见之明而获暴利，倒还算比较公允合理。毫无疑问，德鲁克的工作帮助促进"管理咨询"成为一个行业，并促进大众对管理研究和探讨的理解和尊重。

遍查所有西方媒体在德鲁克逝世后几天内的报道，盖棺定论，没有一家将德鲁克称为学者（Scholar），偶尔有称其为管理思想家（Thinker），更多的则是大师（Guru）或者先见之明者（Visionary）。也许，学者是德鲁克最为不耻甚至憎恨的头衔。他和学院派格格不入，后者学究气，拘谨，过时，细碎，对实践前沿充耳不闻。

管理学者们也当然没有把德鲁克当做学者，看成自己人。他在纽约大学教书时被学者教授们当成记者看待。另一位声明远扬的咨询宿匠汤姆·彼得斯在斯坦福大学商学院读博士的时候，没有听到一位教授提到过德鲁克的名字。笔者在得克萨斯商学院读管理学博士的时候，也没有从课堂上读过德鲁克只言片语。当然，私下里，不少学者也赞叹德鲁克的见识。最近，尤其是在教学上（如果还不是在研究上的话），德鲁克也会被教授们介绍或者提及。

出了学术圈，景象完全不同。在咨询界，只有德鲁克才是真金白银。他的每句话，几乎都会有人信。《华尔街日报》曾经在通过深入调查研究后指出，德鲁克在1987年的一系列演讲文稿中某些道听途说的事例是错误的，比如日本某公司的所有员工以英语为官方语言。德鲁克说，我用这些例子说明一个观点，并不是记录历史。

学者也好，记者也罢，咨询顾问也行，这根本不耽误哈佛商学院（据称）四次邀请他加盟。哈佛商学院做事自然可以特立独行。但学术界的

浩言管理
感悟与构想

管理学人，也并不认为《哈佛商业评论》（德鲁克很多文章的发表之地）的东西有多少学术价值。笔者在得克萨斯的博士生导师曾经和一位同事在1986年某期的《哈佛商业评论》上发表了一篇关于并购过程管理的文章，遭到了院长的严厉批评，理由是不务正业，没有帮助年轻的同事做更有价值的真正学术研究。

即使是学术界我行我素的哈佛商学院邀请，德鲁克也不为所动。道不同，不与谋。德鲁克在加州那个小学校后来以他的名字命名的管理学院一待就是30多年。阳光明媚灿烂，讲课著述咨询。寿终正寝，功德圆满。

有的媒体也很愿意将德鲁克打扮成20世纪最伟大的管理思想家。应该说，有一定的道理。在搞管理的人中，他可能思想比较多，而在传统意义上的思想家当中，他又显得过于务实。思想家往往述而不作。一般来说，思想家是不关心企业怎么赚钱的。而管理则主要是术和艺。管理领域不是重量级思想家玩弄智力、消耗时光的主要战场。弄管理学的人可以是非常优秀的学者，就事论事，但却很难成为一流的思想家，因为管理甚少真正涉及多少思想深度，不过是摸索实践规律而已。做哲学家状，整出来些高深的所谓管理哲学，恐怕没有多大实践意义。

也许，这是笔者的偏见，研究管理的，尤其是在学术界，大多数都是某个细小专门领域内的一个匠人，每隔好大一阵子，再加上外部时机凑巧，能出那么个把理论家，提出某种还比较有意思的假说，给大家提供个系统思考的平台和借口也就非常不错了。

因此，严格意义上说，德鲁克算不上真正的思想家，也不是什么正规的理论家。比起他所熟识和受其影响至深的一代宗师熊彼特而言，尤其如此。当然，这一点都不妨碍他有影响，受崇拜，像需求精神分析的人士崇拜弗洛伊德一样地被崇拜着。

也许，我们可以借用当年的旷世奇才辜鸿铭先生描述人类文明和人的

大师不是一个职业：悼德鲁克

特点时用的几个重要指标，来衡量德鲁克毕生之成就：博大（Broad）、深厚（Deep）、淳朴（Simple）、精致（Delicate）。德鲁克之主要特点在于广博，他无所不在，无所不知，繁杂多识，万象包罗。这是多少人梦寐以求而不能达到的境界。这恐怕也是他受人推崇的原因之一。他的文字简单淳朴，直白清澈，通俗易读，不兜圈子，不啰嗦。这也是他能在畅销流行的管理文献中立于常胜之地的公开的秘密。应该说，德鲁克博大、淳朴有加，而深厚、精致不足。

但是，如果仅仅单就"博大"存在这个事实，就妄然断定"深厚"肯定欠缺，是不能令人信服的。也许与管理实践本身的特点有关，人们不可能沉溺于哲学性的思辩，因此深厚和精致的可能性本来就小，并不只限于德鲁克一人。给定如此特点，如果再不像学者那样去做实证研究，去系统严谨地发现和验证规律，那么剩下的只能是依靠敏锐的洞察力了，要快，要准，要有说道，要让人迅速理解。这时的见地，无论如何深刻，也只是"感悟"和"直觉"而已。如果要上升到理论高度，必须有更精深的钻研和思考，而不是停留在"洞见"阶段。当然，学者们过分喜欢精致和漂亮，可能又失去了广博和与实践的相关性。那是另外一个极端。

不管是博大、淳朴还是深厚、精致，都不可能完全解决管理者的问题。四样俱全，连上帝恐怕都不可能。所以，研究管理的人还是擅长什么干什么，卖什么吆喝什么；实践管理的人，最好还是兼听则明，需要什么买什么。

德鲁克曾经声称历史上最有效的美国总统是杜鲁门，因为其手下的人都愿意为他效力。第二名当属里根，恰恰不是因为他的个人魅力，而是因为里根知道自己能干什么，不能干什么。这个原则，也可以用来比拟德鲁克本人，他清清楚楚地知道自己想干什么，能干什么，而70年间干得极其精彩、有声有色。毋庸讳言，德鲁克是一个务实的人。他说："我从来

浩言管理
感悟与构想

不关注未来的事情。我不相信未来，我向窗外看。我关注那些已经发生了的事情，那些已经发生过，但还未来得及产生后果，还没有被大家感知和认识的事情。"

在最终的分析里，我们可以用下面的角色来描述和记忆德鲁克：嗅觉敏锐的前线记者，富于洞见的可靠观察家，文笔流畅的多产作者，令人信赖的高级咨询顾问，一个生命鲜活的商业百科全书，一个睿智超凡的先知先觉者。也可以说，德鲁克，在某种意义上，是整个20世纪最令人信服和值得尊重的管理者的代言人，甚至是精神领袖。

是不是严格意义上的学者，是不是细致严谨的理论家，是不是发人深省的思想家，德鲁克本人对此并不在乎。而人们称其为大师，德鲁克也无奈半推半就，更愿意相信人们所标榜的"大师"主要是"导师"（Mentor）的含义，虽然起初在他的字典里"大师"一词意味着巫师、庸医、卖大力丸的江湖骗子（Charlatan）。

大师德鲁克，大师中的大师，大师中的常青树，那些人们拥戴的抑或自封的各类管理大师们发自内心地崇拜和景仰的大师。管理实践者的总教头，管理咨询界出类拔萃、技高一筹的巨人。

大师德鲁克，单枪匹马、自成一体的巨人。著作等身，名扬身后。卓尔不群，天成人就。特立独行，绝无仅有。大师没有学生和传人，没有组织和运动，据说甚至没有秘书和帮工。

正是天马行空。可谓空前绝后。

大师不是一个职业。

学界贵族：悼钱德勒

做学问的人大抵也可以分为贵族和蓝领两类。前者开天辟地，奠定根基，以独到的理论观点、观察视角或分析方法见长，引领一时之潮流，优雅华贵，雍容大气；后者雕琢磨砺，苦心孤诣，以不懈地追随先进、改编加工和关注细节著称，佐证既有之学说，灰头土脸，费劲吃力。前者虽然在细节上失于精细，却往往瑕不掩瑜，其说可以经久传世。后者虽然可能著作等身，却通常平淡无奇，其著作多是速朽无遗。

两类角色，靠的是不同的禀赋、追求与手艺，对学问的发展和长进，通常具有互补的作用与相应的存在价值与意义。能够将两类角色完美结合的学者，可以称为大学问家，既有贵族的优雅与大气，高屋建瓴，拨云见日，亦有蓝领的执着与毅力，精耕细作，严谨扎实。这样的大学问家本来就是凤毛麟角、了然无几。

不幸的是，最近又有这样一位值得尊敬的学者溘然仙逝。商业史学界巨擘、战略管理学先驱、老派绅士学者、哈佛大学荣休教授——阿尔弗雷德·杜邦·钱德勒，二世，于2007年5月9日辞世，享年88岁。

一代宗师，学界泰斗，骄人业绩，卓著成就。

钱德勒教授是一个以鸿篇巨制著称的学者。他于1962年发表的《战略与结构》，奠定了他在商业史学和战略管理学领域无可置疑的崇高地位，固植根基，开启风尚。一个学者，一生中能有一本如此伟大的著作，便足可引以为豪，为傲视同侪之贵者。而钱氏则注定是贵中之贵、强中之

浩言管理
感悟与构想

强。百尺竿头更进步，锦上添花再立功。

其《看得见的手》（1977）曾获普利策奖，令人信服地论证了管理者在 20 世纪经济体系和商业生活中的角色和地位。其《规模与范围》（1990），将视野从美国商业史转向世界经济发展和商业运行的规律与模式，叙事宏大，广引博征，鞭辟入里，醍醐灌顶。如此三篇史诗般的力作，丰碑永铸，巍峨高耸。我们不禁慨然喟叹，后世学者，是否还有如此大手笔、大胸襟、大智慧，提纲挈领，洞见犀利？是否还有如此极耐心、极细致、极专注，集腋成裘，以微见宏？

钱德勒是一个地道的贵族。其中间名为杜邦，因其曾祖母曾被寄养于杜邦家族而与该名门望族有着不解之缘。钱氏家族中数代人自 18 世纪始均在哈佛大学受到良好教育。他本人在哈佛学院时曾是后来成为美国总统的肯尼迪的同班同学和学校帆船队队友。在哈佛大学攻读博士期间，钱氏曾向熊彼特等经济学、社会学和历史学大师问教。毕业后曾执教麻省理工学院、约翰·霍普金斯大学和哈佛商学院等精英学府。夏天在南塔克特岛度假，冬天以射猎野鸭子为休闲，每日家中午餐必以雪莉酒助兴。钱德勒是一个不折不扣的贵族。在美国那个地方，可以说是根正苗红、又红又专。

在阅读了其父给予的一本简明美国历史读本之后，7 岁的钱德勒宣布了日后的职业选择：历史学家。他曾将那本为六年级学生写的历史教材先后通读 19 遍。而这种认真和专注（当然不乏兴趣的驱使）也许正是日后作为历史学家所必须具有的那种蓝领技工的工作态度与精神，坐得冷板凳，肯下硬功夫。这种严谨细致的工作作风是其日后成就的牢固基石。用完了以雪莉酒开胃的午餐，等待他的永远是被书卷淹没的办公室、看似凌乱无序的书桌和孜孜不倦的伏案耕耘。

然而，钱德勒终究不是传统意义上的历史学家。虽然他也曾为人作

学界贵族：悼钱德勒

嫁，编辑整理罗斯福总统的书信以及艾森豪威尔总统的文件，协助通用汽车公司总裁阿尔弗雷德·斯隆撰写其著名的自传《我在通用汽车公司的岁月》，但钱氏更是一个敏锐的观察家，一个几乎在历史正在形成和发生的同时为大家指点迷津的智者。他是一个创新者、一个理论家、一个历史的解读者，而不仅仅是历史的记录者或者仅仅踯躅于故纸堆。在其不厌其烦地罗列史实和征引素材背后，积淀和提炼出的是清晰的思路、缜密的逻辑和令人耳目一新的理论观点。

首先，《战略与结构》揭示了美国 19 世纪末到 20 世纪中叶商业发展史的脉络与精髓。铁路的兴起与推广、大规模制造能力的形成、金融业的快速崛起与积聚、电报电话等通信技术的发展与应用，为美国经济提供了良好的基础设施，使得美国企业的发展突飞猛进，纵向一体化与多元化经营逐渐盛行。钱氏以杜邦、通用汽车、标准石油公司和西尔斯百货为主要案例，清晰地梳理了多元化经营的起因与逻辑。其著名的"结构跟随战略"之说，广为后学推崇，并引发一系列实证研究去验证和发展该理论思路。多元化的经营战略需要由新的组织结构（即多事业部制）来执行和实施，企业需要总部与事业部两级一般管理层的存在从而将公司经营与业务管理分开，管理的背后是人（尤其是管理者），即人的知识、技能、经验等。这些真知灼见，至今为人津津乐道。

钱氏处理历史分析的手法不是就事说事，生动引人，大讲战斗故事，臧否当事人物，而是注重考察历史事件和趋势的诱因起点以及演化过程背后的逻辑模式。读者看到的是素材与故事，体会到的却是道理与规律。读来不禁令人拍案叫绝，大呼精彩。这种以揭示发展模式、构建理论思路为视角和目的的历史分析方法，对我国当下的商业史与企业史研究来说，具有非常强大和及时的借鉴意义。知败局、寻榜样、找差距固然重要，而对

浩言管理
感悟与构想

制度转型和社会与经济巨变中企业发展逻辑与模式的理论思考则是更加重要。这种挑战，要求企业史学研究者具有记者的嗅觉敏锐和资料鲜活、历史学家的眼界恢弘与行文冷峻，更要具有理论家的抽象概括和去粗取精。

其次，《看得见的手》单挑独斗主流经济学鼻祖亚当·斯密，将我们的思想与观点从古典经济学"看得见的手"的精神桎梏中解放出来。在20世纪甚至直至今日的主流经济学家们仍然在梦呓市场调节神奇无限的时候，钱氏有关"由管理者支配的资本主义"的观点和警示可谓振聋发聩、驱雾清风。商业巨大如通用电气者，富可敌国；管理骄子如韦尔奇者，权可摄政；投资天才巴菲特等，言可左市。企业与市场中的各类玩家已经不是200年前英格兰手工作坊时代的小商贩，而是包括许多能够预测市场、影响市场甚至操纵市场的强势主体。而这些主体的领军者和代言人正逐渐通过自己的决策与选择来代替市场，分配资源，调节价格，影响制度，左右交易。缺乏对"看得见的手"的充分理解，必将会在竞争中受到惩罚。

最后，《规模与范围》以美国企业史入手，进而引入国际分析，研讨美、英、德三国企业发展历程之共性与特点，洋洋洒洒，纵横捭阖，将钱氏之企业史观发展到动态极致。通过对上述三国中每个国家最大的200家企业的比较，钱氏清晰地展示了资本密集型产业（尤其是制造业）中企业的生存与优势的秘诀：先动企业首先形成大规模生产与制造优势，随后形成大规模的分销渠道与分销能力优势，再后来形成企业在多元化经营中协调和监管多种业务的范围经济优势。该著作对工业企业从单一业务到多元化业务发展过程中关键成功因素的剖析以及多国企业发展轨迹与模式的对比与总体把握，对公司战略、产业组织、企业史学等研究领域以及管理实践产生了巨大的影响和启发，与上述两本著作遥相呼应、相得益彰。

学界贵族：悼钱德勒

以蓝领之辛勤，致贵族之高雅，厚积薄发，举重若轻。用史家的眼光看企业，以理论的精当弄史学。钱德勒教授不愧大学问家，一个善著鸿篇巨制的楷模，一个著作等身的学人。从他早年立志治史那一天，他有幸拥有 80 余年去实现自己的宏图大志。而其宏图大志，实现得是如此之璀璨辉煌。

乔布斯为我点亮一盏灯

前些天网上看视频,乔布斯生前跟盖茨最后一次公开接受电视采访。当问到双方各自觉得可以从对方学到什么的时候,盖茨说乔布斯时提到的是品味(Taste),即对产品的设计感、对产品功能和设计的品味。此言不虚。不禁想起了2011年在乔布斯去世时曾经写就的一篇文章。5年间,世界巨变,我也成了一个有手机的人了。时过境迁。恍若隔世。且看当年的感慨:

  当诺基亚倾情喊出"科技以人为本"的口号时,在下并没有任何丝毫的感觉。管他以谁为本,我觉得手机99%的时候没有必要。该用的时候,可能不是不在服务区,就是没电了。直到现在,我也没有手机。手机我不太会用,还得现学。相比之下,30年前的苹果公司,并没有过多的废话,只是悄然无声地征服世界、感召信众。有人说,一旦你用过苹果的东西,你会喜欢她,甚至觉得她不可或缺。她不是一个简单的物品,而是一个可以与之相伴的艺术品,忠于生活,亲和自然。她让你感到欣喜愉悦。

  20世纪80年代中期,在北京上大学,学所谓的管理工程。印象中,当时进机房"上机",总共也不超过三次,仿佛造访另外一个神秘异样的世界,整得非常事儿事儿的。就知道,所谓的编程,基本上是不说人话。看见DOS的C:/就发懵。这就是在下计算机的灭蒙经历。好在那个时代已经销声匿迹,不需要再启蒙。让那些职业IT人

乔布斯为我点亮一盏灯

士们去鼓捣什么"假娃"（Java）、"戏扑辣死兔"（C++）吧。我们还要过正常人的生活呢。技术，终究是为人服务的。我庆幸自己没有进入那个C:/背后隐匿的荒凉世界。这一切，于我于众，都要归功于苹果公司的创始人乔布斯先生。

1989年秋，进入得克萨斯大学读书。第一学期的第一门大课，是战略管理的经典文献阅读，一学期下来要读近20本专著，平均每星期一到两本。看完要写作业，上课要发言讨论。英文说写慢慢适应也就罢了，可是头疼的是所有的作业都得打印！作业也得打印？得瑟的美帝国主义！这不是逼我上机吗？！那时的IBM PC正是IBM想用自己的OS2去制衡微软的时代，类似后来Excel的制表软件Lotus 1-2-3，各类编程指令，想起来就发怵。而且好不容易弄完作业打好字，Dot-Matrix拉线打印机打出来的页面乱七八糟，根本不是屏幕上排好的版。

直到有一天，一位读MBA的中国同学把我领到了Macintosh机房。哈利路亚！图形界面，对话自然；打字画图，鼠标轻点；打好作业，存好小盘。在初涉新世界的我的充满焦虑的小小世界里，一盏灯被点亮，温馨荡漾。这就是后来大家熟悉的"Think Different！"之精神在真实地发光。"上机"，原来也可以是这样的。

真正证实苹果的靠谱，是感恩节做客某位美国同学家中。客厅里摆着的她老公的音箱，是两个巨型屏风状的平板，格外独特而令人瞩目地立着。看着这音响，当时就觉得，这哥们有品位。他家当时开的就是梅塞迪斯S系列。这位"师姐夫"，摩托罗拉工程师，斩钉截铁、不容置疑地说，苹果计算机的设计和实用最接近生活，其他的PC都是垃圾！当年的苹果计算机用的是他们摩托罗拉的处理器，别的硬件、软件全是苹果自己搞，纵向一体化。也就是今天中粮喜欢标榜的"产业链，好品质"。没有第三方的东西，当然也没有病毒。

就这样，我成了一个苹果用户。1992年，用两个月的助教工资2 400美元买了一台苹果的Macintosh Classic电脑。8M的内存。其后的两年，我所有的作业，包括博士论文，都是在这台机器上"收拾"出来的。她现在跟我收藏的一些CD一起，寄居在美国一位朋友家的车库。我想，哪天还是要把她接回北京。

1994年，开始教授生涯。办公室用的第一台电脑，就是一个17英寸的苹果电脑，可以同时用不同的软件处理若干项工作，切换自如，简单方便。然而，当苹果被那个卖糖水的约翰·斯卡利弄得灵魂尽失的时候，我的苹果生涯也不得不暂时中断。苹果的主战市场，一直都是设计、出版和教育领域。后来，教育领域也丧失了。我们学校的IT部已经不再为苹果提供技术支持。只得转用IBM Think Pad。好在这时那令人恐惧的C：/已经进入了历史的垃圾堆，Windows上场。所有PC机苹果化。当然，苹果也逐渐PC化，开始使用Intel的处理器。

iMac和iBook的出现，并没有召回我这个曾经的苹果用户。后来，24英寸的苹果一体机傲然登场，难以抵挡的诱惑，买之。MacBook Air娇小玲珑，买之。iPod，自称喜欢听音乐的人哪能没有呢？！要160G的！于我，现在生活中最不可或缺的，大概就是iPod了。时髦的iPhone 4，当然跟我没关系，我不用手机。今年8月底，飓风袭击波士顿那天，我正在哈佛大学访问。跑到苹果公司在哈佛校园专卖店里，看是否有必要买一个iPad，是白的还是黑的。还没想好，人家就因飓风提早关门了。后来想想，也没啥大必要。iPad，就是一个大个的iPod Touch。

然而，回国后，某次因事到电子城，鬼使神差地又带走一个

乔布斯为我点亮一盏灯

iPad2。iPad2 有 3G 功能，这样可以随时随地上网。对于一个没有手机的人，是很必要的。装在一个印有"为人民服务"的怀旧小军绿挎包里，正合适。又是一次抵不住的诱惑。

买东西的动机多种多样。首先，纯粹是功能，买个物件而已，基本达到使用目的就行。其次，是品质、易用、可靠、耐久，或者配套等层面的。再次，是审美品位、价值认同、个性展现等。再往后，则是炫耀、显摆、得瑟。苹果，满足了不同人的不同需求。

乔布斯，苹果的精神基石。他的创意和产品，改变了我们的世界，改变了人们的生活，改变了人们的学习方式、工作方式和娱乐方式。20 多年前，初到美国，他的产品，曾经帮助我迅速地入乡随俗。20 多年后，回到国内，他的影响，依然为我的生活点亮一盏灯。

乔布斯的信条是追求"疯狂地伟大"。他的伟大是使得技术为人服务，不是不讲技术，也不是卖弄纯技术，为技术而技术。他是一个创新天才、商业天才。而创新天才，不一定是发明天才，更重要的可能是学习天才。苹果的计算机图形界面（GUI），是从施乐公司研发中心（Xerox PARC）学的。现在的 iPod 和 iTunes，本应该是索尼发明的。只是索尼后来反应迟钝了。乔布斯也有曾经虚心问道索尼之经历，一如其问道施乐。所以，苹果推出 iPod，并不令人惊奇。

　　乔布斯，上下求索，不懈践行，天才勤奋，屡建奇功。
　　斯人既逝，其灯长明。阿门！

（2011 年 10 月）

补记：

　　实在是坚持不住了。这个社会给不用手机的人制造了近乎难以正常生存的麻烦。好在有了 iPhone，使得进入手机世界的痛苦被减到最低。再次感谢乔布斯。

真人真事三则

从出生到上大学，俺在郑州市二七区的苑陵街上整整住了十七年。每每忆起，便不禁想起《红灯记》里李奶奶唱的"十七年，风雨狂，怕谈以往……"一段唱。当时熟悉的唱腔是豫剧版的，演李奶奶的是郑州市豫剧团的华翰磊。我想，比怕谈以往更可怕的，是以往已经永远不复存在。

早些年，曾于美国回故里省亲，我那魂牵梦萦的老街，已然面目全非，与德化街一起打包，被整成了像王府井一样的步行街，风韵荡然无存。在俺当年卧榻之地，某个天天打折的小店正肆无忌惮地倾情鼓噪着烂货促销的小喇叭，声嘶力竭，夺人耳目，执着无赖，片刻不宁。

往西，几步之遥，后来新立的花木兰铜像，正摆着当年常香玉的英武造型。而此刻我听到的不是花木兰和谐的豫曲之声，感受到的也不是市井间的喧闹嘈杂，满脑子不由自主地冲荡着裴艳玲在河北梆子《钟馗》中演绎的大悲凉、大幽怆："来到家门前，门庭多凄冷。"

不知我是鬼，还是这世界诡秘无情。那一刻，结结实实地夯翻了我多年的怀旧之梦，不由分说地碾碎了我对童年时代的无限思忆。难以排遣的郁郁乡愁，何处安放寄存，怎生了断释怀？唯是希望，将来某日，能够像冯骥才勾勒早年天津卫市井人物一样，为我当年中原腹地的父老乡亲们记下他们生活的点滴缩影。今天，闲来无事，说道一下当年对我影响比较大的三个人物。要说闲来无事，其实比较扯淡。现在的伙计们，哪有闲的时候呀？吃饭都担心是否中毒，睡觉都会梦中嫌累，到哪儿都忘不了鼓捣手机，哪有闲的时候哇？仿雪芹老兄之笔，权且将三人都以真姓名之，以示真人真事、如假包换。

真所长

人民政府，最基层的单位是办事处。街道居委会，半官半民，相对业余。我们那一片，归德化街办事处管辖。70年代，德化街改叫"中二七路"。别看是最基层，这一级政府里，就连管街道里老太太们糊信封做纸盒的办公室，都是自视甚高，名头忒大，也很唬人："中共中央中南局，河南郑州二七区，中二七路办事处，街道工业综合组"。

公安系统，最低一级的机构是派出所。当时的做法是，政警连办。派出所跟办事处在一个院子里，人都很熟。这里，要说的是真所长。真所长，真像所长。天生的所长样儿。浓眉大眼，鼻直口方，相貌堂堂，声音洪亮。说话斩钉截铁，办事雷厉风行。慈祥的时候，灿若桃李，春光满园。严厉的时候，不怒自威，冰刀雪剑。

那个年代，时兴将各类犯人绑了押到大卡车上去，挂牌游街，当场示众。每次游街，派出所就会跟二七分局刑警大队联合行动。这当口，真所长咋看咋庄重严厉、威风煞气。按照当时的说法，得叫坏蛋们闻风丧胆。要是随便弄个"瘪三儿"当所长，那肯定是假所长呀！别说让坏蛋害怕了，那些警察弟兄们也不服气呀！

由于家长的关系，我得以经常在他们院子里玩儿。刚上学会写字，写得也不丑，就好到处显摆。见了办事处墙上的小黑板，写！怕啥？真所长看见，很喜欢。过来问话，咱也不怵，你来我往，对答如流。一来二去，见过几面。真所长成了我这辈子的第一个推荐人，在若干场合数次对人说,"这孩儿聪明,智商高"。

聪明,我知道啥意思。智商高是啥,还得问一下老师。问了以后,狂喜,顿觉真所长说话在理,誓将毕生深信不疑。那时候,别说小屁孩儿,就是平级的同事,在真所长嘴里,其代名词也都是这货、那货。人家叫咱"这孩儿"。多高看呐!这叫尊重人才,爱惜人才呀!真伯乐耶!

真所长没有就事说事,说"这货字儿写得不赖",而说"智商高",简直就是全面、系统、根本、总括地定性啊!那时候,没听见别人用过这个词儿。就这一句"智商高",值钱一辈子。多给劲呀!20年前,在美国,当时流行网上自测智商,于是试试,一次136,一次159。真所长真是不余欺也,所言甚是不谬。

真若愚

要说的第二个真人物,叫真若愚,曾经在国军当过文职军官。新世落魄,苦不得志。真若愚写得一手好字,零星供职于德化街上一家印染店,帮人写标牌,做锦旗,印背心,喷茶缸。业余好打乒乓球,并潜心致力于修治地方志。这样的"老古董",在当年的德化街一带,不能说一抓一大把,总还是不算稀罕的。

某次,若愚先生造访家父,只我一人在家。出于礼貌相留,他也并无去意。于是,用崭新的白瓷杯给他沏了一杯上好的茉莉花茶,得以有机会长聊一番。本来"老古董"跟"红小兵"的世界是格格不入的。但是,话来话往,若愚先生之弹拨,令人似懂非通,开始在仍然不善思考的脑坑中勾起阵阵微波荡漾。

谈话的由头是我的一幅字。当时似乎已经上了初中。大概课文里还是哪儿,有一句好像是黄宗羲的名言,"勿以俄顷之乐易无穷之悲也"。于

浩言管理
感悟与构想

是，用当时比较便宜的那种黄草宣纸写了，贴在床头，以为自励，意在时刻提醒自己，不要浪费了大好的时光云云。总之，有些较劲。

当时，郑州的小孩儿刚开始学毛笔字，用的都是文具店里跟纸墨笔一起买来的习字仿，"好好学习，天天向上"，回家照着描。仿的书写者，是名噪一时的书家唐玉润。当时，郑州各个商铺机构、楼堂馆所、招牌幌子用的基本上都是唐玉润的题字。我那时已经开始习柳公权了。由于学得笨，几个字大概显得直直愣愣。

真若愚看了我书写的警句，很是不以为然。讲书法，那是他的本行，口若悬河，滔滔不绝。柳体太硬，筋骨尽现。这样就有些不太柔和。要是不柔和，就容易受伤。你最好学一学颜体，笔道圆润，结体丰满。同时，颜体写出来，能大能小，不会显得没有风骨，也不会显得扭捏小气。

当然，字体只是一方面，真若愚花了大概一下午的功夫，主要是耐心地给我反复强调了一个道理：人生在世，终究是要追求快乐的。俄顷之乐，亦是乐耶。乐可乐，宜常乐。乐小乐，致长乐。大概就是这么个意思。我当时就觉得，这个"老反革命"的心态真好哇，也不怕我去举报他"腐蚀"革命少年？！

当然，真所长所谓的"智商高"，一个重要表现，就是脑子里装着若干个貌似直接互相矛盾的东西，仍然能够思行无碍，操之和谐若素。当年那个"红小兵"对此事并未与任何人谈及。应当说，在很大程度上，传播快乐哲学的真若愚得逞了。至今，对其当年之言并无反感。只是有时，该忍着还得忍着，该慎着还是慎着。

我的高茉茶，很是给真若愚带来了"俄顷之乐"。谈性大发之际，若愚面颊红润，两眼放光，吐沫星子飞溅。估计，他也很少有机会或对象一次性地"放这么多毒"而且还没有被叫停打住。通常小心谦和的真若愚，算是逮着机会宣泄了。好在倾诉的对象，多少也算一个知音。真若愚曾誓言，要活过百岁。未果。然毕竟寿终正寝。

真也夫

我们家属院对门，住着一户人家，独门独院，四间屋子。估计是祖上的庇荫。这在当时算是大户了，就像现在谁在北京后海有个四合院。户主叫做真也夫。据说，曾经是市里某家大国企的书记。反正在七八十年代没见他怎么上班，不知道当时是退休、"靠边站"，还是暂时休养。老头一表人才，看样子是个当官的，但又很家常亲和。

真也夫育三女一子。男孩儿最小，也最得宠。像宝玉一样，小爷受娇惯而不骄横，性温和而慷慨。真也夫的三个女儿，也是方圆几里景色之瑰丽者。大女儿宽厚平实，二女儿精致优雅，三女儿狐媚风骚。我上小学时，三女儿比我们高两届，那时就描眉画眼、搔首弄姿、拿腔做调、嗲气妖娆。好几届的男生见她都不放过任何机会，要争先恐后地过一把嘴上要流氓的瘾。

我高考那年，偶尔晚上在院子门口溜达，观景阅人。有一次，真也夫坐在街边小马扎儿上摇扇纳凉，邀我与他促膝叙谈。听说我高考，他问我，如果考不上大学有啥打算？我想也没想就说，不知道咋办，从来没考虑过这事儿，不可能考不上。如果我愿意，河南省的大学随便挑，他们可以保送我。老头说，咦，你不瓢呀！

真也夫接着问，读过《红楼梦》没有？我说，一点点儿。真也夫开始给我逐字逐句地讲"好了歌"，并且用当时的例子进行现身说法，寓意深刻，解读精妙，令我茅塞顿开，大有醍醐灌顶之感，至今难忘。也许，当时他可能就是想找一个倾诉对象，比照"好了歌"，说一说他想说的人

浩言管理
感悟与构想

和事儿。让我赶上了。命呀!

听他的口气,他当时对官场已然看得很淡。最终不过"荒冢一堆草没了"。但毕竟,他曾当过的官不算小,而且那时候当那个级别的官,是要有一些资历的。过来人哪!接着,又说到一个刚过世不到半年的省委副书记的遗孀,已然再嫁北京,"夫死又随人去了"。看样子,他是关心时事的,而且耳清目明,信息渠道通畅。

后来,真也夫一家搬到了人民公园附近的楼房去了。他老伴曾在人民公园小卖部当班,好像是个小头目。平生第一次喝啤酒,就是在那个小卖部,用碗喝。当时人们的比拟是,味如刷锅水。那个小卖部在人民公园的北部,西边是猴山,东边是大型泥塑展——刘文彩的《收租院》。

真也夫的岳母临终前罹病,屎尿于床。也夫老伴娇贵,并不自己伺候老娘,说她看见污秽就要吐,没法儿靠近。也夫痛快,亲自照看岳母,侍奉于床前。每每对邻人说起此事,都是一笑置之,谁叫咱的肠胃深呢,咱吐不出来呀!记不清当年真也夫是怎样给我解读"孝顺儿孙谁见了"的。女婿的行为艺术,上佳解读。

何秃顶

离开故乡郑州，已经 30 多年了。1983 年 9 月到北京上大学之前，我在德化街一带游走 17 年，度过了从初生婴儿到青春少年的岁月。现在看来，似乎悠悠漫长。在介于火车站和德化街的"俺门口"，阅人悟事，吃喝玩学，野蛮生长，规矩做人。于此，见识过三教九流、各色人等，有些熠熠生辉、鲜活灵动，有些龌龊呆滞、了然无趣，大多数则是平素庸碌、似有若无。

在那懵懂少年的时代，也亲眼目睹了各类惊心动魄的刺激场面以及永远稀松平常的琐碎生计。爬墙上树，打架斗殴，耍蛇玩猴，偷鸡摸狗。无论是转瞬即忘，还是刻骨铭心，事情就那样每天都在自然地发生着，日子也在盼着长大的期冀中慢慢溜走。当时似乎并不觉得有什么特别，现在想来，德化街一带当年还是颇有一些值得玩味的市井人物。在那一方天地间，他们从容潇洒地演绎着许多风流故事。

当时，形容比较胆大也比较风光的人物，叫做"可光棍"。说起当年比较"光棍"的人物，少不了郑州名捕"何秃顶"。关于何师傅的传说很多，花哨离奇，但似乎谁也不知具体实情，似是而非，真假难辨。不能全信，不能不信。这就叫传奇。用现在时髦的说法，哥只是个传说。

当年的传说之一是，何师傅原来曾走江湖，"蹬大轮"（扒火车盗窃），后来转换阵营，当了人民警察。所以，猎人猎物两边的事儿，何师傅都在行。这种说法，并没有谁证实过，所以只能算是有关一个传奇人物

浩言管理
感悟与构想

的一个神秘传说，仅此而已。

然而，何秃顶可不只是个传说。抓小偷，擒罪犯，真不是耍着玩儿的，不能光靠吹牛喷空。何师傅手艺高强。抓小偷那叫"一整套"，十分老练。曾经看过一个报道说，仅算1969—1979十年间有据可查的案子，就有来自28个省市的2 500多名扒窃分子在何师傅手下栽过跟头。

一点不假，何师傅确实是秃顶。个子不高，强壮结实，喜怒不形于色。也没见他两眼特别地放光。也就是说，老何并没有给人那种要一天到晚时刻警惕着的感觉，比如小蔡明当年在《海峡》里慨然愤恨渔霸葛存壮的革命劲头，或者潘冬子在《闪闪的红星》里凝眉仇视地主胡汉三的夸张模样。但何师傅看小偷就是看得准。不显山露水之间，人堆儿里的"三只手"们已然尽收眼底。基本上是想抓哪个抓哪个，随便挑。用河南话说，那是"上鞋的不用锥子，真中"！

何师傅主要在火车站一带便衣作业，人称"何老便"。现在想想，好像还真是没见过何师傅穿警服的样子。要不咋叫"何老便"呢？

上小学的时候，曾经数次在街上看到"何老便"一下子抓好几个小偷，将他们前后成串儿地用麻绳捆住手往局里送。如果只抓了一个小偷，通常是让小偷右手跨过右肩膀往下弯，左手从左腰处往上够，然后用麻绳将两个大拇指困在一起，仿佛掂着长嘴儿大茶壶的四川茶博士耍的"苏秦背剑"。印象中，没咋见过何师傅用手铐，用的基本上都是麻绳。所谓"绳之以法"，果然如此呀！真真儿的，形象至极。

当然，有时何师傅也变换一下花样。干脆用小偷们的裤腰带，将他们每人的一只手和另外一个人的一只手绑起来，各自空出一只手用来提自己的裤子。这法儿很管用。小偷也算手艺人，也很要脸呀。

据说，当年入道当扒手，也得坐科学徒，基本功是练习用两个指尖迅速从滚水中牢牢地夹起油腻湿滑的肥皂。不像现在的贼，直接砍、割、拽、抢，没有一点技术含量。手艺高的小偷，对手艺更高的何师傅，当然是既无可奈何地敬畏又咬牙切齿地痛恨。外地的扒手到郑州跑码头，得先打听何师傅当天在不在街面上，然后才决定是否出手。

小偷们之间要起毒誓，也好用何师傅的名义。郑州人说"不仗义"，也叫"不人物"。于是，毒誓成了这样：谁要是不人物，出门让他碰见何秃顶！当然，要真是哪天栽在何师傅手里，也不算是啥丢人事儿，甚至还可以当成夸口的谈资或者培训徒弟的案例。

"俺门口"的小孩儿们都知道，何师傅当年因为抓小偷太多，怕人报复，不得不防。每天晚上都是枕头下面压着手枪睡觉。这也是传奇之一。各类的关于何师傅铁面无私、警绩傲人的报道也曾经盛传于世。别说啥收受贿赂、网开一面、开闸放水啦，小偷要是敢有一点不老实，何师傅当场就给他再紧一道麻绳。

直至后来癌症晚期，何师傅还是照样奋不顾身，上街抓小偷。没办法，何师傅乃小偷天敌。吃饭，睡觉，抓小偷。不对，应该是：抓小偷，吃饭，睡觉。

报道说，何师傅后来曾得到彭真委员长亲手颁发的国家级公安战线一级英雄勋章。这是"俺门口"的名人，值得一书。何师傅的时代是专业警察对付专业小偷的时代。有何师傅在，俺觉着放心。

现如今，可好，各行各业基本上都是业余对业余。何师傅最后不幸卒于病魔，身后哀荣备至。何师傅到底叫啥，记不起来了。网上查一下"郑州何秃顶"，满眼全是生发广告，没有何师傅。不仗义！

闯思维误区

不明就里的所谓分析
谁说顾客是上帝
有关启蒙的杂感
一万小时理论
读书要趁早

不明就里的所谓分析

经济学研究喜好强调假设，讲究理论的边界条件和适用范围。管理学则比较糙，尤其所谓大众管理学或实战派管理学，讲个故事就开侃，而且喜欢"放之四海而皆准"。当然，在最严谨的研究层面，二者都有较真儿的时候，那就是经济学认准了经济行为主体的"理性"，而管理学，尤其是战略管理学，则认准了企业经营的目的是盈利。没有这种执着和信念，所有的核心概念与理论体系都可能会顿时坍塌、烟消云散。

如果一个人笃信婚姻的目的是延续爱情，那么任何其他想法和做法都是离经叛道、歪理邪说。如果我们把企业定义为盈利机构，那么根据定义它的目的就是要盈利，天经地义。笔者也曾在各类出版物上信誓旦旦、义正词严、不遗余力地鼓吹企业是取胜的载体，盈利是企业唯一的社会责任，企业经营的终极目的是持久竞争优势与长期卓越绩效。

事实真是如此吗？似乎并不尽然。当我们不明就里、想当然地认为所有的企业目标都一样或者应该一样的时候，我们的分析肯定会出问题。而这种事情每天都在发生。下面举一些管理学分析中常见的例子，帮助大家认识和思考一些管理分析中的潜在误区。

如果不同的企业追求不同的目标，我们为什么要用同一个标准（利润率）来衡量它们？一个主要的原因，应该是分析的方便。无论是企业的成功，还是个人的成功，钱，作为因变量和衡量指标，最具可比性，因而最方便应用。正像金钱本身不是所有人的追求目标一样，盈利也不一定是

浩言管理
感悟与构想

所有企业追求的目标。

企业的主要目标，可能是为股东增加回报，为员工提供福利，为家族增加荣耀，也可能是为个人牟取私利。正像马斯洛对人的需求层次的描述一样，我们对不同发展阶段和不同类型的企业的目标诉求是否也应该有某种阶层性的描述，比如，生存、增长、做大、被认可、被尊敬、能传世等。只有通过了解企业的真实目的，我们才可能深入地理解其行为背后的原因。

比如，最近有报道说外资企业在中国可能谎报亏损从而逃税避税。从账面上看，这些企业并不盈利。其真实目的可能是逃税，可能是为母公司做某种战略贡献，可能是资金转移，也可能是通过在中国投资其他项目等办法把真实的盈利"清洗"出去。因此，无论是对手，还是政府监管机构，如果不了解外资企业的真实意图，就可能会放松了某些必要的警惕。

同样，国内企业增长到一定阶段以后，企业的所有者或管理者，由于规避风险或者满足自身利益的需要，也可能会抽资出走，另辟天地。如果一个企业没有长期发展的动力或者安全感，则它最关心的可能不是赢利，不管是国企还是私企。在改革开放以来的三十多年里，多少企业经历败绩，或者自暴自弃，或被扫地出局。我们看到的可能是大败局，而实际的情况，很可能是某些人在败局前或者通过败局已经获得了自己所需要的资源和追求的利益。

合资企业的终止和解散，是否意味着失败？这要看合资各方组建合资企业的目的。如果我们天真地认为合资企业的衡量标准是和谐以及持久存在，那么合资企业的终止毫无疑问是一种败笔。然而，合资企业的目的可能多种多样，比如学习对方的核心技术，寻求新的销售渠道，利用对方的廉价劳动力、政府关系或者品牌形象等。但合资各方的目的往往是不对称的。当一方的目的实现以后，合资企业以及与他方的关系便可能成为累赘

不明就里的所谓分析

或者至少不再具有继续存在的价值。对已经实现自己目的的企业而言，合资企业已经成功地完成了它的使命。而对于尚未实现自己目标的一方而言，被对手离弃才意味着真正的败局。

多元化企业的经营绩效，尤其是非相关多元化企业的经营绩效，比如投资回报率，往往不尽如人意。而崇尚和实践多元化的企业却是与日俱增，并且甘之如饴。到底多元化经营是构建竞争优势的手段、实现增长与盈利的途径，还是管理者个人自尊心的按摩器？掌管多种业务，涉足多种行业，结交各界朋友，巩固权力基础，降低失业风险，宣扬个人名誉，这些都可能是导致企业多元化经营的直接动机。从理论上讲，多元化战略应该是企业增长与盈利的利器，而在实践中，多元化本身就足以成为企业或其所有者与经营者的目的，而与企业长期发展或者是否盈利可能没有必然联系。

再看并购与剥离。在企业监管市场上，某些企业被不断买来卖去。如果一个企业在被买进几年后又被（廉价）卖出去，到底是战略失误，还是情势所趋？战略决策通常面临巨大的不确定性，很难在事前想清楚所有的问题。在信息有限的情况下，某种决策可能是当时的最佳选择，符合某种逻辑，而事后的结果可能并不令人满意。环境在变化，目标也可能转移。只用一种尺度衡量经营活动，大多数行为导致的都是失败。而在运动中发现问题、解决问题，则更贴近实际。当初买有买的理由，后来卖有卖的道理。管理的挑战就是不断地制造问题，解决问题。

正如凯恩斯说的，"长期而言，我们都死绝了"。个人和企业都生活在现在，大多数人与企业不可能预见长期，因此考虑的必定是短期利益，甚至有时饮鸩止渴、铤而走险，有时杀鸡取卵、竭泽而渔，从根本上无视并违反自身的长期利益。从这一点来看，人的理性是有限的。

对于一个到了结婚年龄的人来说，对婚姻的长期意义和目的是什么很

浩言管理
感悟与构想

可能并没有清楚的意识和考虑，而像别人一样找个对象赶快结婚本身就是目的，是一个要解决的现实问题。对于一个没有工作的人来说，迫于生存压力，找到一份差事本身可能就是目的，职业目标和长期规划通常显得奢侈而难以顾及。年轻人追星是为了让自己的生活更充实，更刺激，更富于想象力，但狂热的追星行为本身也可能成为一时间唯一的目的和意义。这种现象并不一定是极端的例子，应该说是广泛存在，只是程度不同而已。同样，企业多元化本身、并购本身、某项管理举措或经营活动本身，可能就是目的，具有独立的意义，并不是总会被放在赢利这一所谓终极目标框架下去考虑。一旦现时的目的被确立，任何常规标准、终极目的和理性分析都会显得多余。因此，了解管理行为背后的直接动机，是管理学分析的必要前提。

　　历史故事中，有许多所谓的昏君，不顾国家长治久安，为了一时之喜怒义气，要亲自出兵与敌国交战。而故事中同时出现的则必定有所谓的忠臣，舍命相谏，以死力阻。忠臣往往没有意识到，君意已决，出兵本身就是当下的最大问题、唯一目的。骨鲠在喉，不吐不快。箭在弦上，不发不行。

　　现实中，如果哪个咨询公司被某企业找来设计其多元化战略，经过研究却发现该企业并不适于采用多元化战略而是应该专注现有行业，该咨询公司没有义务而且通常也根本不会像那些忠臣一样去建议该企业放弃多元化。这不是添堵吗？还想再拿咨询费吗？

　　而另外一些机构则想得做得更加明白。投资银行煽风点火，律师会计推波助澜。没问题，也得有问题。不是目的，也是目的。别人都多元化了，你为什么就不进行多元化呢？自甘落后而不感到压力吗？就兼并这家企业吧，跟你很般配，又便宜。我们帮你全程打理。

　　说来说去，说到管理的实质，就是实现组织目标，尽管有时目标会很

不明就里的所谓分析

荒唐,有时组织的目标就是管理者的目标。说到目标,也就说到战略管理的实质。一切战略源于企业的使命。战略为企业的使命与目标服务。想当然地认为所有的企业使命相似、目标相同,因而用同一个标准去衡量比较所有的企业,是标准教科书式分析的致命弱点。当然,对企业实际目的之探究与考察并不否认某些共性。管理分析,在任何情况下,都需要首先问这样一个问题:你到底要实现什么目的?

谁说顾客是上帝

商界经常流传的一种说法是"顾客就是上帝"。可以说，这是一个非常卖乖的噱头。这种谬论成立的唯一前提就是"商家都是活雷锋"。商家逐利，天经地义；顾客"上帝"，欺人自欺。试想，谁敢跟上帝要钱？你敢跟人家要钱的人怎么可能是你的上帝？你给上帝捐钱可能还来不及呢。

如果顾客不是上帝，那么顾客到底应该是什么呢？说白了，所谓顾客，实质上就是那些按照商家的要求和指定，准时、照数、习惯性地给商家送钱的人。不掏钱的消费者不叫顾客，叫蹭客。不回头的消费者不叫顾客，叫过客，或一次性买主。顾客，就是那些老主顾，老老实实掏钱付账的"回头客"。

商家和顾客间长期的关系通常建立于某种理解、信任、默契和习惯之上。而理解、信任、默契和习惯是需要在重复的交易中才能建立和维护的。只有双方真正在互相理解、信任和默契的基础上维持长期习惯性的交易关系的时候，买主才能真正被称为顾客。愿打愿挨，公平买卖，双方平和自愿。

越是号称把顾客当做上帝的商家，越是有欺诈的嫌疑。任何人与上帝之间的关系都是不平等的。维持长期不平等的关系需要某种信仰，某种牺牲自我、自律自省、敬奉神圣和助益他人的信仰。而商家的信仰就是钱。根据本性，商家们是不可能长期屈居于这种不平等关系中的弱势地位的。因此，根据定义，商家不可能不移情别恋不爱钱；买主和顾客不可能是上帝。

但是，这并不排除"一次性上帝"的可能性。这里，问题的关键在于商家与买主间交易的可重复性。如果某种产品和服务对于买主来说是一次性的，商家花言巧语、口蜜腹剑的可能性就会增强，会把买主哄得像上帝一样，殷勤备至，满园春光，而实际上磨刀霍霍，痛宰猪羊。旅游区的摊贩便是明证。这种"一次性上帝"通常是过客，而不是回头客。

"一次性上帝"的现象也可以发生在家门口，尤其是在产品和服务的购买与实际消费享用有时间滞后的情况下。比如，某些需要亲身体验和感受的产品，在没有购买之前不可能实际了解，只能靠销售人员的"介绍"和"说明"来判断。这时候，商家可能会将买主哄得像上帝一样，倍施尊崇，无微不至。而一旦交易完成以后，可能上帝再也看不见或者召唤不动他付钱时碰到的那些"虔诚的信奉者"了。

"一次性上帝"还可以是没有任何充足的理由和预期就当上的上帝。赫鲁晓夫曾经说，政治家最爱取悦大众，即使在没有河流的情况下也会忍不住许诺要给大家建一座桥。其实，商家也差不多。那些把你哄成上帝的商家可以卖给你你根本不需要的东西，代价就是你自己被哄得觉得像上帝。

随着交易的重复，以及与商家长期关系的确立，买主会逐渐演化成顾客。对于很多重复性交易的市场而言，比如食品和饮料，顾客才真正成为顾客，而不只是买主、过客或者一次性上帝。在这种长期关系中，顾客认可商家的产品和服务及其相关的价格和其他条款；商家也没必要作出"超常"的努力刻意讨好顾客。这种平等自愿的关系比较容易长久持续。

首先，在与顾客建立长期关系的过程中，虽然商家不一定非要上赶着让买主当上帝，但也必须给他们以足够的理由从而使其成为回头客、真正的顾客。赫鲁晓夫在讽刺资本家的劣行时还曾经说过这么一段话：当你扒

浩言管理
感悟与构想

顾客的皮的时候，不要一次扒净，要留一点从而让皮迅速地长好，以便再扒。消费者也应该心态平和，只当顾客，不做上帝。

其次，刻意讨好（比如通过大幅降价）拉来的"上帝"，往往是最容易叛逃到别的商家那里去的买主，尤其是在别的商家的新花招让他们一时间感到更像上帝的时候。大多数顾客，很多高端客户，按时照数付款，想都不想，眼都不眨。而少数买主，没花多少钱，没买多少东西，却对商家吆三喝四，不依不饶，还真把自己当成上帝了。所以，商家在耍噱头卖乖的同时，自己也要想清楚了，有些买主，最好让他们到别的商家那里去当上帝。

有关启蒙的杂感

启蒙,在于对被启蒙者昭示其本人所尚未意识到的某种可能性,或者某种可能性的某种更高超的境界。显然,对于个体而言,启蒙,可以是更准确清醒地认识自己,也可以是更全面系统地理解环境。或者更确切地说,是在理解环境中认识自己,在认识自己的同时,去理解环境、应对环境、转换环境,抑或改变环境。然而,刨根问底,启蒙,到底是帮助被启蒙者发现自己的强项从而寻求最适合的外部发展空间与路径,还是按照某种既定的和公认的模式将其塑造成为某种伟大的成功?

关于先天资质(Nature)和后天培养(Nurture)的争论,在科学社区由来已久。至今人们也很难说清楚,人类的诸多成就和奇迹,到底是对既有存在的发现(Revealing or Discovering),还是人类自己的主观创造或独立创新(Innovation or Creation)。对于人才而言,到底是"发现"人才,还是"造就"人才?是诱发个体内在的某种潜质,使之顿悟觉醒,还是对其灌输某种外在的规范与期许,使之甘愿向某种方向承诺?

如果所有的可能性都是先天决定的,那么人们所有的实现与成功,不过是发现这种可能性而已,而不是创造了新的事物。以此推之,所有的莫扎特作品,不过是上帝已经编排好了并裹身于莫扎特这个独特的个体而已。如果他去当泥瓦匠,这些可能性便被废弃。如果帕瓦罗蒂一辈子卖保险、当老师、业余踢足球,我们也无从欣赏其歌剧大师的风范。这时,启蒙可能非常有意义,其意义在于发现一个人的才艺高能点,用最小的机会

浩言管理
感悟与构想

成本帮助他实现其最佳的职业定位与历程。

不具备某种潜在的可能性，铆劲儿为之启蒙，估计也是于事无补。一个人不具备表演天才，祖师爷不赏饭，谁给启蒙都没有用。没有自身的基础和准备，外部如何诱导，也是白搭。很多读 MBA 的人，经常说要来充充电。但关键要看你是否具有蓄电能力。就想一个人身体条件不够上不了体育学院一样，如果自身素质和潜能不行，商学院不可能把你"培养"成一个称职的管理者。因此，启蒙，大概只对有蒙可启者有用。正如，动物园里有不同的动物。通常，我们大概不可能把老虎变成素食主义者。

人之成形，就已经不是未开化的细胞体，便有了其特定的组合规律和变异可能。真正的启蒙（或曰造蒙），发生在受孕的一刹那。其后的启蒙，其实都是二次启蒙，不过是初次启蒙定下的主题的不同变奏而已，昭示主题，阐释主题，但最终回归主题。英文中有句大白话，貌似卖乖，却也极端地实事求是：Be The Best You Can Be! 做最好的自己！当然，无论好坏，一个人只能当自己，而不可能去当别人，即使是当最差的别人，以最差的段位当别人。

人的成长过程，是一个不断自我发现的过程，通过自我发现而积累自我成就。你不可能成就你没有能力成就的东西。如果你自身内部没有某种东西，无论通过被动的还是主动的启蒙或曰破蒙，你终将不可能进行某种变化或转换。认识自己，发现自己，成就自己，而不是仅仅按照别人的启蒙去普世化自己。然而，大多数人，可能并没有在哪一方面特别突出的潜质，或者拥有的只是一般性的可塑性极强的资质。这时，最好的启蒙，也许并不在于发现自己，而在于更好地把握外在的可能性。

一万小时理论

跟北大国发院 DPS 管理博士项目主任张宇伟老师聊天，谈到如何使得我们的学员（那些源自业界的管理实践精英们）用理论的视角去思考，包括如何做文献综述，如何构建假说，如何看待理论的适用性等。

其实，科学研究的精髓正在于不断地提出新的理论（概念、框架、模型等）去解释和预测现实中的一些现象。理论本身需要能够被证伪。某种理论可以被暂时地认为是现有理论中最靠谱的或者纰漏最少的，并因之流行，成为主导理论，直到被新的理论替代、修正、覆盖或者包容。科学研究主要的方法论在于特定条件下的比较试验（Controlled Experiments）。

任何的理论都需要内在妥当性（自洽性，Internal Validity），在一定的假设前提（Assumptions）成立的条件下，能够自圆其说，而且比较靠谱（Plausible），能够在各种与之竞争的替代性理论解释中胜出，最好能够同时有很大程度上的普世性（Generalizability），可以被应用于多种情形（Contexts）。可以说，对于评判与应用理论的人而言，最重要的可能是需要搞清楚一个理论的假设和适用边界。

比如，最近流行一种说法，叫做"一万小时理论"。先声明一下，我没有专门看过有关这个理论的原著，无法对原著者的理论进行褒贬。但我要评论的是世俗版本的相关理论，或者大家在传播中愿意相信的类似"理论"。意思是说，要想在某个行业中成为一个天才或者高手，必须经过一万个小时的专业性的和针对性的训练。

让我们看看这个理论的假设和适用范围。

如果你信誓旦旦地说，在任何行业，这个理论都适用，只要别人举出一例不适用，则这个理论就能够被证伪，而必须对其进行修正。

比如说，过去在纺织界流行这样一种说法，新入行的纺织工人，如果6个月内成不了熟练工，估计这辈子也成不了熟练工。你再练也没戏！祖师爷不赏饭，你练10万个小时也无济于事。

那有人就会说了，人家说的是必要条件，而不是充分条件。我们可以马上举出例子再次证伪，对于某些行业，成为高手，一万小时的训练既不是充分条件，也不是必要条件。

比如说，人类最古老职业的从业者，还没来得及练到一万个小时，就基本上全都自我报废，或者早已退休了。吃青春饭的，必须迅速成为熟练工。高手都是相对而言的，跟自己行业内的从业者比。

这不是较真儿，一点儿都不矫情。

你要是想用科学研究的思维方式去构建、评判或者应用理论，必选搞清楚一个理论的前提和边界条件，否则即使该理论本身自洽，也会通常被滥用或误解，或者所谓的该理论根本就不是一个理论，而是一盆烂浆。

首先，我们要假定一个行业或者职业的技能在多大程度上是套路稳定的、可重复的、可获取的，有多少知识是显性的，多少是隐形的，多少是可以从别人那里学的，多少是必须自己上手的。多少是靠天生的自然资质（Natural Endowment），多少是靠后天的努力和训练（Practice and Efforts）。

其次，你要看不同人的资质和吸收能力（Absorptive Capacity），比如，悟性、动手能力、学习的诀窍、对于已经学到的东西的保持能力和融会贯通的能力。

最后，你要看有没有高手支招，师傅的水平，跟谁一块儿学，在什么条件下学，学习环境的优劣，学好学不好得到的奖惩大小等。

一万小时理论

如此这般,你在构建理论,所谓的 Mid-Range Theory,即有一定前提和边界的"中区理论"。不要大而无当的夸夸其谈和细碎不堪的庸俗无力。

比如,你的理论说,人都是要死的。这是事实而不是理论。在哲学上,这叫做"是真实的但是荒谬的"(True but Absurd)。

你如果说,根据我的抽样调查,如果其结果有典型性意义,那么,在 20 世纪 90 年代美国中部地区,四十多岁的男人当中死亡的主要原因是事故,这可能就比较接近于一个理论。这个理论可以通过抽样调查或者大数据分析进行检验并去证伪。

回到一万小时理论,它肯定有它适用的范围,比如很多需要一定程度之复杂手艺的工匠行业。

不仅生产和创造如此,消费其实也是类似。比如,要成为真正的古典音乐欣赏的门内汉(通晓足够广博的曲目并对多种曲目有足够深入的理解与比较),对于大多数人而言,大概一万小时定律也算靠谱。

对于每次酒量小于 1 斤的人而言,在市面上流行的假茅台数量平均每

浩言管理
感悟与构想

年是真茅台数量的 5 倍的话,要能判断茅台的真假,必须至少在 3—5 年内喝过 1 万钱(100 瓶)市场流通版白瓶 53 度飞天,才有资格说话。

当然,如果你只从若干少数渠道(即使是合法的甚至有名的渠道)拿酒,也有可能你喝的全部都是假的,根本没见过真的。

真的,在传说中……

这是我的理论。

信不信由你。可以证伪哟!

读书要趁早

人常说，活到老，学到老。其积极意义，大抵是在精神层面的，在于鼓励吐故纳新。从技术上而言，这应该是不大可能的事体。"老狗不学新招"（Old Dogs Don't Learn New Tricks），似乎乃是常态。

在一个人尚可教的年岁，所谓的成型期（Formative Years），学东西基本上是双环并进（Double Loop Learning），不仅学习具体的知识（Substantive Knowledge），而且学习方法论（Learning How to Learn）。而这些初始的知识内容和结构以及早期形成的方法论趋向，日积月累，可能会形成某种习惯性的学习常态（Routine），决定了今后到底还能学什么，有多少东西能学、愿意学、能学得懂、学得进去。

这种常态不仅决定（或者隐含了）知识吸收能力的内容取向与种类组合，而且也设定了总体吸收能力的数量极限。也就是说，某些类别的知识，一旦过了一定阶段，便无法再被吸收。某些方面的能力，一旦错过最佳时期，或者缺乏早期的启蒙与积累，便无法再被获取。这也许是学习知识和提高能力的路径依赖特点。而且，一个人的知识获取一旦达到某种总量上的关键聚集度（Critical Mass），学习知识之收获的边际递减效应可能立刻明显体现出来。新东西的学习要么根本无法吸收，要么非常浅陋表象（Superficial），有也仅仅是聊胜于无，不能算实质性地拥有。

因此，在"该"学知识的阶段，比别人多学知识、快学知识、消化知识、固化知识、应用知识、实践知识，应该是至关重要的。也就是说，

浩言管理
感悟与构想

读书要趁早。

早读书，在知识积累上和方法论的研习上，你就有了先动优势，鹤立鸡群，后惠无穷。因为，过了集中学习的阶段，大家对许多与日常工作无关（甚至极为有关）的知识的获取，也是笼统、虚浮、粗浅、零星。

如果大家都不学，都以一样的速度忘却，你仍然保持了早期的优势。而且，不论任何人，在过了集中学习的关键阶段后骤然后来居上，加速学习，突飞猛进的可能性与现实性，可以说是微乎其微。因此，一个人在早年形成的读书优势，至少在读书领域，通常应该是可以持久的。

读多少书才算够呢？读书到底有没有够呢？肯定有，从知识获取的角度，总有一个人的吸收能力所能接受的极限。一旦饱和，则任何的读书都不可能导致知识的进一步增加。但反过来讲，不断的阅读可以减少知识的损耗和忘却。因此，读书对于保持已有知识大概是有所裨益的。从这一点来看，活到老，学到老，也算是有很大的实用意义。毛泽东一直到晚年都不曾间断对其治国方略大有裨益之《资治通鉴》的研读，便是上佳案例。

另外一个支持"活到老，学到老"的说法，是消费和享受。读书的过程对喜好读书的人本身就是一种享受和满足。即使是重复阅读某一个同类著作，每一次可能都有所谓新的感受，至少是原来没见识过或者意识到的变奏，甚至是全新的主题或者呈示方法。或者干脆每次都是一样的感受。无怪乎，德鲁克生前每隔五年就要把莎士比亚全集通读一遍。因此，读书跟捏脚差不多，过程本身很愉悦，也不一定算是什么投资，很可能主要是一种消费。但是，消费也分层次，也分好坏。

如果读书跟捏脚一样，所谓开卷有益和捏脚舒服的说法，都是一样不靠谱。有的捏脚让你舒服，有的捏脚让你难以忍受。如果难以忍受，你可以扭头就走，甚至不付账。如果你读一本"烂书"，误导你终身，你找谁讲理?！你连买书的钱也要不回来呀。现在大家看到的现象是，卖不动的烂书要打折。这种做法极端愚蠢。打折贱卖好像是说此书不值那么高的价，可以卖低价。其实，一本烂书的定价应该是负的！戕害心灵，污染视听。如果是烂书，要向作者和出版社收罚款才是！

你怎么知道一本书是烂书呢？这个问题很难简单地说清楚。如果你没喝过真茅台，就不知道什么是假茅台。如果你没喝过假茅台，你就不可能知道什么是真茅台。如果你没有天天喝真茅台，你也不可能准确无误地判断一瓶茅台到底是真是假。这是对茅台本身的判断而言。如果一个人不喜欢茅台，而是瞄准五粮液、水井坊、国窖1573什么的，怎么办？同样道理，多喝真的，就知道了。

以此推之，怎么知道一本书是烂书呢？多读好书，就知道了，而且还可以知道不同好书之间的特色差异。然而，就像喝到真茅台是一种对大多数人来说可望不可即的事情一样，读好书，对大多数人而言，也基本上是痴人说梦。能够有机会、有财力、有眼力、有品位去欣赏好书的，实在是凤毛麟角，而非比比皆是。书市上的烂书和假书，要比酒市上的假茅台多若干倍。很多烂书就被众人拿了当"真茅台"享用。

读书多少才算够呢？那就看你愿意兴高采烈地喝多少假茅台了。

回头再说读书要趁早：要趁早读经典、读精品。

胡适之、钱锺书、陈寅恪等学问大家的知识积累，在青年时期基本上已经完成。其后的读书，已经不是知识吸收性的，而主要是知识应用性的，是进入了"述"的阶段，反思和重新组合知识。陈寅恪当年好像就有"读完了所有值得读的书"的感觉。再比如，当今时代，博览群书如孔庆东者，现在之读书、评述、论书，基本上是在抒发和佐证自己从已经吸收的知识体系中已然形成的惯常的观点和见识（以及特定的价值取向）。

以笔者自己的经历和浅见，对一般知识门类的内容偏好与结构趋向，

浩言管理
感悟与构想

大概在大学时期奠定了基础与基调。对于赖以谋生的专业知识的获取在博士综合考试之时达到顶峰。其后的一般知识和专业知识获取，都不过是微小渐进的积累（Incremental Addition and Deletion）而已，有记忆，也有忘却，有不断增进和强化的正学习，也有导致放弃和摒斥的所谓逆学习或曰反学习（Unlearning）。但总之，后来的学习或者逆学习，似乎都不过是当年主题的变奏而已，并没有什么变革转型、标新立异、摧枯拉朽、惊天动地。

1992年博士综合考试之前，笔者脑子里面装着上万篇学术论文的名头（Cites）。整日泡在图书馆，数十种本专业主要学术期刊和相关期刊，从第一卷第一期到最新的卷期，从几十年到上百年，至少每一期的目录都捋一遍，看到喜欢的东西，马上复印下来。这种功夫，也就是20来岁的小青年，没有家室之累（或者双方都是玩命读书的学人），才有可能做得来，而且要有兴趣，有心境，有能力，有条件，缺一样都不行。说得极端一点，学者生活在文献里（A Scholarly Life Is in The Literature）。

自那以后，所有的阅读都是浅薄，都是渐进，都是变奏。这一辈子，再也不可能像当年那样全身心投入和高效率地全面系统、深入具体地接触文献了。一旦形成某种观点或曰偏见，所有的阅读也基本上成了党同伐异的练习和游戏：读到印证自己观点的东西感到窃喜和欣慰，读到自己不感冒的东西觉得反感和无聊。总之，新的刺激很少。

当然，这与学科特点也有关系。如果你研究细胞，看《科学》等类杂志，时髦的课题和研究结果可能日新月异。如果你研究社会学，今天再看一个世纪以前的经典，还是经典。不过，话说回来，如果你问纯自然科学家，他们大概也会告诉你所谓路径依赖的事体，谁知道什么，谁专注什么，因此谁成就什么，等等。

之所以新的刺激很少，从另外一个方面来看，说明人类文明所积累的智慧结晶，以及各个专业所产生的文献，真正可以传世的经典和基石性的东西，还不至于汗牛充栋。所有的各类以前沿和全新名义出现的东西，大多数不过是旧主题的一些巧妙抑或蹩脚的变奏而已，尤其是商业畅销书。因此，大学问家之所以是大学问家，主要不在于活到老学到老，而在于很早就接触或遍览伟大的东西，思考伟大的题目，做出伟大的著述。很早就出了名。

"**出名要趁早**"，过去实现此目标的唯一可靠途径是"读书要趁早"。读好书，读大书，打下扎实的基本功。评大书，写大书，做出真正实质性的贡献。然后，一辈子吃香喝辣，掌握话语权。比如，中国作协自成立至今只有过3位主席：茅盾（1949—1981）、巴金（1984—2005）、铁凝（2006—）。

一个受训于20世纪80年代的学者，很可能困囿于他所处时代所读的大书的影响，不屑于21世纪的所谓新潮流。这并不一定是说这位学者保守落后。每一代人有每一代人的"根本性问题"和终极关照，有其固守的范式和对问题的判定标准。这些范式的解体或者被替代，要靠革命性的人物和潮流来实现。

学术界反潮流是通常不被认可的。如果是个"阿猫阿狗"，如某些科学发明臆想狂、业余理论专家，都可以一天发明若干个新理论，则理论非理论，乾坤不乾坤。怀疑和镇压翻炒留着，这是学术界大浪淘沙、沙里淘金所必须以之为代价的固恒性或僵硬性。

如果做研究（产生知识）的人，教学生（传播知识）的人，都不可能真正活到老，学到老，那么其他领域的职业人士，其知识更新则更是不容乐观。以医学界为例。一个医学院的学生，毕业出来以后，进入医疗机构行医，其系统学习或更新医疗理论的机会可能再也没有了，每天忙于应诊和应付生活中其他事情。虽然其临床经验可能有所提高，但直到某种

浩言管理
感悟与构想

"天花板效应"嵌入，这种应用性和经验性的知识的获取和积累也会达到饱和状态，以至于对新的理论发现和治疗方法等方面的知识不再有实际兴趣、吸收能力、消化能力或应用能力。

因此，可以想见，一个日常的医生，尤其是出道若干年以后，其医疗知识，无论是医理还是临床，都会形成一个平台期（Plateau），不再有实质性的长进。那么，每天医生看病都是知识应用的过程，而不再是学习和提高的过程。如果一个医生信奉所谓"活到老，学到老"，他应该见一个疑难病症案例，就要问个究竟，去学习研究解决办法。如果是这样，他也就不再是医生，而是一个研究者。

医生的职责，就是按照自己的职业训练和已经掌握的知识，去认真负责地治疗自己能够治疗的病症。如果医生遇到一个自己知识领域内无法解决的病症怎么办？十有八九，他还是用他已有的知识和判断去治疗。否则，他无所适从。以此观之，不仅知识的获取不可能连续不断，知识的应用也主要看基础是否扎实，是否"猜"得相对准确一些。脑子快，功夫好，读书好，临床棒，出名就会早。

说得极端一点，如果你很早就成了名医，即使后来由于错误判断把人给治死了，也没谁会怀疑你有问题。大家多会这样想：连华佗再世都救不了他，他这病大概该死，谁也没辙。您瞧，本来是说读书，最后离不开出名。对于文人和与文人有关的职业来说，不趁早好好读书咋出名呢？

看行迹姿态

承诺和参与

折腾的路数

规矩就是规矩

自己的狗自己遛

人生不能浪费在改正错误上

承诺和参与

曾几何时,"承诺"一词在商业语汇中大受青睐,颇为走红,成为商家拉拢客户时常常挂在嘴边的时髦用语。对顾客的承诺(如送货承诺、服务承诺、保修承诺、无条件退货承诺),对股东的承诺,对职工的承诺,对社区的承诺等,五花八门,不一而足。

更有甚者,某些商家和机构信誓旦旦地将各类承诺用烫金大字彰示于富丽堂皇之处,与它们同样漂亮的使命、愿景、信条和口号等相互比肩罗列,共同熠熠生辉。斯时斯地斯言,每每令人心生暖意,顿觉受宠若惊,宛若置身"顾客就是上帝"的全新时代。

而当承诺不能兑现的时候,又会怎么样呢?多数商家往往会使出浑身解数,用各种理由来解释或搪塞为什么承诺不能兑现,煞有介事而又似乎顺理成章(比如无条件退货永远是有各种不事先告诉你的条件的),搞得顾客反倒像是无端生事、苛刻贪婪、少见多怪、自作多情了。这时候,很少有商家扪心自问:到底什么是承诺?

仔细推敲,承诺,实际上包括的是两部分行为:其一为"许诺"(Make a Promise),其二为"践诺"(Honor the Promise)。两者合二为一,尤其是后者的出现,才构成一个完整的承诺(Commitment)。

比如,一家航空公司接受旅客定位,就是某种承诺:当顾客登机时,她会有一个位子。接受预定(Take a Reservation)和保留位子(Hold the Reservation)从道理上说应该是构成这个承诺的两个不可或缺而又紧密结合的行为要素。

某些航空公司，根据统计规律和实际经验，会在某些紧俏的航班预售出多于实际座位数的机票（Overbook）。因为，通常会有某些顾客买了票但由于种种原因而不能按时成行。但是，所有买了票的旅客都要求乘坐该航班的可能性总是存在的。一旦此现象发生，航空公司便无法实现对所有顾客的承诺。

负责任的航空公司往往动员一些可以在其他时间飞的顾客主动放弃自己的位子而改坐其他航班，以保证最急需的顾客的需要。而对那些主动放弃位子的志愿者，航空公司要作出另外的承诺作为补偿，比如舱位升级、赠送里程券或代金券等。当然，不负责任的航空公司很可能就采取先来先得、后到倒霉的做法，把责任转嫁到某些顾客身上。

当"诺"不能被"践"的时候，承诺只不过是一纸空头支票，一个漂亮的许诺。如此久之，人们心目中的承诺便也就被降格成简单的许诺而已。于是，承诺遭遇玩弄，承诺被人戏耍。

照理说，承诺，通常代价沉重。"为了党的事业，牺牲生命，在所不惜。"多少共产党员如此宣誓。刘胡兰面对敌人的铡刀，大义凛然。董存瑞舍身炸碉堡，义无反顾。刘胡兰和董存瑞们用自己的生命实践了自己的承诺，使共产党的事业从理想变成现实。

承诺，可以格调庄严。"我们向首长保证，人在阵地在！"抗美援朝战场上的战斗英雄如是说。"为什么战旗美如画，英雄的鲜血染红了它。"这是青春和热血铸就的承诺。

承诺，可以意境壮美。"生命诚可贵，爱情价更高；若为自由故，二者皆可抛。"匈牙利诗人裴多菲这样向世人倾诉。为了匈牙利人民的自由和独立，他在26岁时以身殉国，战死沙场。

承诺，可以是刻意而又坦然。"各国变法，无不从流血而成，今中国

承诺和参与

未闻有因变法而流血者，此国之所以不昌者也；有之，请自嗣同始！"在戊戌变法失败后，谭嗣同主动放弃逃跑的机会，殉命以酬圣主，醒国民。"我自横刀向天笑，去留肝胆两昆仑。"

承诺，可以是被动而又主动。大汉将军韩信曾与赵军交战，陈兵河岸，诱敌深入。汉兵无退路，遇赵军则奋力殊死搏斗，背水一战，大获全胜。犯兵家之大忌而用险计，所谓"置之死地而后生。"

承诺，可以是无奈而又充满理性和自律。当年在海尔品牌连续数年高居中国知名品牌榜的时候，人们可能不会忘记当年张瑞敏愤然"砸冰箱"的故事。把不合格的冰箱完全销毁，而不是廉价处理，这种做法就是对质量的承诺。

说得重一点，承诺的最高境界就是献身投入（Devotion），其实质就是行动的不可逆转和不可取消。这种行动往往需要代价不菲的资源投入，甚至生命的付出和牺牲。或为理想献身，或为利益冒险。

承诺是实现某种目标的一种手段，是事前既定的并能够随时兑现的某种誓约和允诺。而目标实现与否并不改变承诺这个事实本身。也就是说，履约承诺是天经地义的，所需的资源投入在许诺的时候就已经发生；承诺一旦做出，便不会因目标实现机会的大小而随机投放资源。目标实现，承诺可被认为是很好的投资。目标未能实现，承诺便可认为是沉没成本。

是否可以随时退出游戏，可以说是承诺与参与（Involvement）的根本区别。参与往往可以见机行事，进退自如，并且可以随时抽身。承诺则不具备这样的灵活性。如此说来，承诺也是对其他可能机会的舍弃，或者对灵活性本身的舍弃。

显而易见，承诺与仅仅参与是本质截然不同的两类活动。比如西方人常用早餐中的不同食物来比喻二者的区别：就早餐中的咸猪肉和煎鸡蛋而言，鸡只是参与了一下，而猪则是作出了承诺。

浩言管理
感悟与构想

当沉没成本还没有"明显"沉没并且仍被认为有希望带来回报的时候，它可以扮演某种"退出壁垒"的角色，使参与不得不继续下去。比如，通过炒股变成股东。这时的参与正在逐步向承诺迈进。

再比如，谈恋爱是参与，同居便被认为是某种承诺。因为，退出壁垒相对升高，行动越来越不可逆转。婚姻，则是更高层次的承诺。各国各民族的复杂而又夸张的婚礼庆典风俗，除了喜庆之外，最大的社会功能便是提高当事人的退出壁垒，包括经济的、社会的、文化的、心理的等等。

有些时候，我们从行动的表面，很难区分承诺与参与的差别。但是，如果许诺和践诺是可以相对分开的行为，在需要践诺的时候，二者的区别便一目了然。比如，在需要牺牲生命的时候，是从容就义还是背叛誓言。戊戌变法失败后，某些领袖出逃，而谭嗣同有机会出逃，却甘愿慷慨赴死，堪称承诺的经典。每一个婚姻都曾许诺"白头到老"，很多婚姻不幸或有幸夭折，因为承诺有时是很盲目的。

有成功的爽约，就有落空的承诺。

承诺和参与

有了兑现的承诺，也不一定就有成功的结果。

背水一战，可能大获全胜；破釜沉舟，未必胜券在握。世界战争史上，把自己的队伍逼到绝路的承诺做法，屡见不鲜，有胜亦有败。在势力差别过于悬殊、运气实在不济等情况下，承诺本身并不自动带来胜利和成功。

赤壁之战，曹操的战船自锁停当，可谓是一种放弃灵活性的巨大承诺。不幸的是那恼人的东南风……

再看承诺与企业经营战略。

承诺学派认为战略的精髓在于通过一系列不可逆转的资源投入而造成企业在某一行业或市场的姿态性以及实质性的承诺。这种承诺可以使企业在对手进入之前，抢占有利市场空间，获取消费者信任，积累经验，以先动优势和地位阻止对手进入，限制和和打压对手的活动范围及竞争手段的选用。

具体而言，这种承诺使得一个企业能够在该行业和领域获得强势位置并培植其核心竞争力，比如本田的发动机制造技术、佳能的图像处理技术、索尼的产品微型化技术、宝洁公司的品牌管理能力等。这种品牌和竞争力对实际和潜在的对手构成有效和可信的威胁和遏制。

当然，承诺是有极大风险的。当一个企业创新性的承诺并没有成功地造就一个新的市场，从而引领其他企业与其共同成长的时候，它很可能被锁定在本行业主流市场或技术标准之外。也就是说，它的承诺并没有导致产业标准的获取，而它在产业标准之外的技术和组织的承诺，又使得它不能够轻易退出。

当年索尼在录像机市场上面临的就是这种困境。好在东方不亮西方亮。索尼在录像机市场上的承诺无缘问鼎产业标准并且它的先动优势消失殆近，而它在彩电和CD机市场上的承诺却使它先机占尽、风光无限。

浩言管理
感悟与构想

同样，在革命性变革时代，过分沉溺于现有承诺而不能够及时进行战略调整也将会面临遭遇沉重打击的风险。当年，老福特极端固执地坚守对已经过时的T型车（只能是黑色的，只能是敞篷车）的承诺，而对消费者对汽车的不同档次配置和颜色等需求充耳不闻，便是经典例证。福特的核心竞争力终究变成了它的核心包袱。在被通用汽车公司赶上之后，近一个世纪，福特公司再也没有讨回行业龙头老大的交椅。所谓成也福特，败也福特。

有人说，获得持久竞争优势的唯一手段就是永远能够改变游戏规则。也许这是有道理的。毕竟，战略需要某种灵活性。

但是，实际上，改变规则的机会并不是俯拾即是的。只有游击队才能够经常地、最大限度地保持其灵活性。而游击队永远不可能是中坚力量，要么发展成正规军，要么被消灭。一旦成为正规军，便要有某种规矩。有规矩，就意味着某些承诺可能使某些选手有定规矩的权力，并且规矩本身一般具有相对长期的约束性。这种权力下定出来的规矩，肯定有利于该选手的持久竞争优势。所以，长久而言，意欲成功，承诺是必需的。

当然，知道在什么时候和往什么方向进行承诺，什么时候放弃旧的承诺并拥抱新的承诺，这是战略家的理想。而风险总是存在的。没有风险和代价，也就无所谓承诺。但是，我们不能因为承诺可能带来的风险（一事无成或故步自封）就拒绝做出承诺。

何言跌得重，便不向高登?!

折腾的路数

企业家创业，使劲折腾，不一定能成事儿；而不折腾，基本成不了事儿；折腾过头了，成事后，又遭败事儿。所谓折腾，抑或运作，就是通过各种可以利用的行为手段，千方百计地与各方相关人士与机构进行不懈的沟通、交往与互动，抑或对其进行一厢情愿的追逐、纠缠与骚扰，从而实现自己所期望达到的效果和目标。

简而言之，折腾就是企图把别人的资源转化为自己的资源的过程，或曰将别人的资源为我所用的过程。折腾的形式多种多样，主要包括自残、祈求、劝说、兜售、利诱、胁迫、威逼、买断等。

要想从别人手中攫取资源，首先要使对手放松警戒并且自感优越，从而争取其同情甚至好感。自残与祈求便是这样的折腾手段，主要是针对有求于人的情形。自残，广义而言，包括自降身份，自贬人格，直至自残体肤。过去的混混儿通过自虐自残等承诺而显示"可信的威胁"，被骚扰者往往力求息事宁人，当场散财散物，混混儿们则可占地盘，得好处。如今搞营销签合同拿单子，酒桌上敬人之前自己先往死里喝，既显得人实诚、豪爽、够义气、讲交情，又给足了对方面子以及满足感。

祈求，则是把自己放在弱者和学生的地位，尽管自己不一定就是弱者。比如，沃尔玛的创始人沃顿先生早年不管到那里访问都要到别人的零售店去考察，并首先恭维店长管理有方，接下来虚心求教。受了同行夸赞的对方通常会毫无防范，立刻滔滔不绝地自曝真经。为了节省运营成本，

浩言管理
感悟与构想

沃顿也曾经祈求其供应商,希望允许沃尔玛给它们打"对方付费"电话,并得到应允。

与祈求不同,劝说的主旨在于主动为对方考虑(至少貌似如此),使对方感到讨论和交流的出发点和重心是对方的利益和福祉。劝说,可以不厌其烦、苦口婆心,也可以推心置腹、不卑不亢。好莱坞著名经纪人奥维茨到客户方谈判,定好秒表放在对方桌子上,"30分钟内我说服你跟我签约,30分钟内说不服你,我自动走人"。

兜售,俗称忽悠,意在争取别人同意自己的观点并为之付出某种资源以及相应的努力和行动。最近有研究表明,不仅很多人同时诉说某种观点可以使大家倾向于认同该观点,即使是同一个人不断地重复某一个观点同样会造成大家的认可。我们经常发现的一个现象,就是自己的老板往往不厌其烦地反复在不同场合对不同的人(或同一些人)诉说同一个事情和观点(比如远见之类)。说得多了,大家都会觉得这个观点是正确的、自然的、应该的,或者这个事情已经发生了、实现了、成就了。无论望梅止渴与否,这种兜售实际上都有一种自我成就的潜在功效。

利诱,是通过某种交易给对方以各类好处,从而换取对方的资源或者行为。比如,各类合法与非法的集资,尤其是博彩,都是以获利为诱饵诱导别人出资或付费。商学院以冠名权引诱企业家捐资亦是同样道理。大概10年前,纽约大学一名大学生则利用电子邮件向其亲友以及相关人士求援,请求每个人捐助他2.5美元的学费。他允诺的回报是毕业时会将自己学士学位服和帽子的某一小块碎片寄给每一个捐资人。这可以证明其诚实可信,知恩感恩。现在想想,这哥们儿做的其实就是众筹哇!

胁迫,则是通过发现和掌握对方的某种弱点与把柄,逼迫对方就范。各方神圣,为了自己的生存和利益,都在折腾。常在江湖游走,难免会有倾轧和闪失,谁都可能有软肋甚或不检点。当别人戳到自己痛处的时候,

折腾的路数

其实跟混混儿登门起哄是一样令人烦心，只不过闹得比较含蓄。高手过招，点到为止，绵里藏针，不露痕迹。

当一个人或者组织有足够势力的时候，其运作与折腾则会少些谦逊敬畏的拿捏，多些舍我其谁的霸气。这时，威逼和买断通常是主要的办事方法。比如，手眼通天的开发商会利用各种手段威逼钉子户搬迁；财大气粗的企业会买断某种稀缺资源或者关系通道；劣迹败露的企业可能会利用上层关系给媒体施压或者通过封口费阻止和封杀对自己不利的信息；同样，曾经含蓄的胁迫也可能会升级到威逼，比如奸商与贪官之间的揪扯。而且，当谁自负到认为所有的问题都可以通过钱来解决、来摆平、来买断的时候，再折腾，基本上已经过头了。

规矩就是规矩

从日常生活到管理活动，各类规矩无所不在。大到法律规章，小到礼仪习俗。规矩的存在，旨在界定人们交往过程中的行为规范与预期表现，即大家共同约定、认同、遵守，并期望别人也遵守的某些基本准则与行为范式。在文明社会，尊重规矩既是常识，也是义务。按道理说，规矩的制定往往是基于大多数人的利益的。因此，规矩的存在，在很大程度上杜绝、压制、减少了个体行为的随意性和独特性。一般而言，人群对规矩的遵守程度取决于规矩本身的合理性、人群的基本素质与文明程度、外部监管的力度与成本，以及践踏规则所遭到的惩罚的严厉程度。

首先，规矩的合理性影响人们对规矩的遵守程度。马路中间树立起栅栏隔离带而又没有人行横道、没有过街天桥或地道的地方，大家翻越栅栏的情况就会屡禁不止。过街天桥或者地下通道过远也会逼迫人们违规寻找捷径。如果市政交管想当然地把一个小区门前道路规定为单行道，而小区居民开车要多绕两公里才能合法地回家，很可能大家会想办法伺机逆行。当婚姻法或者实际官方允许的结婚年龄大大地晚于年轻人有正常生理要求的年龄而法律与道德风尚对于婚前性行为又毫不容忍的时候，法律意义上的强奸罪就可能会屡见不鲜。

其次，人群自身的意识和素质亦影响其对规矩的遵守。缺乏对规矩的理解，会造成无意间对规矩的逾越。在一个从来没有排队意识的环境中长大的人刚到一个事事按规矩排队的地方便会由于天然的不守规矩而遭人白

规矩就是规矩

眼。第一次进音乐厅听交响乐的朋友，由于不懂规矩通常会在乐章之间鼓掌，虽然无辜，也会招致人们的鄙视。如果知晓规矩而明知故犯，便是自身素质的问题了。随地吐痰，从行驶的汽车里往外扔垃圾，在高速公路旁边公然停车小便，乃是常见的事例。一个在规矩健全的社会里长大的公民，由于良好的意识与习惯，在半夜两点四面无人无车的情况下也会耐心地停车等红灯。瑞典某警察因为发现自己下班回家时开车超速，自己给自己开了张罚单。这是守规矩者的极端自律。

最后，有关规矩制定与执行的一个重要考虑因素就是监管的成本与力度。一般而言，监管者喜好选择对自己比较省事儿的规矩。从幼儿园开始，所有的规矩基本上都是以整齐划一为根本依据，而不是弘扬个性、因人而异，因为这样省时省事、便于管理。幼儿不管体质如何都盖一样厚的被子。学生不管胖瘦高矮都穿着不合身的校服。男生不准留长发，否则就开除你。在人群没有反抗能力的情况下，基本上要被动遵守。当轮到自己制定规矩时，人们又自然想到习惯性地简单延续自己过去经历的规矩。当制定规矩的人自己不受规矩约束的时候，受规矩管制的人群对规矩没有话语权的时候，规矩往往会订得不靠谱，不是让人恨得咬牙切齿，就是把人整得啼笑皆非，总之无可奈何。

显然，当践踏规矩者可以不受任何谴责与惩罚的时候，规矩便形同虚设，宛如儿戏。过去，大家似乎都反对走后门，而又都想走后门，对手眼通天者钦羡不已。从上小学开始，各类作弊者很少被真正地处理。于是，尝到甜头的人便乐此不疲。有些人作弊是因为要及格，所谓不得已。有些人作弊是为了获奖、提级、争第一。更不用说为了某种利益可以篡改年龄、伪造户籍、自编履历、冒名顶替、学位造假、论文抄袭、名义结婚、假装离异。总之，大家见怪不怪。不守规矩者，好像都有自己的道理。守规矩者反而被嘲笑，受鄙夷。

浩言管理
感悟与构想

然而，在一个真正按规矩办事的地方，即使是无辜的越规，后果也可能是惩戒严厉。当年在美国，有一位日本留学生因不知情而误入标注着"私人领地莫入"的草坪，由于听不懂业主所喊叫的英文"站住，否则我就开枪了"而继续行走，不幸被信奉私人财产不可侵犯之规的美国业主当场射杀。日本举国哗然。后来，也有位美国少年到新加坡在公共场所胡乱涂鸦而被判笞刑。美国总统亲自求情也于事无济。无疑，这种极端的事例会使大家对各类规矩进行反思。其实，规矩就是规矩。否则，就别想有规矩。

自己的狗自己遛

北大 BiMBA 的开学典礼越来越隆重。主席台的背景牌子大得令人觉得有些浪费。场面宏阔得让人觉得自己有些渺小。也许这正是庆典的意义所在吧。人还是隔三差五地需要些仪式感和场景感的。

发言的领导们一而再、再而三地重复着同样的信息：你们赶上了大好的时代，你们做出了正确的选择，你们是同类同辈中的佼佼者。当然，这种时候，没人会说令人添堵的话。

实际上，每一天都是一样的，不因为是你的开学典礼就对你特殊。只是你自感特殊而已。因此，在仪式感催生的亢奋与激动的同时，大家最好还是保持平实的心态，善待每一天。

在 EMBA 的典礼上，我曾建议大家想象一下，如果你年轻 20 岁，你会怎样？我曾经在 30 多岁的时候，就开始强烈地感受到难以排遣的中年危机。20 年过去了，感觉像是平滑期，没觉得老多少或者感觉有多少不同。

看看现在 60 岁的人，比如周其仁他们那帮榜样人物，感觉依然风华正茂。于是，不禁要改变我们过去对年龄和生命周期的理解。如今，可以说 60 岁才是中年。所以，建议大家还是每个人假设自己年轻 20 岁。

在 MBA 的典礼上，我曾建议大家想象一下，如果你现在已然增加了 20 岁，会作何感想？对现在是否满意，对未来如何设想？20 年很快就会过去，青春是可以浪费的，但浪费不了多长时光。因此，要有些紧迫感，

浩言管理
感悟与构想

去畅想，去折腾。

今年在职班 2015 级的 MBA 学生在战略课后送我一个礼物：诸葛亮的羽扇。我曾经一再说，诸葛亮不是战略家，顶多是个项目经理。未出茅庐，已知三分天下。格局既定，剩下的就只是细节和执行了。年轻的学子们不能学诸葛亮，要有冲动，要有饥饿感，要探索，要改变，要追求自己的强项。

是的，追求强项！我曾经说过，不要把时光浪费在纠正错误和补齐短板上，而是要集中精力发现强项，造就强项，利用强项。无独有偶，这也是我们 BiMBA 合作方比利时 Vlerick 商学院教务长 Dirk Buyens 教授演讲的主旨：Chase Your Strengths！跟着你的强项走！

一个木桶，可能需要补齐短板。但那个短板本身也许不需要刻意去追求增高拉长，而是更需要找到自己之"短"能够被更好地利用和欣赏的地方。短版也可能是强项。

作为 BiMBA 学术委员会的主任，我必须郑重地强调学术纪律。不抄袭，不剽窃，不违背学术规范。这是对学生的基本要求。对于 EMBA 的学生，我直言不讳，你犯不上。为什么要抄袭？没必要。只要你认真学了，有启发，就够了，你又不是主要冲着学分来的？！要拿得起，放得下。何况挂掉一个 EMBA 学生的概率是极小的。别失态，别犯低级错误。

当然，抄袭、剽窃和撒谎等不轨（Unethical）行为是屡禁不止的。很多人忍不住。你放眼望去，第二次世界大战后几乎所有的美国总统都撒谎。撒谎越多的总统，民众支持率越高。奥运会刚结束，有些运动员就被查出服用兴奋剂。再过十年，不用查，肯定有一定数量的本届冠军们忏悔说 2016 年服用了兴奋剂，只是当时没被查出来而已。数年获得环法大赛自行车冠军的阿姆斯特朗的丑闻等，历历在目。这当然不是给不轨行为找借口。而是说，这么大力禁止，那些得势的人还是猖狂如斯。如果不禁止，那还不得猖狂到每个人随地大小便？！这个世界不是很干净的。所以，我们到处看到各类"文明"提醒。

对于 MBA 来说，两年的开学典礼，我说的是同一个故事：自己的狗自己遛。

Walk Your Own Dog！哥伦比亚大学商学院有位创业学的老师曾经说，每学期都会看到学生写关于提供帮助别人遛狗服务的商业计划书。她的本能反应是不靠谱。人养狗就是为了满足情感需求，老让别人遛你的狗，你还自己养狗干啥？当然，偶尔需要别人帮主人遛狗的场合会存在，但不会系统地存在。

无论如何，你来读 MBA，就得自己上课自己写作业，老让别人帮你写作业，抄别人的作业，等于是自己养狗让别人溜，或者是直接遛别人。

浩言管理
感悟与构想

当年 EMBA 火的时候,就有运营商的人遛供应商的人。国人的创造力是难以想象的。

不管干什么,大家对待自己的所作所为还是要认真严肃一些的。

自己的狗自己遛。自己的人自己疼。自己的工作自己干。自己的学业自己整。

人生不能浪费在改正错误上

周末给北大国发院—美国福坦莫大学管理博士项目授课。其间曾谈到我近来日益清醒地意识到的一个深刻感悟，那就是人生苦短，必须专注。具体而言，人的一生，最应该做的事情是不断地发现和利用自己的长处。说得极端一点，任何花在纠正错误或者补齐短板上的时间，都很可能是一种浪费。

你纠正了这种错误，还可能犯另一种错误。你永远都将会不断地犯这样那样的错误。犯错误是一种常态。你好不容易补齐了你的短板，新的短板又出现了。你一辈子都在纠正错误，补齐短板。补救会让人上瘾。你老吃快烂了的西红柿，新的西红柿就会不断地被你放烂，不烂不吃，结果是你一辈子都在吃烂西红柿。

浩言管理
感悟与构想

你需要做的，是去尽早发现自己在哪些领域犯错误少，比大多数人犯错误少，然后专注于提升自己在这方面的能力并不断地寻找时间和空间去利用这种能力。不管叫什么——比较优势、竞争优势、核心竞争力、特长、专长、强项，总之，你要做你擅长的东西。如果你碰巧也喜欢你擅长的东西，那就叫幸福。幸福就是做自己喜欢而擅长的事情。

当然，你也可以自豪地说，我的专长就是给别人擦屁股。人各有志，你愿意就好。也就是说，即使你是不得已在做自己不愿意做的事情，如果你很擅长，你还是应该去做。这样你可以非常游刃有余地给别人证明，即使你心不在焉地糊弄一下，也比那些专业专注于干这些事儿的人做得还精准美妙。这就叫牛人强项！这要比那些天天臆想着做自己梦想要做（自己丝毫不擅长）之事的人强多了。也就是说，在"成为最好的你自己"和"成为你想要成为的人"之间，还是前者更靠谱。

当然，这并不是说，完全不去理会错误、偏差、缺点、短处。至少在一个人的发展早期，还是要尽力全面探寻，尝试纠偏，从而最终找到自己的能力制高点。其后，便是不断找机会增进长处，利用长处，从长处获益。

放眼望去，真正有成就的人都是一门心思往前跑和往上跑的人。即使偶尔检讨或者认错，也是不得已，自己并非心甘情愿。所谓的改正错误，大多是给别人看的行为艺术。每个自恋的人，都认为自己是终极最正确的。而每个人多多少少都是自恋的。有些人尤其如此，尤其是那些有成就的人。不解释，不道歉，不抱怨，不啰嗦。正像耐克的口号所声称的：Just Do It！老子就这么干！

其实，扬长和避短都是有成本的。同样的成本下，扬长的回报可能优于避短。避短顶多使你达到平均值，不被拉下，而扬长则可能使你脱颖而出，从此一直走在快车道上。

一句话，人生不能浪费在改正错误上。

掬世间花絮

为什么非要老拿分数说事儿
做人要实在
只要你过得比我好
话说没完没了

为什么非要老拿分数说事儿

对现行的教育体制和考试制度存在的各类弊端的声讨和批判，我们大家最经常听到的一种说法是"高分低能"。对这个问题究竟应该怎么看？

首先，我倒要问一问，到底是高分低能现象更普遍，还是高分高能现象更普遍？如果高分高能现象比高分低能现象更普遍，那么一天到晚地嚷嚷高分低能就无异于故意耸人听闻，以偏概全，给人造成的印象必是好像"高分就自动意味着低能"一样的惊世谎言。

其次，我还要问一句，是低分低能现象更普遍还是低分高能现象更普遍？如果低分低能现象比低分高能现象更普遍，那么分数高还是证明能力相对比较高强，分数低还是证明能力相对比较低浅。如果在高分区和低分区（如果只笼统地划分高低两半的话），分数和能力都呈正相关，那么，分数就意味着能力，体现的是能力，应该说是一种平均规律，是常态，是主线。高分低能和低分高能都不过是例外，是变奏，是野点。那么，总体而言，高分就比低分所代表的能力强。不服不行。

上面的讨论，主要讲的是逻辑道理，具体实际怎么样，是一个实证问题，需要用系统的观察和严格的大样本数据分析才能检验。而现在，没谁真正拿出过系统研究后得出的证据，说明究竟分数和能力是什么关系或者有没有关系，哪种现象可能实际上更加普遍。所以，无论谁怎么说，基本上都是扯淡。

中国过去施行多少年的科举制度的效果也许能被用来作为一个实践中

的证据。当然，即使有这么个证据，也得看你自己的判断了：

真正凭成绩考出来的官员，多少是笨蛋？多少高分者不能胜任朝廷用人的需要和预期？是不是考上的人比没考上的人更低能笨蛋？

考分上作弊，那得另说了，将来有钟馗老爷整治他们。接下来，我还要问几个问题。

分数本身是不是一个内在可靠的指标？分数所测量的那种所学的东西和实际需要的能力是否相关？除了分数以外，我们还有没有其他更有效的指标来作为衡量能力时的替代？

如果我们可以肯定分数本身的内在有效性，我们就可以对分数作为衡量学生对所学内容的把握程度的一个指标而具有信心。也就是说，分数代表的是学生对课程设计要求所掌握的东西的实际掌握程度。

我在美国教商学院本科生十几年，教毕业班最后一个学期的最后一门课。至少据我个人的经验观察，分数是有一定内在有效性的。有一个学期，我专门到教务处成绩科调出班上所有学生四年来的平均分数绩点（GPA），并用它跟在我的课上给出的成绩相比较，虽然我没有做正规的相关分析，但发现二者非常契合。在我课上得 A 的学生基本上四年的平均成绩是 A，得 B 的则平均成绩大多是 B。

接下来的问题，是我们课程设计的知识内容和学生走上岗位后实际工作需要的能力的匹配程度。这种匹配程度越差，出现高分低能或低分高能现象的可能性越大，因为并不是分数本身和能力不大相关，而是分数背后所代表和衡量的知识与所考察的能力不大相关。所以，这实际上不是高分低能或低分高能的问题，或者根本不是分数本身的问题，而是课程设计的问题，所教授的东西和所需要的东西脱节的问题。

这就好像你先出一套微积分题让人考试，然后再考察这些应考的人把 60 斤的麻袋从 1 层迅速扛到 28 层的能力。你到北大数学系找 100 个学生，你再到蔚秀园学生宿舍建筑工地找 100 个民工，先考试后扛包，你要不铁定证明高分低能，那肯定是出鬼了！恭喜你，答对了。

打篮球，你能说得分多的人高分低能？厨师比赛，专家评委和顾客代表现场品尝、当场打分，你能说分数跟能力没关系？就连全国电视歌手大奖赛，再有争议有猫腻，分数也基本上非常清楚地反映歌手们的演唱水准和实际能力。虽然，为了收视率，偶尔也会请嘉宾出一些跟音乐以及歌唱技巧毫无任何关系的综合素质考题，但那毕竟不占几分。

我们是听唱的，又不是看知识竞赛。刘德华根本不用懂什么尼采、萨特、杜拉斯、昆德拉和《黄河东流去》，照样随便想去哪儿唱，就到哪儿去，就连给那英在红馆当嘉宾，都会有一排小姑娘捧场，手里拿着小灯笼，拼成"安迪，我们爱你"。华仔唱完一走，她们也立刻一溜烟儿收起小灯笼离去。千万不要把娱乐当艺术来要求和抬举。

如果综合素质考题敢占 50% 的话，那全国电视歌手大奖赛，不成了北大文科十佳歌手、上海戏剧学院院长办公室员工和中国作协老干部文艺骨干的卡拉 OK 联欢会了吗？再考点儿物理、工程管理什么的，连清华的退休人员都敢拿着话筒不撒手。

其实，一般而言，一个大学学科的知识体系跟需要该专业毕业生的某种职业所注重的能力还是比较相关的，尽管在国内的大学里，很多学校的课程体系可能陈旧过时。也就是说，通常情况下，专业知识和需要能力的匹配性还是很强的，一个专业的职业化程度越高，越是这样，比如医学、工程、法律等专业。商学院还不够职业，可能需要另说。

当然也有极端的例子，确实造就极端的偏差。

比如，据报载，20 世纪 80 年代某年的全国女子武术冠军（记不清是否是全能冠军）曾被手无寸铁的人强奸。这让人怀疑这功到底是怎么练的，有什么用，比赛时分是怎么打的？抑或还有什么其他难言的隐情和苦衷。比如，某些学校课程过于陈旧而不自知。据说北京某名牌大学21世纪的头几年还在给文科生开设"微机原理"，讲DOS到底是怎么回事儿。因为教计算机的老师只在80年代学过DOS。Windows应用都不灵，更别说解读了。可能"据说"得有点儿太离奇了。

比如，当年在耶鲁大学读书的弗雷德·史密斯，在一门经济学课程中，曾在他的结课论文里提出他后来创办的联邦快运公司所采用的运作模式，老师认为他是胡说八道，结果该门课只得了个C。现在该公司每年收入几百亿美元。当然，我们也清醒地知道，美国叫弗雷德·史密斯的人跟中国叫张爱国、王美丽的人可能一样多，但是得了那个C后，又能掌管数百亿美元的企业的弗雷德·史密斯，可能就这一个。

我还要问最后一个问题，那就是：除了分数以外，有什么更客观、更系统、更经济、更方便或更公正的指标可以用来衡量一个学生的学习成效吗？

如果没有的话，还是请大家尊重分数。

顺便说一句，不管有多大价值，会考试本身也是一种能力。

做人要实在

在北大和自认为"比北大还北大"的大学里,通常都对学生有这样一种类似校训的期许:以天下为己任。这无疑反映和接续了千百年来中国士大夫文化的传统,及其经世济民、立国兴邦的宏愿。

在皇权制度下,"普天之下,莫非王土"。每个百姓皆为天子之臣民。如此,大一统的天下,进行着的是单一的官本位游戏。以天下为己任,无非是在承认皇权至上的游戏规则的基础上为皇权效忠、为臣民谋利之意。

时至今日,天下已非昔日之天下,民众已非昨日之臣民,游戏亦非只有官本位的游戏,独此一家,别无分号。以天下为己任的口号和理想便显得有些空泛和滑稽。

这些学校毕业的许多精英们也会惊奇地发现,自己胸怀祖国,放眼世界,以天下为己任,而天下根本不把他们当回事儿。"我本将心向明月,奈何明月照沟渠。"于是,他们感到困惑、疑虑、愤懑、空虚。这些都是正常的,因为天下只是一个虚幻的概念,而不是一个真实的存在。

人们在追求"干大事"的虚惘梦想之际,往往容易忘记自己的实际处境、日常生活和工作的圈子,以及自己的家人和所处的社区。这种现象实际上从我们对娃娃的教育上就已经初露端倪。

据报载,某家长经常以自己孩子的聪明才智而炫耀,见人就让人家问孩子美国第××任总统叫什么名字。别人自知孩子对历届美国总统的名字可能背得滚瓜烂熟,于是就问了一个另外的但并不新奇的问题:"你爷爷

浩言管理
感悟与构想

叫什么名字？"孩子抓耳挠腮，无言以对，困窘之极。

也难怪，别说孩子了，胸怀天下的人，满脑子装的都是叙利亚、索马里、美国总统、中央情报局、国际新闻、世界天气、文体明星、情景喜剧。他们对电视里、报纸上和网络中的人物，不管是真人还是虚拟，比对自己的亲人还更了解、熟悉、关心和在意。

每个人都愿意生活在自己营造的大世界"天下"里，而不愿生活在那并不尽如人意的真实世界的"鸽子笼"里。因为，真实世界往往使人觉得蝇营狗苟，不得不直面惨淡的人生，正视那些令人不悦的细节和难题。

那些真正干大事的人，通常是不把自己和家人当回事儿的，从大禹治水，三过家门而不入，到焦裕禄治理盐碱地，不惜病体。这些用特殊材料铸成的人，专门利人，毫不利己，令人钦敬，但非常人可以企及。

即使如此，他们干的也都是自己身边社区的事儿，为自己看得见的大众谋福利。焦裕禄没有整天惦记着全世界的受苦人，到马达加斯加去垦荒，兰考是他的阵地；而早年间的欧洲，也并不需要大禹同志去操心兴修水利。

以天下为己任与否，大家最好还是先从自己做起，从身边做起。关爱老人与孩子，搞好夫妻关系，抽空锻炼身体，积极奉献社区，打扫卫生，清洁环境，保护水源，净化空气。上班认真工作，下班好好休息。没事儿给爷爷奶奶挂个电话，给老爹老娘发个短信、送点儿礼。人活着不容易，亲情尤其值得珍惜。

正像我们河南老乡刘震云说的，其实，一个人每天生活中固定打交道的就那么几个人，把小环境处理好了，一个人的生活就安稳了，天下就太平了。否则你们家小保姆给你轻轻示个威什么的，也够你受一阵子的，绝对会影响你的豪情壮志，耽误你"身在西下洼，胸怀亚非拉，放眼爪哇、苏门答腊、埃塞俄比亚、尼加拉瓜"。

在我们的工作中，一个人的角色和活动空间通常也是被岗位责任和组织机构清楚地界定的。比如，一个跨国公司的接待员，可能就是坐在第12层楼上面对电梯口的一个小桌子后面，迎来送往，接听电话，每天说N次"中国××公司，您好，请问您要哪里？"中国××公司，对她来说，就是这个小桌子。她把自己的工作空间想清楚了，职责整明白了，环境布置好了，愉快地做好本职工作就是对公司最大的贡献。给人家个基本市场价工资，又想让她满脑子的公司使命、战略、核心竞争力什么的，恐怕还不如让她"身在西下洼，管好西下洼"就是了。

"组织里每个员工都可能是领导""人人都是CEO""领导力就在每个人的心里"之类的自欺欺人的说法，简直就是无端的梦呓，强词夺理。

没错，像基辛格那样的人无疑是要以天下为己任的。早在哈佛大学读博士的时候，便开始打基础，为该校培训世界青年政治领袖项目办班儿做事，从中拉关系。中曾根康弘、穆巴拉克等后来权倾一时者皆为当年班中小兄弟。即使这样，亨利也是从当班主任一点一滴做起。

北大当年的李大钊、陈独秀，铁肩道义，妙手文章，也是从教育这一具体事业做起。

北大人中肯定是要出基辛格或南陈北李这样的人物的，干大事者，以天下为己任，惊天动地。而大多数人，即使是大多数北大人，很可能受用不起"天下"，入不得局。

因此，还是该卖肉卖肉，该道义道义。这话听起来有点泄气，似乎有点宿命论的感觉。比如在某个网站上曾经看到过这么一个说法："该吃吃，该喝喝，啥事别往心里搁；人的命，天注定，胡思乱想没有用。"

浩言管理
感悟与构想

  这种说法好像确实有点颓废。然而,本文所强调的,实际上是说,即使那些甘愿为"以天下为己任"献身的仁人志士,也得从小处做起。而那些臆想"以天下为己任"的叶公好龙者最好先回到身边的现实中来。
  所以说,做人要实在。

只要你过得比我好

我们小时候上语文课学造句，经常用的一个句式是"只要……就……"。比如，"只要我们努力学习，就一定能够取得好成绩"，或者，像当年的样板戏《红色娘子军》里的吴琼花所发的誓言"只要打不死，我就跑！"，等等。很显然，上述句子中表现的，从表面上看，似乎应该说是一种"因果关系"。用语法学的术语说，"只要"是"就"的条件状语从句。但问题是，虽然句式相同，但上述两个句子中体现的"条件"的性质是有本质区别的，"结果"也不完全都是确定必然的。它们背后反映的不同逻辑很容易被混淆。

造句是作文的基本功。习惯了用"只要……就……"这样的句式，我们在思考问题和写文章的时候，就很可能受这种句式背后逻辑的深刻影响。而混淆的逻辑一旦在我们脑海中形成某种思维定势，也会不自觉地反映在我们的思考、写作、理解和行动中，并很可能误导视听，贻害无穷。因此，对上述句子中不同逻辑关系的考察和澄清是很有必要的。

仅就字面而言，"只要"是"就"的充分条件，"只要"必然导致"就"后面的结果。在吴琼花的话中，"就"后面的结果是一种主观行动，人可以在很大程度上（甚至完全）进行控制。这有点类似鲁迅先生说的"我倘能生存，我仍要读书"，或者大家经常说的"只要你对我好，我就会对你好"。只要前提条件存在，就会引发某种允诺了的行动。因果关系是成立的。这时的前提是客观的，引发的结果是主观（承诺）的。

浩言管理
感悟与构想

相反，"只要我们努力学习，就一定能够取得好成绩"这一句话中的关系是不是因果关系就值得怀疑了。在这种情况下，"只要"所引出的条件是主观因素或行动，而实际的结果却是在很大程度上受客观条件影响和限制的，大概应该是"就可能"而不是"就一定"。也就是说，"就"后面所表述的结果是否发生，并不只是我们的主观因素所能完全决定的。谁敢保证只要你尽了最大的努力，你就一定能取得好成绩（或者，就能成功、胜利、达到目标等等）？！显然，这时的"只要"并不是"就"的充分条件。

同样，"只要我好好干，就一定会被赏识、被提拔""只要我们坚持不懈，就一定能到达理想的彼岸"等说法也是不一定靠得住的。它们宣称的不过是一种信念或者偏见，甚至是欺诈。比如，"（只要）人有多大胆，地（就）有多大产"的提法，便是上佳一例。

当然，还存在另外两种可能性。

第一，原因（或条件）和结果都是主观因素或行为。比如，"只要我喜欢一个人，我就会去告诉她"。也就是说，当"就"后面的结果是主观决定的话，这种说法的实质是一种用行动成全和实现誓言的过程。

第二，原因（或条件）和结果都是客观因素或现象。比如，"在某种大气压下，只要水被加热到某个温度，它就会沸腾"。这时，"只要"代表的是充分条件，因果关系是成立的。

当然，在第二种情况下也会出现因果不匹配。比如，"只要打雷，就一定下雨"的说法是不可靠的。也就是说，当"就"后面的结果是客观决定的话，这种说法便有偏颇的可能。因为"只要"和"就"之间的关系很可能是某种统计规律，而不是屡试不爽的公理或定数。

综观上述四种可能性，一个潜在的误区就是强行地把主观因素当成导致某种客观结果（或者主观因素无法完全控制的结果）的前提或充分条件。把可能性当成必然性，把偶然关系当成定理，片面夸大，臆想当然，都是错误的。正像守株待兔者坚持不懈地认为:"我这辈子就守在这棵树这儿了,我就不信,只要我执着,我还就再拾不着撞树的兔子了?!"

某些励志名言如此蛊惑道:"只要有百分之一的希望,就要尽百分之百的努力。"没错,当一个人拥有无限资源并且一天到晚只干一件事儿的时候,这种鼓励似乎无可厚非。对于一个资源(时间、金钱、能力、自律)有限并且每天要应对多种任务和挑战的真实世界中的凡夫俗子来说,这种不计后果、不顾可能、不负责任的说教无异于恶意怂恿和戕害。

所以,当我们再听到类似"世上无难事,只怕有心人"(意思是,只要你用心,世上就无难事)的豪言壮语时,最好不要过分激动。世界上很多事,不管你用不用心,都是很难的。有些事,并不因为你用心与否,就改变其难度。这时候,还是多想想另外一组说法,比如,"别在一棵树上吊死""不要一条道走到黑",等等。

没人能保证一个人付出了努力就一定有成就。"只要我们努力学习,我们就问心无愧"的说法恐怕还有些道理。有没有成就不是完全由我们决定的,而问心无愧是我们自己可以做到的。

还有,想当然地将某种可能的因果关系固执己见地当成公理,也很容易混淆对前提条件和结果本身的定义和把握。比如说,如果我们坚信"只要我们努力学习,就一定能够取得好成绩"是一条公理,那么,一个人如果付出最大努力,只差没有累死,仍然没有取得好成绩,我们便可以反过来义正词严地推断说:"还是你没有真正努力,或者努力得不够。""如果努力了,怎么会没好成绩呢?"应该说,这种逻辑近乎无赖。而无赖却广泛存在。比如,"只要你心诚,你就一定能生男孩儿"。也就是说,在我们描述前提和结果的关系时,前提和结果应该是可以独立测量的,并且不能够关联定义和循环论证。比如说,某人可以对他的朋友发誓"只要你对我好,我就对你好"。实际上,当"你对我好"的确发生以后,却没见"我对你好"的对应结果时,如果"你对我好"不能由第三方公正

浩言管理
感悟与构想

地测量,"我"这个爽约的人就永远有机会说:"我说的是只要你对我好,我就(必定)对你好;而我现在并没有对你好,恰恰说明你根本没有对我好,或者没有像'只要你对我好'中定义得那样好。"这样一来,"你对我好"跟"我对你好"几乎就是一回事儿了。这种关联定义和循环论证混淆概念,冗余重复,导致因果关系不清。

难怪当年美国总统老布什有句车轱辘话曾经被人们大加嘲讽。那就是,"不生病的最好办法就是保持健康"。多新鲜呐,这简直就等于是说,"要想不死的最好办法,就是好好活着"。

好好活着吧!

"只要你过得比我好,过得比我好,(就)什么事都难不倒,一直到老,啦……"

如果你觉得这种虚悯卖乖的歌词有点前言不搭后语,胡说八道,那你还没听麦当劳的口号呢,根本不用什么条件状语从句,整个就一结果状态:"我就喜欢!"耶!

话说没完没了

事情越来越是这样，没完没了。It's Just Relentless!

接二连三，连续不断，令人焦虑，令人愉悦，令人期许，令人遗憾，令人离不开，放不下，出不去，进不来。您得一直抻着，喷着，碜着，伸着，渗着，慎着。

当领导是这样，创业是这样，刷朋友圈是这样，看网红直播是这样，玩俄罗斯方块是这样。就连当乞丐做流浪汉也是一样，就这么一直往前趿溜。上天无路，入地无门。欲进无术，欲罢不能。欲言又止，欲哭无泪。

记得刚时兴BP机（传呼机）的时候，在美国只有医生走到哪儿带到哪儿。因为他们需要随时待命。医生在听交响乐的当口，就可能得离开音乐厅，奔赴重病房或者急症室。那时还没有如今移动的概念。你平时该在哪儿就得在哪儿。

后来满大街都是用手机的人了。大家经常说的一句话，就是"我在外边"。啥是外边？就是你没在你本来该在的地方，却又真实所在的那个可能不应该在，或者不愿意让别人知道你在的那个地方。你可能就在里边，也得说是外边。

现在好了，有了GPS（全球定位系统），也就没有外边了。大家关注的是你是否在"圈子"里边。朋友圈里的人不一定是朋友。但大家还是希望别人关注，即使不算是朋友的朋友。你发个东西，就希望别人点赞。别人不点赞，你会一直刷屏，不断纳罕。

过去只有CEO（首席执行官）才会每周日程满满。那是真的没完没了。你要看各种报告，开各种会议，打各种电话，被下属"借调"到各种场合跑场子，跟人握手，剪彩，摸球，演讲，吃饭，被陪。

如今，在移动互联网时代，一个每天挤地铁上下班的临时工也跟总理一样日理万机。起来就看"今日头条"。一天到晚追韩剧，听相声，看足球，盯网红，打赏"小鲜肉"，夜来模拟风雨声。第二天蹬上鞋啃着油条赶奔地铁继续前行。

技术在发展，时代在进步，生活在提速，人们在扩容。我们的硬盘越来越大，内容越来越多，系统越来越复杂，App越来越应接不暇，垃圾自然也就越来越多。我们究竟更幸福了吗？

反过来说，让你歇下来，有完有了，你就更幸福了吗？明星很忙，没完没了地忙，节食，应酬，照相，摆谱，签名，绯闻。突然让你清净了。你清净了吗？内心？！

最早对"Relentless"这个词有印象，是看到乔治·舒尔茨教授的一句话——市场经济的一大特点就是Relentless。永不停歇，逼迫人们竭尽一切去应对。乔治·舒尔茨教授曾任教麻省理工学院、芝加哥大学和斯坦福大学，担任过美国劳工部长、财政部长及国务卿。

反映在创业上，创业者必须在市场经济的大潮中乘风破浪，不断前行。不进则退，不动则亡。你每天一醒来就得应对各种危机。你的企业每天都可能猝死。你上了一条不归路。忙并快乐和焦虑着，没完没了。

话说没完没了

美国战略管理学教授 Todd Zenger 最近写了一本书,叫做《超越竞争优势》(*Beyond Competitive Advantage*)。大部分内容老生常谈,但其中一句话可谓振聋发聩。那就是,你光有竞争优势是不够的。啥意思呢?

你得向别人证明你在将来还会有新的竞争优势,这也并不耸人听闻,因为我们早就说过要有"持久"竞争优势。真正要命的是,你要证明你的竞争优势是超乎华尔街预期的。不但要好,要持久地好,而且要超乎预期地好!这就是没完没了!

微软很牛,这我们早知道了,但已经不像过去那样超牛,不一定在将来还牛,已经不如我们预期的牛。关键不在于牛,而在于更牛,比我们想象的牛。其实,在国内,社会学家郑也夫教授在若干年前就提出了"可持续牛×"的概念。

重要的不是速度,而在于加速度,更在于加速度达到超乎大家的预期和想象。你的加速度也得有个超乎预期的加速度。加速度的加速度的加速度的加速度……N 阶循环。这就是 Relentless 的实质。

创业企业也一样。你要向投资人证明你有潜力。你要让他们看到你比别人更有潜力。你要让他们看到你的潜力将会越来越大。你要让他们盲目地相信你的潜力将超乎他们所有最疯狂的预期(Beyond Their Wildest Dreams)!

没完没了,这是现代人的新常态。卓别林展示的流水线上的工人,就是一个面对没完没了的工作的准机器。没有田园诗和温情脉脉,只有冷冰冰的机器和流程。没完没了。Relentless。

在我 20 世纪 90 年代经常从罗德岛到纽约曼哈顿看歌剧的时日,我曾

浩言管理
感悟与构想

经寄宿于友人在 Holland Tunnel 附近新泽西一侧的公寓。早上起来，看着楼下成百上千的精英人士，面无表情地匆忙赶奔地铁站，过河到华尔街上班，浑身名牌，新装革履，Armani，Brioni，Ferragamo，但那阵势其实跟矿工下井是一个意思。日日如此。

据称，40%的美国人一睡醒第一个动作是摸手机。我估计这个动作在国人中可能更加普遍。可以居无竹，可以食无肉，可以夫妻分居，不可一刻无手机。没完没了地摸手机。

我们各个像上了发条，一天到晚，忙碌不停。偶尔转换一下忙碌的内容和事体，这本身就是一种休息。然后半夜躺倒，睡觉，睡醒。重头再来！周而复始。活着就是折腾，创业就是折腾，战略就是折腾。没完没了地折腾。

累了？喝咖啡！喝红牛！精神抖擞地继续斗手机。手机累了，有充电宝呀！再过几年，一定会有人发明精力充电宝、脑神经充电宝、肌肉充电宝、前列腺充电宝、视力充电宝。那时候，睡觉都是多余，简直就是一种工作。

生活就是不断地换频道，永远没有休息。换频道就是休息。你想退休？心理永远不能退休，只是换频道而已。上满发条，不断折腾，转换频道，永不停息。直到有一天，你说，我累了。于是，躺下，睡过去，再也没有站起。

完了？了了？还没！我在美国 Bryant College 教书的时候，和我们 IT 服务的一个哥们经常聊天，他也是马勒迷。他的办公室贴了一条标语："Computer Guys Never Die, They Simply Lose Memories！"

是的，即使你挂了，你也没有真正完蛋。这个世界本身就是无穷无

话说没完没了

尽,没完没了,斗转星移,生生不息。现实是一种持续的幻觉。你的幻觉可能会被备份到别人的硬盘里。哪天你会借尸还魂,来一段"那些年我们一起没完没了的日子"!

后　记

在下于 1994 年春在美国博士毕业。随后的十年间所有论文发表都是在英文的学术期刊上。2004 年加入北大后，开始在中文报纸杂志上发表管理评论文章以及与管理相关的杂文和随笔。这本精选集较为全面地反映了笔者在管理学知识普及方面上的努力尝试和微薄贡献。

此次精选，遵循了几个基本原则。第一，关注要点：收录那些读者反响强烈的，包括颇具争议和异议的东西。第二，观点确凿：在强调可读性的同时，注重专业性和学术性，有相应的技术含量，有别于纯粹的道听途说、街谈巷议。第三，与时俱进：从话题和内容都力求紧贴时代，或者相对不受时效性之限制。

基于上述原则，从内容和文字上，笔者对每篇入选的文章都进行了详细的再推敲，并且对大部分文章进行了修订与更新。文章按照与管理相关的十二个主要专题进行编排，长短搭配，雅俗皆趣，紧扣主题，夹叙夹议，具有较为强烈的实践色彩和现实意义。

感谢北京大学出版社总编助理林君秀老师一如既往的支持，以及本书责任编辑张燕女士的出色把关。感谢我儿子马祥鹤和女儿马洁鸥对本书原稿文字的审阅和编辑。感谢北大国发院 MBA 中心牛彤彤女士为本书提供插图。

后　记

最要衷心感谢的是爱妻袁远。她的爱与支持是我努力工作的重要动力。我将这本由经年劳作而觅得的果实之精选奉献给她。

马　浩　再识
北京海淀马连洼
2016 年 11 月 26 日

马浩教授管理学系列著作

《管理决策:直面真实世界》

京东网购买:
(签名版)

当当网购买:

ISBN 978-301-27669-3
定价: 62.00 元

本书破除管理谎言,直面真实世界。我们每天必须切身应对的,不是我们希望看到的或者认为原本应该是的那个理想世界,而是一个不够完美的、不尽如人意的、充满了复杂性和不确定性的真实世界。

《战略管理:商业模式创新》

京东网购买:

当当网购买:

ISBN 978-7-301-25743-2
定价: 68.00 元

商业模式可以创新,战略并不过时。对于创业者和企业管理者来说,本书未必能告诉你成功的秘诀,但它却能够帮你夯实根基,少走弯路。和讯华文财经图书大奖之"企业管理奖"获奖图书。

《管理的幻觉:沉醉于臆想中的现实》

京东网购买:

当当网购买:

ISBN 978-7-301-27195-7
定价: 58.00 元

爱因斯坦说,现实不过是一种持续的幻觉。本书并不能让你逃离幻觉,但却能让你保持一份清醒的觉察。毕竟,我们对幻觉越警醒,离真相就越接近。

以上图书团购事宜,可咨询北京大学出版社经管事业部:010-62767348 张燕